伟大的

国家知识产权局直属机关党委◎编著

知识产权出版社

全国百佳图书出版单位

图书在版编目（CIP）数据

伟大的中国精神/国家知识产权局直属机关党委编著. —北京：
知识产权出版社，2015.3

ISBN 978 – 7 – 5130 – 3357 – 2

Ⅰ. ①伟… Ⅱ. ①国… Ⅲ. ①中华民族—民族精神—研究 Ⅳ. ①C955.2

中国版本图书馆 CIP 数据核字（2015）第 035991 号

内容提要

本书将以爱国主义为核心的民族精神和以改革创新为核心的时代精神为主要内容
的中国精神，从精神产生的历史背景、精神的历史作用、精神的内涵及精神的现实意
义等方面进行了较为系统的梳理和阐释，旨在激励中华儿女自觉集聚在中国精神这一
光辉旗帜下，共同为实现中华民族伟大复兴的中国梦而不懈奋斗。

读者对象：社会大众。

责任编辑：王剑宇　胡文彬　　　　　　责任校对：谷　洋

封面设计：梁晓凯　　　　　　　　　　责任出版：刘译文

伟大的中国精神

国家知识产权局直属机关党委　编著

出版发行：知识产权出版社有限责任公司	网　　址：http：//www.ipph.cn
社　　址：北京市海淀区马甸南村 1 号	邮　　编：100088
责编电话：010 – 82000860 转 8031	责编邮箱：huwenbin@ cnipr.com
发行电话：010 – 82000860 转 8101/8102	发行传真：010 – 82000893/82005070/82000270
印　　刷：北京科信印刷有限公司	经　　销：各大网络书店、新华书店及相关专业书店
开　　本：720mm×1000mm　1/16	印　　张：22
版　　次：2015 年 3 月第 1 版	印　　次：2015 年 3 月第 1 次印刷
字　　数：252 千字	定　　价：58.00 元

ISBN 978 -7 -5130 -3357 -2

序　言

毛泽东说："人是要有一点精神的。"一个人是这样，一个民族、一个国家更应如此。

习近平在第十二届全国人民代表大会第一次会议闭幕会上强调："实现中国梦必须弘扬中国精神。这就是以爱国主义为核心的民族精神，以改革创新为核心的时代精神。"

历史证明，一个国家和民族，贫穷落后固然可怕，但更可怕的是精神空虚。自五四运动特别是自中国共产党登上革命的历史舞台后，中华民族在中国共产党的坚强领导下，团结一致，奋起抗争，与一切反动势力展开了艰苦卓绝的斗争，无数仁人志士不惜抛头颅、洒热血，同仇敌忾，前赴后继，用生命和鲜血谱写了惊天地、泣鬼神的井冈山精神、长征精神、延安精神、抗战精神、抗美援朝精神……在中华大地矗立起一座座不朽的精神丰碑！正是在这些伟大精神的鼓舞和激励下，中国人民推翻了帝国主义、封建主义、官僚资本主义三座大山，战胜了日本帝国主义侵略者，诞生了一个如旭日升天的社会主义崭新中国！正是这些伟大精神的传承和弘扬，中国人民在社会主义建设和改革新的征程中一心听党话、坚定跟党走，自强不息、顽强拼搏，与时俱进、改革创新，淡泊名利、无私奉献，产生了雷锋精神、焦裕禄精神、铁人精神、"两弹一星"精神、小岗精神、女排精神、抗震精神、载人航天精神等新的伟大中国精神，这些中国精神成为中华民族精神宝库的新财富，成为中华民族伟大复兴的新的强大动力。

面对风云变幻的世界形势，面对意识领域的尖锐复杂斗争，面对西化、分化的和平演变战略，中国人民在建设中国特色社会主义道路上，要战胜各种艰难困苦，粉碎西方敌对势力亡我之心的战略图谋，实现中华民族伟大复兴的中国梦，必须坚定捍卫伟大的中国精神，认真践行伟大的中国精神，大力弘扬伟大的中国精神，使之薪火两旺，代代相传。如果丢弃这一强大的锐利武器，我们就有被缴械投降的危险，就有亡党亡国的危险。这绝不是危言耸听！

美国中央情报局从20世纪50年代初就开始草拟一套内部代号称为"十条诫令"的行动计划，以后进行过多次修改，企图从思想文化、政治经济、民族宗教矛盾、传媒工具到武器装备等方面动摇中国年轻一代的传统价值观，进而达到颠覆中国政府的目的。"十条诫令"其实是美国中央情报局颠覆中国政府行动的十大工作计划，其中第一条、第二条、第九条分别这样写道："第一，尽量用物质来引诱和败坏他们的青年，鼓励他们藐视、鄙视并进一步公开反对他们原来所受的思想教育，特别是共产主义教育。为他们制造对色情产生兴趣的机会，进而鼓励他们进行性的滥交。让他们不以肤浅、虚荣为耻。一定要毁掉他们一直强调的刻苦耐劳精神。""第二，一定要尽一切可能做好宣传工作，包括电影、书籍、电视、无线电波……和新式的宗教传布。只要让他们向往我们的衣、食、住、行、娱乐和教育的方式，就是成功的一半。""第九，要利用所有的资源，甚至举手投足，一言一笑，来破坏他们的传统价值。我们要利用一切来毁灭他们的道德人心。摧毁他们自尊自信的钥匙，就是尽量打击他们的刻苦耐劳的精神。"这就是美国西化、分化中国的战略图谋。他们企图把希望寄托于中国的第三代、第四代身上。从现实看来，虽然他们的图谋没有实现，但是他们的希望也没有完全破灭。因为，他们的计划正在一些国人身上变为现实。面对事实，我们绝不能麻木不仁、熟视无睹，甚至掩耳盗铃、自欺欺人。面对事实，我们更没有一丝一毫的退路，必须打好主动仗、打赢进攻仗，彻底粉碎敌对势力的阴谋。而最好、最强大的武器，就是伟大的中国精神！

人民有信仰，国家才有力量。一个国家的强盛，离不开精神的支撑；一个民族的进步，有赖于精神的传承。中华民族的伟大复兴，不仅要在经济发展上创造奇迹，也要在精神文化上书写辉煌。今天，在全面深化改革的进程中，应该焕发什么样的精气神，才能引领思潮、凝聚共识、攻坚克难？在追逐中国梦的伟大奋斗中，应该弘扬什么样的价值观，才能使我们的国家、民族、人民在思想和精神上更加强大？答案同样只有一个，就是高擎中国精神的伟大旗帜。

伟大的中国精神，永远是中华民族的魂魄，永远是激励中国人民披荆斩棘、奋勇前行的光辉旗帜，永远是华夏儿女战胜对手、傲立世界的利刃长剑，永远是巍巍中华繁荣昌盛、不断从胜利走向胜利的重要法宝。

伟大的中国精神万岁！

中国精神是以爱国主义为核心的民族精神和以改革创新为核心的时代精神的有机结合，本书作者顺着五四运动以来的历史脉络，从中国精神产生的历史背景、中国精神的历史作用、中国精神的内涵及中国精神的现实意义等方面进行较为系统的梳理和阐释，编著成书，难能可贵，意义颇深，更是一种责任担当的表现。本书的每一章还附有相关链接，既丰富了形式，又扩充了内容，从而增强了可读性、趣味性和知识性。

伟大的事业产生伟大的精神，伟大的精神促进伟大的事业。我深信，《伟大的中国精神》必定成为激励广大人民群众为实现"两个一百年"伟大目标而拼搏进取、不懈奋斗的好食粮，成为弘扬主旋律、传播正能量的好载体，成为进行爱国主义教育、革命传统教育、理想信念教育，培育社会主义核心价值观，践行党的群众路线的好教材好读物，受到广泛的喜爱。

国家知识产权局党组成员、副局长、

直属机关党委书记

2014 年 7 月 17 日于北京

目　录

第一章 | 五四精神

　　1919 年的五四运动，是一场以先进青年知识分子为先锋的反帝反封建的伟大爱国运动，也是一场伟大的思想解放和新文化运动。它拉开了中国新民主主义革命的序幕，成为推动中国历史进步的一座丰碑，在中国革命史上具有划时代的意义。由五四运动孕育而产生的五四精神，成为中华民族宝贵的精神财富，激励着一代又一代青年人为中国人民的革命、建设和改革事业作出了巨大贡献。

第一节　五四运动产生的历史背景

　　从 1919 年 1 月开始，第一次世界大战的战胜国在法国巴黎召开和平会议。这实际上是一次由英、法、美、日、意五个帝国主义强国操纵的重新瓜分世界的会议。参加这次会议的中国代表在全国人民的压力下，为改变中国在国际上的不平等地位，在会上提出废除外国在中国的势力范围、撤退外国在中国的军队和巡警、撤销领事裁判权、归还租界、取消中日"二十一条"及换文等正义要求，但都遭到拒绝。在讨论德属殖民地问题时，中国代表提出，战前德国在山东攫取的各项特殊权益应直接归还中国。但日本代表却无理地提出，对日本在大战期间强占的德国在胶州湾的租借地、胶济铁路及德国在山东的其他特殊权益，中国应该无条件让与。1919 年 4 月 29 日至 30 日，英、法、美三国在议定巴黎和约中关于山东问题的特殊权益的"既成事态"，便被明文肯定下来。中国代表指出："此次和会条件办法，实为历史所罕见"，并对和会的这种做法提出抗议。但是，北京政府屈服于帝国主义列强的压力，竟准备在这个丧权辱国的和约上签字。

中国人民密切注视着巴黎和会的进程。中国在巴黎和会上外交失败的消息传来，立即在人民群众中，首先在知识分子和青年学生中激起强烈的愤慨。1919 年 5 月 3 日，北京大学 1000 多名学生和北京十几所学校的代表，集会于北大法科礼堂，报告巴黎和会的情况。会场上群情激愤。一位学生当场咬破中指，裂断衣襟，血书"还我青岛"四字。与会者声泪俱下，热血沸腾。大会当场决议：（1）联合各界一致力争；（2）通电巴黎专使，坚持和约上不签字；（3）通电全国各省市，于 5 月 7 日举行游行示威；（4）定于 5 月 4 日（星期日）齐集天安门举行学界大示威。

1919 年 5 月 4 日下午，北京大学等 13 所大中专学校的学生 3000 余人，不顾北京政府教育部代表及警察的阻拦，到天安门前集会。他们提出"外争主权、内除国贼""废除二十一条"和"还我青岛"等口号，强烈要求拒绝在巴黎和约上签字，并惩办北京政府的三个亲日派官员曹汝霖、章宗祥、陆宗舆。接着，学生们前往日本驻华使馆抗议。受阻后，游行队伍不顾军警的阻挠，转奔位于赵家楼胡同的曹汝霖住宅。学生们在愤怒之下冲入曹宅，虽没有找到躲藏在暗室的曹汝霖，却遇到另一个卖国官员章宗祥。他们痛打章宗祥，火烧曹宅。北京政府出动军警镇压，逮捕示威学生32人。5月5日，北京各大中专学校学生宣布实行罢课，并通电各方请求支援，营救被捕学生。学生们在斗争中迅速联合起来。5月6日，北京中等以上学校学生联合会成立。北京学生的爱国运动迅速得到全国各地学生的声援和社会舆论的支持。

北京政府虽然在两天后释放了被捕学生，但对学生的政治要求置之不理，而且逼走同情学生爱国行动的北京大学校长蔡元培，并下令禁止学生干预政治，扬言要严厉镇压学生的爱国运动。5月19日，北京学生再次宣布总罢课。他们组织"十人团"，走上街头向群众讲演，发行《五七日刊》，扩大爱国宣传，并开展提倡国货、抵制日货、组织护鲁义勇军等活动，继续坚持斗争。6月1日，北京政府连下两道命令：一道命令"表彰"被民众斥为卖国贼的曹汝霖、章宗祥、陆宗舆；另一道命令取缔学生的一切爱国行动。这更加激起学生的愤怒。他们从6月3日起重新走上街头演讲。北京政府出动军警镇压，当日有170多名学生被拘，第二天又有700多名学生被捕。但是，学生们并未屈服，第三天上街演讲的学生多达5000余人。

正当学生们顽强坚持斗争的时候，上海工人从6月5日起自动举行罢工，支援学生的反帝爱国斗争。由日资棉纱厂工人带头，上海许多行业的工人及店员等纷纷参加罢工，高潮时达10多万人。上海商人也举行罢市。上海工人的行动推动了全国各地的罢工风潮。沪宁铁路和沪杭铁路工人、京汉铁路的长辛店工人、京奉铁路的唐山工人也相继罢工。工人罢工的浪潮迅速扩展到全国20多个省100多个城市。中国工人阶级特别是产业工人，以如此巨大的规模参加反对帝国主义和反动军阀的政治斗争，是前所未有的。这表明，中国工人阶级开始以独立的姿态登上政治舞台。这样，五四爱国运动突破学生、知识分子的狭小范围，发展成为有工人阶级、小资产阶级和资产阶级参加的全国范围的群众性反帝爱国运动。

上海工人罢工

图片来源：http://www.ilishi.com/jintian/20140603/7005_2.html1-10。

第二节　五四运动的历史作用

一、取消了中国代表出席巴黎和会的签字仪式

五四运动的迅猛发展，特别是工人罢工呈扩大的趋势，使资本家和政府当局惶惶不安。北京政府慑于人民群众的愤怒和威力，于1919年6月7日被迫释放被捕学生，10日罢免亲日派卖国贼曹汝霖、章宗祥、陆宗舆的职务。6月11日，北京大学教授陈独秀同李大钊等人到城南新世界游艺场，向群众散发《北京市民宣言》。宣言提出收回山东主权、罢免卖国官僚、撤销警察机构、市民组织保安队、给予市民集会和言论自由等五条关于内政外交的最低要求，并表明：如果政府不顾市民的愿望，拒绝市民的要求，"我等学生、商人、劳工、军人等，惟有直接行动，以图根本之改造"。6月16日，全国学生联合会在上海成立。6月17日，北京政府违背全国人民的意愿，悍然决定在巴黎和约上签字。全国学联立即号召和组织各地学生投入拒签巴黎和约的斗争。工人群众在这场斗争中表现得非常坚决。他们表示："若卖国首领未诛，卖国条约未废，亡国之祸终难幸免。""签字而山东亡，山东亡而全国随之，亡国大难迫于眉睫。吾同胞忍坐视家国之亡而甘心作奴隶乎？"他们提出"格政府之心，救灭亡之祸"。他们强烈要求，对于卖国贼，不仅要"斥退"，而且要"永不起用"。6月18日，山东各界联合会派出各界代表80余人进京请愿。北京、上海等地的学生、工人和市民群众继续开展坚决拒签巴黎和约的斗争。在巴黎，旅法华工、中国留学生和华侨数百人，于和约签字前一天

的 6 月 27 日，包围中国政府总代表陆征祥的住地，强烈要求拒绝在和约上签字。6 月 28 日，中国代表没有出席和会的签字仪式。

二、促进了马克思主义在中国的传播

烈火一经点燃，便孕育着燎原之势。经过五四爱国运动，中国人民有了新的觉醒。特别是青年中的一批先进分子，以救国救民、改造社会为己任，重新考虑中国的前途，探求改造中国社会的新方案。他们纷纷撰写文章、创办刊物或成立社团，以介绍、传播和研究国外的各种新思潮。当时，宣传新思潮的刊物如雨后春笋，先后出现 400 多种。

在新思潮大量涌现、诸多学说流派争鸣斗胜的形势下，马克思主义以其高度的科学性和革命性逐渐吸引着越来越多的进步青年。"十月革命一声炮响，给我们送来了马克思列宁主义。"十月革命后，以李大钊为代表的先进分子开始在中国传播马克思主义。李大钊是中国第一个传播马克思主义并主张向俄国十月革命学习的先进分子。1919 年 10 月、11 月，李大钊分两期在《新青年》上发表《我的马克思主义观》一文，系统地介绍了马克思主义的唯物史观、政治经济学和科学社会主义的基本原理。该文的发

《新青年》刊物

图片来源：http://ah. anhuinews. com/system/2009/05/04/00225 1124. shtml。

表，不但表明李大钊完成了从民主主义者向马克思主义者的转变，而且标志着马克思主义在中国进入比较系统的传播阶段。除李大钊外，李达、李汉俊等几位进步青年，对马克思主义在中国的早期传播也起过重要的作用。

1919 年 7 月和 1920 年 9 月，列宁领导的苏俄政府两次发表宣言，宣布废除沙皇政府同中国签订的不平等条约，放弃在中国的特权。苏俄政府对华宣言受到中国人民的热烈欢迎，而且也吸引更多的中国先进分子关注苏俄的内外政策。这对扩大十月革命在中国的影响和科学社会主义在中国的传播，起到了重要的促进作用。在此前后，《新青年》《每周评论》《民国日报》《建设》等一批报刊纷纷发表宣传马克思主义的文章。据统计，五四时期在报刊上发表的介绍马克思主义的文章多达 200 多篇，其中很大一部分是马克思、恩格斯著作的译文。这样集中地介绍国外的一种思想理论，在中国近代报刊史上是罕见的。有人说："一年以来，社会主义底思潮在中国可以算得风起云涌了。报章杂志底上面，东也是研究马克思主义，西也是讨论鲍尔希维主义；这里是阐明社会主义底理论，那里是叙述劳动运动底历史，蓬蓬勃勃，一唱百和，社会主义在今日的中国，仿佛有'雄鸡一鸣天下晓'的情景。"到这时，五四运动前兴起的新文化运动，已发展成为以传播马克思主义为中心的思想运动。

三、推动了中国共产党的成立

五四运动以后，中国先进分子比较详细地介绍了马克思主义各组成部分的主要观点。在唯物史观方面，他们介绍了社会的发展根源于生产力与生产关系、经济基础与上层建筑相互矛盾运动等观点。在阶级斗争学说方面，着重阐释了阶级和阶级斗争的定义，阶级的划分和阶级之间的斗争是基于经济利益的不同的观点，以及国家是阶级斗争的工具，无产阶级必须掌握政权，建立多数人对少数人的专政等基本思想。在剩余价值理论方面，着重围绕资本的本质，介绍了剩余价值是资本家通过生产过程无偿占有工人劳动的一部分，是对无产阶级的剥削，是资本积累的重要组成部分等观点。此外，中国先进分子对马克思、恩格斯关于未来社会的描述也进行了介绍。中国先进分子通过对马克思主义各个组成部分的观点及其相互联系的介绍，使人们对这一科学理论有了一个比较完整的认识。同时，他们又认真地把马克思主义和其他社会主义思潮进行比较，使人们认识到它们之间的联系与区别。他们的介绍和传播，引起了中国思想文化界特别是进步知识分子对马克思主义学说的极大兴趣。马克思主义在中国的迅速而广泛的传播，为中国无产阶级政党的创建准备了思想条件。

经过学习、宣传马克思主义及"与劳工为伍"的实践，李大钊、陈独秀、毛泽东、周恩来、董必武、林祖涵、吴玉章、李达、邓中夏、蔡和森、杨匏安、高君宇、恽代英、瞿秋白、赵世炎、陈潭秋、何叔衡、俞秀松、向警予、何孟雄、李汉俊、张太雷、王尽美、邓恩铭、张闻天、罗亦农等一大批先进分子相继从激进民主主义者转变为马克思主义者。这样，就为中国无产阶级政党的创建准备了干部条件。

五四运动后，马克思主义在中国广泛传播并且日益同中国工人运动相结合的过程，也就是酝酿、准备到建立中国共产党的过程。经过一系列的精心准备，在陈独秀主持下，上海的共产党早期组织于 1920 年 8 月在上海法租界老渔阳里 2 号《新青年》编辑部正式成立；北京的共产党早期组织于 1920 年 10 月在北京大学图书馆李大钊的办公室正式成立。之后，武汉、长沙、广州、济南等地的先进分子及旅日、旅法华人中的先进分子，也相继建立了共产党早期组织。各地共产党早期组织的建立并开展的各项工作，进一步促进了马克思主义同中国工人运动的结合。革命的知识分子努力学习马克思主义，深入工人群众，参加实际斗争，在思想感情上发生深刻的变化，逐步锻炼成为无产阶级的先锋战士。与此同时，工人群众开始逐步接受马克思主义，提高阶级觉悟，从中也涌现出一批具有共产主义思想的先进分子。这样，正式成立中国共产党的条件就基本具备了。1921 年 7 月 23 日晚，中国共产党第一次全国代表大会于上海法租界望志路 106 号（现兴业路 76 号）李汉俊之兄李书城的住宅内开幕。

第三节　五四精神的内涵

五四精神的基本内容是爱国、进步、民主、科学。爱国主义是五四精神的泉源。五四运动要解决的是民族危亡的问题，面对帝国主义列强在巴黎和会上损害中国主权的行径和北京政府的卖国政策，忧国忧民的青年先进分子提出"外争主权、内除国贼""废除二十一条"和"还我青岛"等口号，这种强烈的爱国主义成为五四精神的泉源。追求进步是五四精神的本质。五四运动既是一场以先进青年知识分子为先锋的反帝反封建的伟大爱国运动，也是一场伟大的思想解放和新文化运动，它拉开了中国新民主主义革命的序幕，成为推动中国历史进步的一座丰碑，在中国革命史上具有划时代的意义。民主与科学是五四精神的核心。1915 年9 月，陈独秀在标志五四新文化运动兴起的《青年杂志》创刊号上发表《敬告青年》一文，向中国人民疾呼："国人而欲脱蒙昧时代，羞为浅化之民也，则急起直追，当以科学与人权（民主）并重。"不久，他在《〈新青年〉罪案之答辩书》中又形象地将民主与科学称之为"德先生"（Democracy）与"赛先生"（Science），并说："只有这两位先生，可以救治中国政治上、道德上、学术上、思想上一切的黑暗。"五四运动期间，民主与科学得到大规模的宣传和弘扬。它极大地促进了人们的思想解放，推动了思想文化的变革。正是从五四运动起，民主与科学开始深入人心，成为一种社会意识和价值观念。

第四节　五四精神的现实意义

青年始终是社会中最积极、最活跃、最有生气的一部分力量。95 年前，青年是五四运动的急先锋和主力军。在五四运动中崛起的青年群体，肩负的是民族存亡的神圣使命，承担的是建设新文化、新道德的历史责任。95 年后的今天，中国特色社会主义事业正在蓬勃发展，当代青年正肩负着时代赋予的更加艰巨而伟大的历史重任。在改革开放中成长起来的当代青年，不仅要铭记五四运动那段厚重的历史，更要自觉地传承和弘扬五四精神，努力实现五四运动先驱者留给我们而我们至今尚未完成的伟大事业，创造一个崭新的时代。

一、弘扬五四精神，就要高举爱国主义旗帜

伟大的爱国主义精神，始终是动员和鼓舞全国各族人民自强不息、团结奋斗的一面旗帜，为促进我国经济社会全面发展进步提供了强大的精神动力。时代在前进，实践在发展，形势在变化。只要把实现中国特色社会主义宏伟目标作为弘扬爱国主义、推进民族复兴的根本导向，就能把全国各族人民中深深蕴藏的爱国主义精神更大地激发出来、更好地集聚起来，把近代以来中华民族梦寐以求的民族复兴梦想逐步化为现实。只要把应对前进道路上的各种挑战和风险作为弘扬爱国主义、推进民族复兴的重要契机，就能引导帮助人们铸牢志在实现社会主义现代化的精神支柱，始终朝着既定的目标去迎接挑战，经受考验，排除风险，开拓奋进。只要把弘扬爱国主义精神和弘扬时代精神贯通起来，使爱国主义精神始终富有时代气息，适应时代发展的要求，使广大党员干部始终成为弘扬爱国主义、推进民族复兴的先锋模范，中华民族伟大复兴的中国梦就一定能够实现。

二、弘扬五四精神，就要担当社会历史责任

五四时期，广大青年为挽救国家民族于危亡，不惜断头流血，显示了"为民族立生命，为万世开太平"的牺牲精神与责任意识。在20世纪初那个特定的社会历史大背景下，担当社会责任，主要表现为"振兴中华"的爱国行动，表现为反对帝国主义的奴役和封建军阀政府的卖国行径，表现为争取民族独立、维护国家

人民英雄纪念碑浮雕《五四运动》

图片来源：http：//gsrb.gansudaily.com.cn/system/2009/09/29/011 291248_ 01.shtml。

主权和领土完整的正义行为。而今，广大青年必须把这种爱国主义精神所激起的时代使命感和社会责任感深深植根于自己的血脉之中，勇敢地担当起社会历史责任，自觉地把自己的人生追求同祖国和民族的前途命运联系起来，把为民族的伟大复兴真诚奉献与实现个人价值有机统一起来，把满腔的爱国热忱、强烈的爱国之心转化为推进中华民族伟大复兴的自觉行动，一切以国家、民族利益为重，永葆爱国之心，常存爱国之情，恒有爱国之行。只有这样，才能传承五四精神，挺立于时代的潮头。

三、弘扬五四精神，就要大胆解放思想

五四运动是思想解放的运动，五四青年是思想解放的一代。在五四时期，先进的思想家们大胆地冲破旧传统，提出许多振聋

发聩的主张，出现了一种在中国历史上少有的思想大解放的局面，并有力地带动了其他领域的大解放。五四运动成为新思想与旧思想、新文化与旧文化的分水岭。它开启了此后思想解放的先河，并深深地影响了 20 世纪中国历史的发展。五四运动及其后的中国历史表明，唯有解放思想，才能推动历史的进步和发展。1978 年 12 月，邓小平在中共中央工作会议上语重心长地告诫全党和全国人民：“一个党，一个国家，一个民族，如果一切从本本出发，思想僵化，迷信盛行，那它就不能前进，它的生机就停止了，就要亡党亡国。”当代青年，只有勇于探索、敢于创新，不断地解放思想，并推动其他社会群体的思想解放，才能真正完成所肩负的历史使命，为国家为民族作出应有的贡献。

四、弘扬五四精神，就要保持开放心态

五四运动时期面向世界潮流的开放，迎来了思想文化领域的百舸争流。当代中国多层次、全方位的开放，迎来了社会主义现代化建设举世瞩目的辉煌成就。五四时期的先进青年生活于闭塞的社会环境中而能有开放的心灵，当代青年成长于全球化、信息化的时代里，更应当具有兼容并包的气度和“拿来主义”的勇敢。历史的经验告诉我们，国家要发展，就不能把自己孤立于世界之外。开放是一种能力，也是检验民族自信心的尺度。中国的发展离不开世界。作为青年人，一定要善于用新的眼光认识世界，积极吸收人类一切文明的优秀成果，不仅要大胆学习、利用国外先进的技术和管理经验，还要大胆学习、利用被世界各国普遍接受的代表人类发展进步方向的基本价值、观念，主动融入世界文

明的主流，在实现物质文明发展的同时，大力促进政治、文化方面的现代化，实现中国社会的全面进步。

五、弘扬五四精神，就要勇于改革创新

青年人在任何时代都是最具有活力、最富有创造拼搏精神的社会力量。走在五四运动前列、起着先锋作用的，是一大群青年知识分子，特别是青年学生。五四时期具有影响力的思想启蒙家几乎都是青年人。李大钊说过："青年，国家之魂；一切新创造，新机运，乃青年独有之特权；人失其青春，则其人无元气，国家丧其青年，则其国无生机；一个国家，一个民族，若皓首皤皤之老翁，陡于社会枢要之地，则国家为待亡之国家，民族为濒死之民族。"当代青年所处的时代是一个改革的时代，青年人是改革的主要实践者。改革的每一步深入，都要求青年人必须具有创新意识和进取精神。当前，在建设中国特色社会主义的伟大实践中，会有不少过去没有遇到过或者没有完全遇到过的新挑战新考验，这要求我们破除一切旧观念、旧思维、旧传统的束缚，以开拓创新的姿态面对新情况解决新问题，为实现中华民族的伟大复兴而不懈努力。

五四运动已经成为历史，余音回响在民族的记忆里。五四精神绵延永续，激荡在时代的潮流中。五四运动之后，中华民族总是把关注的目光投向青年，中国共产党总是把青年看作是推动历史前进和社会发展的重要力量。一代又一代青年以民族独立和人民解放、国家富强和人民幸福为己任，在中国共产党的领导下，在革命、建设和改革开放的历史征程中，创造了不可磨灭的辉煌业绩。当代青年传承五四精神，需要立足五四而有新的创造。我

们用五四精神教育引导青年，更需要立足五四而倡导与时代潮流相结合的新精神，既不失五四精神的固有血脉，又顺乎时代潮流而日益更新。只有这样，才能使五四精神不断焕发生机与活力，从而更好地引导青年发展进步。

| 相关链接 | 五四风云人物

1. 陈独秀："五四运动时期的总司令"

1915 年 9 月 15 日，陈独秀主撰的《青年杂志》创刊；1916年 9 月，因这份杂志与上海基督教青年会创办的《上海青年》刊名有雷同之处，故更名为《新青年》。陈独秀在《敬告青年》一文中激情澎湃地写道："青年如初春，如朝日，如百卉之萌动、如利刃之新发于硎，人生最可宝贵之时期也。"由于《新青年》以科学与民主的思想惊醒了长期被束缚于封建桎梏中的一代青年，因而成为新文化运动的阵地，点燃了至今不灭的思想解放的火炬。陈独秀也因此被毛泽东誉为"五四运动时期的总司令"。

2. 李大钊：高举革命旗帜第一人

五四运动前驱之一的李大钊，是在中国大地上举起十月社会主义革命旗帜的第一人。1913 年，他留学日本，曾参加反袁世凯运动。1916 年回国，历任北京《晨钟报》总编辑、北京大学经济学教授兼图书馆主任和《新青年》杂志编辑。1919 年五四运动爆发，李大钊积极领导了这一运动。他写的《我的马克思主义世界观》一文，驱走了当时众多知识分子心头的阴霾，为他们指明了以马克思主义救中国的真理，研究和宣传社会主义逐渐成为进步思想界的主流。

3. 蔡元培：爱国学生的保护者

1917 年 1 月 4 日出任北京大学校长，因提倡"思想自由""兼容并包"而使北京大学群贤毕至、精英荟萃，成为新文化思想的传播中心，五四爱国运动的发祥地。1919 年 5 月 4 日，北大学生整队出发游行，教育总长傅增湘给蔡元培打电话，令他负责召回学生，并立即赴教育部商量对策。蔡直言相告："学生爱国运动，我不忍制止"，并拒绝去教育部。当晚，蔡元培回北京大学商讨营救被捕学生事宜。他说："被捕同学的安全，是我的事，一切由我负责。"5 月 5 日下午，蔡元培与北京 13 所大专院校校长召开联席会议，要求释放学生。他在会上表示："愿以一人抵罪。""如危及身体，而保全大学，亦无所不可。"

4. 罗家伦：第一次提出"五四运动"

自幼受父亲进步思想影响，1914 年入上海复旦公学，1917 年进入北京大学文科，成为蔡元培的学生。1919 年，在陈独秀、胡适支持下，罗家伦与傅斯年、徐彦之成立新潮社，出版《新潮》月刊。同年，当选为北京学生界代表，到上海参加全国学联成立大会，支持新文化运动。五四运动中，他亲笔起草了唯一的印刷传单《北京学界全体宣言》，提出了"外争国权，内除国贼"的口号，并在 5 月 26 日的《每周评论》上第一次提出"五四运动"这个名词。

5. 傅斯年：五四运动游行总指挥

1913 年考入北京大学预科，1916 年升入北京大学文科。由于受到民主与科学新思潮的影响，1918 年夏，傅斯年与罗家伦等成立新潮社，创办《新潮》月刊，提倡新文化，影响颇广，从而成为北京大学学生会领袖之一。五四运动爆发时，傅斯年担任游行总指挥，风云一时。

6. 段锡朋：中国学生联合会第一任主席

1916 年入北京大学政法科学习，1919 年五四运动时，段锡朋参与组织学生集会游行，被选为中国学生联合会第一任主席。后出国留学。

参考资料

中共中央党史研究室．中国共产党历史·第一卷（1921—1949）上册［M］．2 版．北京：中共党史出版社，2011．

第二章 | 井冈山精神

井冈山是中国革命的摇篮，是以毛泽东为代表的中国共产党人开创有中国特色的农村包围城市、最后夺取全国政权的民主革命道路的最初奠基石。井冈山的革命斗争已经成为历史，井冈山精神则作为具有原创意义的民族精神，穿越时空，永放光芒。

第一节　井冈山革命斗争的历史背景

1921 年，中国共产党成立，中国革命的面貌从此焕然一新。中共一大、二大、三大、四大，以马列主义为指导，结合中国的实际，认真探索民主革命的规律，逐步弄清了新民主主义革命进程中的若干问题，从不同角度深化了对中国民主革命的认识，正确地提出了反帝反封建的民主革命纲领。

1924 年，国共实现第一次合作，工农运动得到大发展，北伐战争节节胜利，沉重打击了帝国主义及北洋军阀的反动统治，锻炼了中国共产党和工人阶级，扩大了党在人民群众中的影响，为即将到来的土地革命准备了条件。但是，1927年，轰轰烈烈的大革命失败了。叛变革命的国民党按照蒋介石"宁可枉杀一千，不可使一人漏网"的旨意，对共产党人和革命群众进行了疯狂的屠戮。

革命志士的血没有白流，中国共产党从中深刻懂得了一定要掌握枪杆子，有一支自己独立领导的革命军队的极端重要性和紧迫性。八一南昌起义打响了武装反抗国民党的第一枪，接着，秋收起义、广州起义、百色起义等烽火四起，标志着中国共产党开始了创建红军的历史新时期。其中，毛泽东领导的秋收起义为中国共产党开辟了一条崭新的民主革命道路，作出了具有开拓性的贡献。根据中共八七会议的决定，1927年9月9日，毛泽东以中共中央特派员的身份，率领以工农革命军为骨干的5000人发动了秋收起义。由于敌强我弱，起义受挫。是继续强攻大城市长沙、以卵击石，还是转向敌人力量薄弱的地区，暂时保存自己，另谋远图，成了当时问题的焦点。毛泽东力排众议，从敌大我小的实际出发，说服部队向敌人力量弱小的偏僻农村转移，取道萍乡，沿罗霄山，向南进攻。自文家市放弃攻打长沙的计划，到9月29日永新县三湾村改编，一系列决策和行动表明，这支红军力量实际上已经开始踏上了一条独特的中国式民主革命道路。10月27日，部队服从党组织的领导开到兰花坪茨坪，把革命红旗插上了位于罗霄山中段的井冈山。井冈山地处湘赣两省的边陲，边界数县高山丘陵起伏连绵，远离中心城市，地势险要，易守难攻，是敌人统治力量鞭长莫及的地区，便于革命力量得以保存和发展；党在这个地区的群众基础较好，大革命时期各县曾建立过党的组织和农民协会，并有袁文才、王佐领导的地方农民武装在这里坚持斗争，他们愿意同工农革命军相结合；周边各县有自给自足的农业经济，易于部队筹款筹粮。毛泽东率领秋收起义部队，经过大小十余次战斗，在这一带安营扎寨，完成了事关革命大局的战略转移，开始了创建井冈山革命根据地的艰苦卓绝的斗争。1928年4月，朱德、陈毅率南昌起义残部与毛泽东率领的秋收起义部队会师，两军共计万余人，改为中国工农红军第四军。从此，在毛泽东、朱德的领导下，井冈山根据地大力发展党组织，深入开展土地革命斗争，巩固扩大红军力量，建立湘赣边界工农政权，成为中国共产党领导的革命武装的第一个立足点。

井冈山会师

图片来源：http://w.mzdbl.cn/huaji/1/1-09.jpg。

第二节　井冈山革命斗争的历史作用

毛泽东、朱德等老一辈革命家从引兵井冈山到创建中国第一个农村革命根据地的斗争，以无产阶级革命家大智大勇的革命首创精神，把马克思主义基本原理同中国国情相结合，创造了前无古人、后无来者的丰功伟业。

一、创建了中国第一个农村革命根据地

1927 年 10 月，毛泽东率领湘赣边界秋收起义的工农红军，开始了以创建宁冈为中心的井冈山农村革命根据地的艰苦斗争。1928 年 4 月，朱德、陈毅率南昌起义保留下来的一小部分部队和湘南起义部队 1 万余人陆续转移到井冈山地区，与毛泽东领导的部队在宁冈砻市会师，增强了井冈山地区工农武装的力量，为进一步扩大革命根据地创造了条件。7 月至 9 月，合编后的红四军多次粉碎湘赣国民党军队的"会剿"，巩固了以宁冈为中心的根据地。井冈山革命斗争的经验受到了党中央的肯定和赞扬。中央曾在给井冈山前委的指示信中，对井冈山根据地"在这种刻苦的劳顿的生活中而能努力不懈的工作甚为欣慰"。中共中央在给共产国际的报告中亦称："惟朱、毛在湘赣边界所影响之赣西数县土地革命确实深入了群众。"以后，中央在给各地的指示、信件，主办的党报、党刊，全国性的会议上，不同程度地介绍、推广了井冈山的经验。1929 年，中共中央在给湘鄂赣、四川、福建、广西左右江等地党组织的信件中，多次提及井冈山、朱毛领导的红

四军，号召各地向井冈山学习。大革命失败后，井冈山根据地是中国共产党领导工农群众建立的具有重大影响的农村革命根据地。正如毛泽东在《井冈山的斗争》中所指出的："边界红旗子始终不倒，不但表示了共产党的力量，而且表示了统治阶级的破产，在全国政治上有重大的意义。"

二、缔造了中国第一支新型的人民军队

1927 年 9 月 29 日，参加秋收起义的工农革命军到达江西永新县三湾村，此时的部队已不足千人，有的团、营甚至到了官多兵少、枪多人少的地步。部队中党的各级组织没有普遍建立，无法开展政治思想工作。面对这种情况，毛泽东组织召开中共前敌委员会扩大会议，决定对部队进行整顿和改编，这就是人民军队建军史上著名的"三湾改编"。这次改编建立党的各级组织和党代表制度，确定党的支部建在连上，班、排设党小组，连以上设党代表，营、团建立党委，部队由毛泽东为书记的中共前敌委员会统一领导。部队的一切重大问题，都必须经党组织集体讨论决定。同时，还在红军中发展新党员，以保证党的任务的完成。三湾改编从组织上确立了党对军队的领导，是把工农红军建设成为无产阶级领导的新型人民军队的重要开端。

三、建立了中国革命的第一个红色政权

1927 年 11 月，工农革命军攻克茶陵县城，并遵照毛泽东的指示成立了茶陵县工农兵政府，工人代表谭震林任主席，这是井冈山革命斗争建立的第一个红色政权。接着又成立了茶陵县工会、

农会、赤卫队等群众组织和地方武装。在总结茶陵战斗的大会上，毛泽东指出，我们的部队，应该是武装队、宣传队。接着，毛泽东宣布了工农革命军的三大任务：第一是打仗消灭敌人；第二是打土豪、筹款子；第三是宣传群众、组织群众、武装群众，并帮助群众建立革命政权。茶陵县工农兵政府的诞生奠定了毛泽东"枪杆子里面出政权"理论的基础，同时也标志着井冈山革命斗争发展到建政阶段。

四、第一次提出了思想建党和政治建军原则

　　土地革命后，井冈山革命根据地得到巩固，革命形势有好转的趋势，但却出现了农民党问题，这严重影响了党组织的作战能力。为此，毛泽东郑重地向党中央提出了无产阶级思想领导的问题，他在 1928 年 11 月 25 日给中共中央的报告中就指出："我们感觉无产阶级思想领导的问题，是一个非常重要的问题。边界各县的党，几乎完全是农民成分的党，若不给以无产阶级的思想领导，其趋向是会要错误的。"1928 年 10 月 14 日至 16 日，毛泽东在井冈山宁冈县茅坪附近的步云山，主持召开了湘赣边界党的第二次代表大会。这次会议确定了无产阶级思想的领导地位，使全党的思想达到高度的统一，不仅在当时推动了根

《关于纠正党内的错误思想》

图片来源：http://book.kongfz.com/item_ pic_ 47125_ 164401474/。

据地的发展，而且对提高全党全军的作战水平也发挥了重要的作用。1929 年 12 月，在福建上杭县古田村召开红四军党的第九次代表大会，也称为"古田会议"，确定了毛泽东在井冈山期间提出的思想建党和政治建军原则，毛泽东起草的《关于纠正党内的错误思想》一文成为建党建军的纲领性文件，对党和军队建设工作发挥着积极的作用。

五、制定了共产党领导下的第一部成文土地法

1928 年 5 月，在湘赣边界工农兵政府统一领导下，井冈山根据地开展了轰轰烈烈的土地革命运动，经过两个月，土地基本分配完成。土地革命解放了部分农村生产力，激发了广大贫苦农民的革命热情，加速了根据地的建设与发展。

1928 年 11 月，湘赣边界党组织结合中央的指示精神，总结了井冈山土地革命的经验，并于 12 月制定了《井冈山土地法》，以彻底"废除封建性及半封建性剥削的土地制度，实行耕者有其田的土地制度"为基本原则，对土地的分配问题、山林的分配和竹木的经销问题、土地征收和使用问题、红军和赤卫队官兵分得土地无人耕种的问题等作了规定。《井冈山土地法》是我党制定的第一部比较完备、比较成熟的土地法，为以后波澜壮阔的土地革命斗争提供了宝贵的经验。

第三节 井冈山精神的内涵

井冈山精神产生于开创井冈山革命根据地的伟大实践，集中

反映了我们党的优良传统和作风，有着极为丰富的内涵。其主要内容是：坚定信念、艰苦奋斗，实事求是、敢闯新路，依靠群众、勇于胜利。

坚定信念、艰苦奋斗是井冈山精神的灵魂。井冈山斗争时期，面对强大的敌对势力和物资极度匮乏的艰苦环境，革命力量不但没有消失，反而由"星星之火"发展成为"燎原烈火"。这靠的是什么？靠的就是共产党人对中国革命光明前途的坚定信念和不畏艰难、不惧牺牲、奋力拼搏的崇高精神。这既是井冈山精神的灵魂所在，也是我们党始终立于不败之地的根本原因。有了这种崇高的理想信念和革命精神，就会产生战胜困难、战胜敌人的精神力量，在战场上冲锋陷阵、英勇杀敌，在敌人的屠刀下慷慨就义、视死如归，在艰难困苦的环境中精神饱满、斗志旺盛。

实事求是、敢闯新路是井冈山精神的核心。井冈山斗争时期，中国革命走什么道路是革命的首要问题。毛泽东同志在总结大革命失败教训的基础上，把马克思主义与中国革命实际相结合，逐步摸索并形成了他的"上山"思想，制定了党领导军队的一系列组织制度和纪律要求，最终开辟出一条有别于苏俄模式的"农村包围城市，武装夺取政权"的中国特色革命道路。这一伟大理论的提出，靠的就是不拘泥于他国经验，一切从实际出发、"实事求是、敢闯新路"的井冈山精神。

依靠群众、勇于胜利是井冈山精神的根本。井冈山斗争时期，党和红军始终相信和依靠群众，关心和帮助群众，用模范的行动、铁的纪律，赢得了人民群众的真心拥护，形成了真正的"铜墙铁壁"。毛泽东在总结井冈山斗争经验时曾写道：群众的拥护和支持是红色政权发生和存在的重要原因之一，实行工农武装割据的一个基本条件就是要有很好的群众基础。正是因为共产党与人民群众保持血肉般的联系，才赢得了广大人民群众的拥护和支持，从而使井冈山革命根据地得到巩固和扩大。

第四节　井冈山精神的现实意义

井冈山精神浓缩了中华民族精神的精髓，凝聚为当代系列精神的本源。中国共产党几代领导人历来极为重视井冈山精神。1965 年 5 月，毛泽东重上井冈山时说："我劝大家，日子好过了，艰苦奋斗的精神不要丢了，井冈山的革命精神不要丢了。"1972年 11 月，邓小平强调："井冈山精神是宝贵的，应当发扬。"1989 年 10 月，刚刚当选不久的中共中央总书记江泽民在视察井冈山时指出："光荣的井冈山革命传统一天也不能忘掉。"2009 年1 月，胡锦涛指出："建设和发展中国特色社会主义同样需要井冈山精神。"习近平也多次强调要继承和发扬井冈山精神。

井冈山精神是全党全国人民的宝贵精神财富和政治优势，弘扬井冈山精神对于我们正在进行的改革开放和全面建设小康社会有着重大的指导意义。

一、弘扬井冈山精神，就要胸怀理想、坚定信念

一个人、一支队伍和一个民族如果没有远大而坚定的理想信念就没有精神支柱，就缺失支撑其奋发向上、追求进步的精神动力。1985 年，邓小平曾指出："过去我们党无论怎样弱小，无论

遇到什么困难，一直有强大的战斗力，因为我们有马克思主义和共产主义的信念。有了共同理想，也就有了铁的纪律，无论过去、现在和将来，这都是我们的真正优势。"当前，我们党正带领全国人民努力实现全面建设小康社会、实现中华民族伟大复兴的宏伟目标。在这个过程中，我们仍然面临各种严峻的困难和挑战。面对前进道路上的各种风险，面对诸多复杂矛盾和困难，面对种种新的考验和磨炼，更加需要我们大力弘扬井冈山精神，学习和弘扬革命先辈对崇高理想矢志不渝、对党和人民无比忠诚、对革命事业锲而不舍的坚定信念，牢固树立中国特色社会主义共同信念和共产主义远大理想，做到任何时候、任何情况下都坚持理想信念不动摇、革命意志不涣散、奋斗精神不懈怠，把个人的理想融入到全国人民的共同理想之中，把个人的奋斗融入到为祖国社会主义现代化建设事业的奋斗之中，在全面建设小康社会的崭新实践中实现人生理想。

二、弘扬井冈山精神，就要求真务实、勇于创新

当前，我国经济社会发展正处于战略机遇期，面临如何在经济相对落后的中国建设社会主义，在与资本主义的竞争中取得发展的比较优势；如何按照科学发展观的要求，坚持以人为本，实现经济社会的全面、协调、可持续发展；如何在发展社会主义市场经济的条件下加强和改进党的领导，提高党的执政能力，始终保持党的先进性；如何在自然资源日益紧张、环境保护问题日益突出的情况下，走新型工业化道路，实现经济效益与社会效益的统一，建设资源节约型和环境保护型社会；如何在民主化进程不

断推进、科技竞争日益加剧的情况下，更有效推进民主政治建设，加快科技创新步伐等挑战。迎接这些挑战，解决这些难题，都需要我们大力弘扬实事求是、敢闯新路的精神。我们要立足我国国情，把握事物特征，解放思想，更新观念，用新眼光看待新事物，用新办法解决新问题，用新思路谋求新发展，用改革创新的精神研究和解决改革与建设过程中出现的各种矛盾与问题，聚精会神搞建设、一心一意谋发展，实现城乡发展统筹、区域发展统筹、经济社会发展统筹、人与自然和谐发展统筹、国内发展和对外开放统筹，把经济社会发展真正转入科学的轨道，不断促进政治建设、经济建设、文化建设和社会建设全面发展。

三、弘扬井冈山精神，就要坚持以人为本，全心全意为人民服务

同广大人民群众紧紧地站在一起，完全为了人民群众谋利益，与人民群众血肉相连、同甘共苦是井冈山精神的重要内容，也是党和红军克敌制胜的力量源泉。井冈山斗争时期，以毛泽东为代表的中国共产党人和红军将士，用正确的政策、模范的行动、铁的纪律，全心全意为群众谋利益，得到了人民群众真心实意的拥护，从而形成了不可战胜的力量。历史充分表明，人民群众的支持和无私奉献的精神，是我党我军无尽的力量源泉。1945 年 4 月 24 日，毛泽东在《论联合政府》中指出："只要我们依靠人民，坚决地相信人民群众的创造力是无穷无尽的，因而信任人民，和人民打成一片，那就任何困难也能克服，任何敌人也不能压倒我们，而只会被我们所压倒。"只有相信人民群众，依靠人民群众，

体察人民群众疾苦，关心人民群众生活，始终保持同人民群众的血肉联系，全心全意为人民服务，我们党才能永远立于不败之地。我们要注重总结和发扬党在革命战争时期保持先进性的历史经验，坚持用时代发展的要求审视和认识自己，以改革的精神加强和完善自己，全面推进党的思想建设、组织建设、作风建设、制度建设和反腐倡廉建设；坚持权为民所用，利为民所谋，情为民所系；坚持树立办实事、务实效、求实绩的政绩观；切实把党的先进性体现到不断实现好、维护好、发展好最广大人民的根本利益的各项工作中去，进一步凝聚起广大人民群众的力量，共同为全面建设小康社会而努力奋斗。

井冈山红旗雕塑

图片来源：http://www.sdcp.cn/sdzc/liaocheng/ddcw/201209/t20120906_133435.htm。

相关链接 "三大纪律六项注意"

1928年4月，毛泽东总结开辟井冈山根据地几个月来从事群众工作的经验，规定部队必须执行三大纪律、六项注意。三大纪律是：第一，行动听指挥；第二，不拿工人农民一点东西；第三，打土豪要归公。六项注意是：（一）上门板；（二）捆铺草；（三）说话和气；（四）买卖公平；（五）借东西要还；（六）损坏东西要赔。后来，六项注意又增加洗澡避女人和不搜俘虏腰包两项内容，从而发展成"三大纪律八项注意"。三大纪律八项注意的提出，对于革命军队的建设，对于正确处理军队内部关系特别是军民之间的关系，对于团结人民和瓦解敌军，都起了重大的作用。

参考资料

［1］中共江西省委党史研究室.中共江西地方史［M］.南昌：江西人民出版社，2002.

［2］余伯流，陈钢.井冈山革命根据地全史［M］.南昌：江西人民出版社，2007.

［3］赵晖.学习井冈山精神　做井冈山精神的传人［J］.中国井冈山干部学院学报，2011，4（6）.

第三章 | 长征精神

1936 年，中国工农红军第一、二、四方面军，经过艰苦卓绝的万里长征，在甘肃会宁会师，粉碎了国民党妄想消灭共产党和红军的图谋，实现了红军北上抗日的战略大转移。红军长征的胜利，是中国革命史上的一项伟大壮举，是中国共产党领导的工农红军创造的人间奇迹。它不仅挽救了中国共产党和红军，保存了红军队伍和革命力量，使我们党和革命事业转危为安，而且在这场远征中产生出来的伟大精神——长征精神，永远铭刻在中国革命丰碑上和全国人民心里。

第一节　长征的历史背景

1930 年夏，中国工农红军经过三年游击战争，主力部队和其他地方武装迅速发展到约 10 万人，并开辟了 10 余块苏区。对此，国民党当局异常恐惧。国民党政府主席、陆海空军总司令蒋介石急于 8 月下旬令武汉行营主任何应钦在汉口召开湘、鄂、赣三省"绥靖"会议，确定了以军事为主，党务、政务密切配合，分别"围剿"各苏区红军的总方针。10 月，蒋介石在同冯玉祥、阎锡山的中原大战基本取得胜利后，即迅速抽调兵力，组织对苏区的大规模"围剿"，企图在 3~6 个月内消灭红军，并将重点目标置于中央苏区。

蒋介石调集兵力实施"围剿"，中国共产党第一方面军总前敌委员会在查明敌情后，就反"围剿"的方针问题进行了多次讨论。讨论中，有一种意见主张仍按中共中央和军委 8 月初的指示，进攻南昌、九江，以迫使国民党军转入防御，放弃其"围剿"。总前委书记毛泽东提出，在红军和苏区尚未巩固、敌强我弱的形势下，不宜脱离苏区贸然攻打大城市。面对国民党军的大规模"围剿"，应主动退却，将敌诱进苏区内，发现和造成敌之弱点，依靠苏区人民的支援，选择有利于红军作战之战场，集中兵力适时反攻，各个歼敌于运动之中，以粉碎其"围剿"。在这种战略思想的指引下，中国工农红军取得了前四次反围剿的胜利。蒋介石的四次失败促使他改变围剿战略。

1933 年初，日军大举入侵华北，中华民族危在旦夕。国民党政府主席蒋介石却置民族危亡于不顾，仍然坚持推行"攘外必先安内"的反动方针，决心消灭共产党及其领导的红军。1933 年 5 月，蒋介石亲自组织和指挥对各苏区进行更大规模的第五次"围剿"，并决定采取持久战和"堡垒主义"的新战略，同时对苏区实行经济、交通封锁，企图逐步压缩并摧毁苏区。

面对国民党军采取堡垒主义新战略和重兵进攻，中共临时中央领导人博古（秦邦宪）等却认为，这次反"围剿"战争是争取中国革命完全胜利的阶级决战。在军事战略上，拒绝和排斥红军历次反"围剿"的正确战略方针和作战原则，继续实行"左"倾冒险主义的战略指导，提出"御敌于国门之外"的方针，企图以阵地战、正规战在苏区外制敌，保守苏区每一寸土地。这时，共产国际派来的军事顾问李德从上海到达中央苏区，直接掌握第五次反"围剿"的军事指挥权。因而，在国民党军"围剿"前夕，未及时有效地组织苏区军民进行反"围剿"准备。此次反"围剿"持续一年之久，中央苏区军民全力以赴，为保卫苏区，进行了艰苦卓绝的斗争，付出了巨大代价，给予国民党军大量杀伤。但由于中共中央实行错误的军事战略和作战原则，这次反"围剿"作战始终处于被动，以致在红军力量遭到严重削弱、中央苏区大部丧失的情况下，被迫进行长征。

红军过草地

图片来源：http://www.jrem.cn/content/2011-7/5/20117593805.htm。

第二节　长征的历史作用

我们党领导红军以无与伦比的英雄气概进行的长征，创造了气吞山河的人间奇迹，谱写了中国革命史的光辉篇章，对于我们党、军队和中华民族的发展史产生了十分重大而深远的影响。

红军长征路线图

图片来源：http://agzy.youth.cn/qsnag/lsjt/201108/t20110823_ 1712550.htm。

一、伟大的红军长征，翻开了马克思列宁主义基本原理同中国革命具体实践相结合的新篇章

长征途中，以毛泽东同志为主要代表的中国共产党人坚持把马克思列宁主义基本原理同中国革命具体实践相结合，正确解决了关乎党和红军前途命运的三个全局性问题，即引领红军向哪里去的战略方向问题，使党和红军摆脱被动局面的军事指挥问题，结束"左"倾教条主义错误在中央的统治问题，从思想上确保了红军长征胜利。把马克思列宁主义基本原理同中国革命具体实践结合起来，走适合国情的革命道路，实行符合实际的战略策略，这一我们党在血的教训和生死存亡考验中认识并确立起来的思想路线及其取得的重大思想成果，对中国革命产生了深远影响。

二、伟大的红军长征，粉碎了蒋介石扼杀中国革命的企图，使中国革命转危为安

1934 年 10 月 10 日，红一方面军被迫实行战略转移，撤离中央苏区，开始艰苦卓绝的长征。1935 年 4 月和 11 月，活动在鄂豫皖和湘鄂川黔的红四方面军和红二方面军也相继进行长征。长征整整历时 2 年，跨越 12 个省，总行程 2.5 万里以上。其中"中央红军，路上一共 368 天，有 15 天用于打大的决战，有 235 天用于白天行军，有 18 天用于夜晚行军；整个长征途中，只休息了 44 天，平均走 182 公里才休整一次，日均行军 37 公里；共翻越了 18 条山脉，其中 5 条山脉终年积雪；渡过了 24 条河流；穿越了 11 个省；占领过大小 62 个城市；突破了 10 个地方军阀的封锁包围；

从瑞金出发时有 8.6 万人，到达陕北时，仅剩 6500 人，平均每行进 1 公里，就有 3 至 4 名战士壮烈牺牲……"在行军途中，天上每日几十架飞机，侦察轰炸，地面上几十万大军围追堵截，路上有无尽的艰难险阻。1935 年 10 月 19 日，已改编为中国工农红军陕甘支队的原红一方面军的余部到达陕甘根据地的吴起镇，胜利结束长征。1936 年 10 月 9 日，北上的红四方面军与红一方面军在甘肃会宁会合。10 月 22 日，红二方面军到达甘肃会宁与红一方面军会合。至此，红军三大主力全部结束了具有伟大历史意义的长征，实现了自己的战略目标，粉碎了蒋介石扼杀中国革命的企图，使中国革命转危为安。

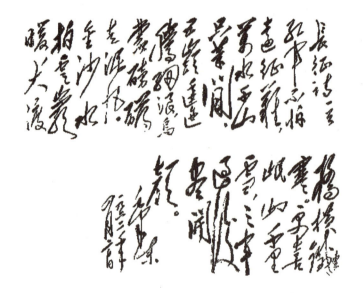

毛泽东诗词《七律·长征》

图片来源：http://news.artxun.com/shufaxinshangmaozedongjiangzhongzhengdeshufaxinshang-1609-8043111.shtml。

三、伟大的红军长征，开创了国内革命战争向民族解放战争转变的新格局

长征胜利，完成了北上抗日的军事战略目标。红军长征是在日本帝国主义侵入中国，中华民族处于生死存亡的紧要关头作出的战略抉择。长征胜利后，全国主力红军大汇合，进入了抗日斗争的前沿阵地，推动了全国抗日救国运动新高潮的迅速掀起。长征胜利，树起了民族解放战争的战略旗帜。抗日战争是一场以弱国对强国的军事对抗，仅仅依靠党和红军的力量是不够的，必须有一面能够汇聚全国抗日武装力量、召唤广大民众共同抗战的鲜明旗帜，这面旗帜就是中国共产党提出的抗日民族统一战线。红军抵达陕北后，党中央从民族危机加深的形势出发，迅速把工作重心转移到抗日救国上来，确定实行抗日民族统一战线的总策略，先后提出"抗日反蒋""进行第二次国共合作""逼蒋抗日"的方针政策。充分表明了党和红军抗日的决心与推动全民族抗战的诚意，从而把抗日民族统一战线写到了抗日救国的旗帜上。这面旗帜凝聚了人心，瓦解了反共阵营，壮大了抗日力量。长征胜利，形成了全国武装力量共同抗战的战略态势。为了推动国内革命战争向民族解放战争迅速转变，朝着有利于抗日方向发展，中央红军抵达陕北后，进行了一系列军事行动。首先，通过直罗镇战役有力的军事打击和深入细致的抗日统战工作，东北军和十七路军将士深切感受到内战必亡、抗战必存，停止了对革命根据地的军事进攻，与红军达成团结抗日的共识，奠定了西北地区抗日民族统一战线的坚实基础。其次，发动东征、西征两次重要战役，给亲日反共的阎锡山晋绥军和坚决反共的宁夏马系军阀沉重打击，

缓解了西北地区的军事形势，开创了地区抗日统一战线的新局面，推动全国军事斗争形势进一步向民族解放战争方向发展。最后，发起山城堡战役，一举击溃国民党军队对陕甘宁根据地的"进剿"，彻底打破了蒋介石消灭红军的企图。慑于红军的威力和全国民众要求抗战的压力，蒋介石再也没有组织起对陕甘宁革命根据地的进攻，中国革命从此进入民族解放战争的新阶段。

四、伟大的红军长征，形成了中国革命成熟的坚强领导核心

红军长征从被动到主动、踏上胜利道路，转折点是遵义会议。遵义会议确立了毛泽东同志在红军和党中央的领导地位，开始确立了以毛泽东同志为代表的党中央的正确路线，使红军和党中央得以在极其危急的情况下保存下来，为我们党从挫折走向胜利提供了重要保证。这是我们党走向成熟的重要标志。以毛泽东同志为核心的党的第一代中央领导集体逐步形成，是我们党在领导中国革命的实践中、经过胜利和失败的长期比较作出的历史性选择。从遵义会议开始，又经过 10 年努力，到党的七大，我们党总结了历史经验，为建立新民主主义的新中国制定了正确的理论和路线方针政策，使全党在思想上、政治上、组织上达到空前的统一和团结，党的领导更加成熟，党的力量成倍壮大，党成为领导全国各族人民进行伟大革命的核心力量。

第三节　长征精神的内涵

长征历时之长，行程之远，敌我力量之悬殊，自然环境之恶

劣，在人类战争史上是罕见的。红军长征以我们的胜利、敌人的失败宣告结束，充分展示了中国共产党人领导革命战争的卓越能力，充分体现了红军将士为民族独立和人民解放勇于牺牲、敢于胜利的大无畏气概，充分证明了人民革命战争的正义力量是不可战胜的。

红军将士在万里征途中，用生命和热血铸造了伟大的长征精神。长征精神，就是把全国人民和中华民族的根本利益看得高于一切，坚定革命的理想和信念，坚信正义事业必然胜利的精神；就是为了救国救民，不怕任何艰难险阻，不惜付出一切牺牲的精神；就是坚持独立自主、实事求是，一切从实际出发的精神；就是顾全大局、严守纪律、紧密团结的精神；就是紧紧依靠人民群众，同人民群众生死相依、患难与共、艰苦奋斗的精神。长征精神，是中国共产党人和人民军队革命风范的生动反映，是中华民族自强不息的民族品格的集中展示，是以爱国主义为核心的民族精神的最高体现。长征精神为中国革命不断从胜利走向胜利提供了强大精神动力。

第四节　长征精神的现实意义

自红军长征胜利以来，我们党团结带领全国各族人民在革命、建设、改革的各个历史时期进行了一次又一次波澜壮阔的伟大长征，夺取了一个又一个举世瞩目的伟大胜利。今天，我们进行改革开放和社会主义现代化建设，全面建设小康社会，积极构建社会主义和谐社会，开创中国特色社会主义事业新局面，为把我国建设成为富强、民主、文明、和谐的社会主义现代化国家、为实现中华民族的伟大复兴而奋斗，就是我们党团结带领全国各族人民进行的新的伟大长征。在新长征的征途上，我们一定要继承和发扬红军长征的光荣革命传统。

一、继承和发扬长征精神，就要大力推进马克思主义中国化，不断开拓马克思主义在当代中国发展的新境界

红军长征之所以成为我们党从挫折走向胜利、中国革命由波折坎坷走向蓬勃发展的重大转折，关键是以毛泽东同志为代表的中国共产党人在实践中深刻认识到，在我们这样一个半殖民地半封建的东方大国里进行革命，必然遇到许多特殊的复杂问题，靠背诵马克思列宁主义一般原理和照搬外国经验不可能解决这些问题，只有创造性地运用马克思列宁主义基本原理，实事求是、独立自主地解决中国革命的重大问题，才能把革命事业引向胜利。这是红军长征给我们的最可宝贵的启示。红军长征，推动我们党更加深入地思考中国革命问题，特别是党的思想理论指导问题，逐步形成了以实事求是、群众路线、独立自主为基本点的一系列思想理论成果，有力推动了毛泽东思想的形成和发展，有力推动了马克思主义中国化的历史进程，使我们党在科学理论指导下找到了夺取中国革命胜利的正确道路。一部包括红军长征在内的中国共产党的历史，就是一部坚持以马克思主义基本原理为指导、紧密结合中国具体实际进行理论创新的历史，就是一部不断推进马克思主义中国化的历史。在新长征的征途上，我们一定要高举中国特色社会主义伟大旗帜，贯彻落实党中央提出的科学发展观、构建社会主义和谐社会等一系列重大战略思想，坚持用马克思主义特别是马克思主义中国化的最新成果武装全党、教育人民。坚持解放思想、实事求是、与时俱进，根据新的实践继续推进马克思主义中国化。要坚持把马克思主义基本原理同中国具体实际相结合，不断作出符合我国社会发展进步要求和人民群众实践需要的新的理论概括，使当代中国的马克思主义具有更加鲜明的实践特色；要扎根于中国的土壤，把马克思主义真理的力量深深熔铸在民族的生命力、创造力、凝聚力之中，使当代中国的马克思主义具有更加鲜明的民族特色；要始终走在时代前列，敏锐把握时代特征，准确反映时代要求，使当代中国的马克思主义具有更加鲜明的时代特色，从而更好地为新的历史条件下党和人民事业的发展提供科学理论指导。

二、继承和发扬长征精神，就要大力弘扬革命理想高于天的崇高精神，为建设中国特色社会主义提供强大精神支柱

在艰苦卓绝的长征中，英勇的红军将士之所以能够视死如归、浴血奋战，之所以能够战胜人世间难以想象的千难万苦，就是因为他们心中有着为人民解放和民族自由而奋斗的崇高理想和坚定信念。崇高理想，坚定信念，是凝聚人心、催人奋进的伟大旗帜，是战胜困难、赢得胜利的力量源泉。我国社会主义建设已经取得了举世瞩目的伟大成就，但我们必须清醒地认识到，我国正处于并将长期处于社会主义初级阶段，人口多、底子薄、发展不平衡仍然是我国的基本国情，要基本实现社会主义现代化、实现全体人民共同富裕，还有很长的路要走，还会遇到这样那样的困难和风险，还要进行长期的艰苦奋斗。在新长征的征途上，我们一定要把长征精神作为加强社会主义精神文明建设的重要内容，作为在全体人民特别是青少年中进行理想信念和思想道德教育的重要内容，坚持不懈地发扬光大，把长征精神一代一代传下去。要在全体人民中牢固树立社会主义核心价值体系，用中国特色社会主义共同理想激励广大党员、干部和人民群众，不断巩固全党全国各族人民团结奋斗的共同思想基础。要大力弘扬以爱国主义为核心的民族精神和以改革创新为核心的时代精神，不断增强全民族的自尊心、自信心、自豪感，不断增强全社会的进取精神、开拓勇气、创新能力，激励全国各族人民为实现中华民族的伟大复兴而团结奋斗。

三、继承和发扬长征精神，就要大力加强全党的团结、全国各族人民的大团结，最广泛地为党和人民事业的发展凝聚智慧和力量

在红军长征途中，我们党经过艰苦努力和严肃斗争，实现了全党的空前团结、红军的空前团结，密切了党和人民军队同人民群众的血肉联系。没有这种革命大团结，红军长征胜利是不可能的。团结是克服困难、赢得胜利的强大力量，是凝聚人心、成就伟业的重要保证。在新长征的征途上，我们一定要维护和加强全党的团结、全国各族人民的大团结，维护和加强各党派、各团体、各民族、各阶层及各方面的团结，促进政党关系、民族关系、宗教关系、阶层关系、海内外同胞关系的和谐，把一切可以团结的力量团结起来，把一切积极因素调动起来，让一切有利于社会发展进步的创造活力竞相迸发、一切有利于创造社会财富的源泉充分涌流，把中国特色社会主义伟大事业不断推向前进。

四、继承和发扬长征精神，就要努力建设一支听党指挥、能打胜仗、作风优良的人民军队，勇敢地担负起时代赋予的历史使命

红军长征的胜利充分说明了一个真理：建设一支听党指挥、服务人民、英勇善战的革命军队，是革命的依托、民族的希望。长期以来，我们党领导的人民军队为民族独立、人民解放和国家富强、人民幸福作出了卓著贡献。建立巩固的国防、建设强大的人民军队是我国社会主义现代化建设的战略任务，是维护国家安全统一和全面建设小康社会的重要保障。在新长征的征途上，我们一定要始终不渝地坚持党对军队的绝对领导，牢牢把握党在新形势下的强军目标，坚持把科学发展观作为国防和军队建设的重要指导方针，按照革命化、现代化、正规化相统一的原则，加强军队全面建设，努力建设一支听党指挥、能打胜仗、作风优良的人民军队。要着眼世界战略格局、我国安全环境和军事斗争任务的重大变化，贯彻积极防御的军事战略方针，大力推进中国特色军事变革，走中国特色精兵之路，不断提高我军信息化条件下的防卫作战能力。国防和军队建设是全党全国各族人民的共同事业，依靠人民建设国防、建设军队是我们的优良传统。要广泛开展国防教育，增强全民国防安全观念，深入开展拥军优属、拥政爱民活动，紧紧依靠广大人民群众的支持，努力把国防和军队现代化建设推向新的发展阶段。

五、继承和发扬长征精神，就要大力加强党的执政能力建设和先进性建设，更好地担当起执政为民、执政兴国的历史重任

在红军长征的艰苦磨难中，我们党高度重视自身建设，使我们党焕发出前所未有的旺盛生机和蓬勃活力，为红军长征胜利提供了根本保证，也为中国革命不断走向胜利提供了根本保证。实践告诉我们，我们党要团结带领人民战胜各种艰难险阻、赢得各项事业胜利，必须把党建设成为用马克思主义理论武装起来、全心全意为人民服务、思想上政治上组织上完全巩固、能够经受住各种风险、始终走在时代前列的马克思主义政党。在新长征的征途上，我们一定要紧紧围绕党的历史使命和中心任务，紧紧抓住发展这个党执政兴国的第一要务，坚持科学执政、民主执政、依法执政，以加强党的执政能力建设和先进性建设为重点，继续推进党的建设新的伟大工程，全面加强党的思想建设、组织建设、作风建设和制度建设，不断提高党的创造力、凝聚力、战斗力。广大共产党员尤其是党员领导干部，要学习红军长征中共产党员忠于革命理想、献身革命事业的政治品格，始终保持对马克思主义的坚定信仰、对中国特色社会主义的坚定信念、对改革开放和社会主义现代化建设的坚定信心；要学习红军长征中共产党员热爱人民、造福人民的思想境界，坚持立党为公、执政为民，坚持全心全意为人民服务的宗旨，坚持权为民所用、情为民所系、利为民所谋，倾听群众呼声，关心群众疾苦，着力解决好人民群众最关心、最直接、最现实的利益问题，扎扎实实为人民群众办实事、办好事；要学习红军长征中共产党员吃苦在前、享受在后的崇高风范，始终艰苦奋斗、艰苦创业，模范践行社会主义核心价值观，常修为政之德、常思贪欲之害、常怀律己之心，自觉抵御拜金主义、享乐主义、极端个人主义等消极腐朽思想文化的侵蚀，真正做到为民、务实、清廉；要学习红军长征中共产党员不怕牺牲、敢于胜利的坚强意志，大兴求真务实之风，始终埋头苦干、锐意进取，勇于克服各种艰难险阻，带领群众坚韧不拔地贯彻落实党的路线方针政策，以辛勤的劳动和汗水共同创造我们的幸福生活和美好未来。

相关链接

1. 四渡赤水

遵义会议后，中央红军重整旗鼓，振奋精神，在新的中央领导的指挥下，展开了机动灵活的运动战。这时，蒋介石为阻止中央红军北进四川同红四方面军会合，或东出湖南同红二、红六军团会合，部署其嫡系部队和川、黔、湘、滇、桂五省地方部队的数十万兵力，从四面八方向遵义地区进逼，企图在遵义一带围歼红军。

1935年1月19日，中央红军由遵义地区北进，预定夺取川黔边境的土城、赤水县城，相机从四川的泸州和宜宾之间北渡长江。蒋介石急调重兵布防于川黔边境，封锁长江。1月28日，红军在土城战斗中因敌军不断增援，再战不利，乃奉命撤出战斗，1月29日凌晨从元厚、土城地区一渡赤水河，挥师西向进至川滇边的扎西集中。在这里，中央红军进行整编，全军除干部团外，缩编为16个团，分属红军第一、第三、第五、第九军团。

川滇敌军很快又从南北两面向扎西逼近。这时红军决定暂缓执行北渡长江的计划，突然掉头东进，摆脱敌军，于1935年2月18日至21日二渡赤水，重入贵州，奇袭娄山关，再占遵义城。在遵义战役中，红军取得歼敌2个师又8个团、俘敌3000余人的胜利。这是中央红军长征以来取得的最大的一次胜利，沉重地打击了敌军的气焰，鼓舞了红军的斗志。

蒋介石在打了败仗之后，调整部署，指挥多路敌军向遵义、鸭溪一带合围。红军迅速跳出敌军的合围圈，再次转兵西进，于3月16日至17日三渡赤水，重入川南。

蒋介石以为红军又要北渡长江，急忙调动重兵围堵。红军突然又挥师东进，折返贵州，于3月21日晚至22日四渡赤水。随即南渡乌江，佯攻贵阳，分兵黔东，诱出滇军来援。当各路敌军纷纷向贵阳以东开进时，红军出其不意地以每天120里的速度向敌人兵力空虚的云南疾进。红军在昆明附近虚晃一枪，接着主力神速地向西北方向前进，于5月初渡过谷深水急的金沙江。

至此，中央红军摆脱优势敌军的追堵拦截，粉碎蒋介石围歼红军于川、黔、滇边境的计划，取得了战略转移中具有决定意义的胜利。这一胜利，是在改换了中央军事领导之后取得的，充分显示出毛泽东高超的军事指挥艺术。

2. 强渡大渡河十七勇士

1935年5月上旬，中央红军准备渡过大渡河。1935年5月24日晚，中央红军先头部队第一师第一团，经80多公里的急行军赶到大渡河右岸的安顺场。此地由川军2个连驻守，渡口有川军第二十四军第五旅第七团1个营筑堡防守。当晚，红一团由团政治委员黎林率第二营到渡口下游佯攻，团长杨得志率第一营冒雨分

3路隐蔽接近安顺场，突然发起攻击，经20多分钟战斗，击溃川军2个连，占领了安顺场，并在渡口附近找到1只木船。安顺场一带大渡河宽100多米，水深流急，高山耸立。在红军到达之前，川军第五旅第七团1个营抢占了这一地区，正在构筑工事，凭险防守，情况对红军十分不利。

5月25日晨，红一团开始强渡大渡河。刘伯承、聂荣臻亲临前沿阵地指挥。红一团第一营营长孙继先从第二连挑选17名勇士组成渡河突击队，连长熊尚林任队长，由帅士高等4名当地船工摆渡。战前，先遣队首长亲自向领导交代任务，一起制定渡河方案，并强调这次渡河，关系全军成败，一定要战胜一切困难，完成任务，为全军打开一条通向胜利的道路。5月25日7时，强渡开始，岸上轻重武器同时开火，掩护突击队渡河。炮手赵章成两发迫击炮弹命中对岸碉堡。

突击队分成两批，熊尚林带领第一批8人先渡河，孙继先带领第二批8人再渡河。勇士们冒着川军的密集枪弹和炮火，在激流中前进。快接近对岸时，川军向渡口反冲击，杨得志命令再打两炮，正中川军。勇士们战胜惊涛骇浪，冲过敌人的重重火网，终于登上了对岸。敌人见红军冲上岸滩，便往下甩手榴弹。智能双全的勇士们，利用又高又陡的台阶死角作掩护，沿台阶向上猛烈冲杀。在右岸火力的支援下，勇士们击退了川军的反扑，控制了渡口，后续部队及时渡河增援，一举击溃川军1个营，巩固了渡河点。随后，红一军团第一师和干部团由此渡过了被国民党军视为不可逾越的天险大渡河。

在不少出版的强渡大渡河的读物中，描述渡河战斗的情景时，都说 17 名勇士全部登上木船，在几名船工的帮助下，冒着敌人炮火，向对岸冲锋，并成功登岸。而事实是，17 名勇士是分两次强渡的。原本计划是让 17 名勇士乘第一船渡河，但由于流急滩险，一条小船难以承载全部勇士一次渡完，根据船工的建议，才临时决定小船往返分两次运载。作为强渡大渡河的一线指挥员，孙继先早在 1957 年《星火燎原》第三集发表的《强渡大渡河》的回忆文章中，就明确说明勇士们是分两次渡河的。红一团团长杨得志在 2011 年 1 月解放军出版社出版的自己的回忆录中也比较详细地记录了这一段历史："我们挑选了 17 名同志组成奋勇队，分两次强渡，第一船由连长熊尚林带队，过 9 人，第二船由营长孙继先同志带队，我在第三船上。""我们可以把奋勇队 17 位同志称为勇士，若把当时的营长孙继先同志算进去，称 18 勇士也没有错。"《世界军事》执行总编辑陈虎推断："当时的情况极有可能是当第一船返航后，孙营长就在河边，并根据战场态势作出了新的判断，临时决定上了第二条船，带领剩下的 8 名队员过了河。"

作为当年强渡大渡河一线指挥员的孙继先，新中国成立后曾担任我军第一个导弹试验基地的司令员，1955 年被授予中将军衔，1990 年因病逝世。孙继先逝世时，新华社播发了《向孙继先同志遗体告别仪式在济南举行》一文，文中提到："二万五千里长征途中，他带领十七勇士强渡大渡河，为长征的胜利做出了突出贡献。"

十七勇士是：第 2 连连长熊尚林、第 2 排排长罗会明；第 3 班班长刘长发、副班长张表克，战斗员张桂成、萧汗尧、王华停、廖洪山、赖秋发、曾先吉；第 4 班班长郭世苍、副班长张成球，战斗员萧桂兰、朱祥云、谢良明、丁流民、陈万清。

强渡大渡河的十七勇士画像

图片来源：http：//news. sohu. com/20061013/n245771516. shtml。

| 参考资料 |

［1］胡锦涛：在纪念红军长征胜利七十周年大会上的讲话
［EB/OL］.（2006 –10 –22）. http：//news. xinhuanet. com /politics/
2006 – 10/22/content_ 5235987. htm .

［2］中共中央党史研究室. 中国共产党历史·第一卷（1921—
1949）上册［M］. 2 版. 北京：中共党史出版社，2011.

［3］高凤林. 长征的历史地位和作用新探［M］. 北京：中国
社会科学出版社，2007.

［4］白宁，孟歆云. 长征精神的时代启示［J］. 论坛集萃，
2012（12）：289 – 290.

第四章 | 延安精神

1935～1948 年，中共中央和毛泽东在延安领导并指挥了抗日战争和解放战争，奠定了中华人民共和国的基石，谱写了可歌可泣的历史篇章，孕育了光照千秋的延安精神。

第一节 延安革命斗争的历史背景

延安革命斗争的历史大致分为三个阶段。

第一阶段：1922 年西北党组织成立至 1935 年中央红军到达陕北。

中国共产党成立不久后，1922 年 8 月，陕西也建立了党团组织。陕西的党团组织成立后，积极开展革命活动，先后组织发动了清涧起义、渭华起义，逐步把陕西的革命斗争推向高潮。在艰苦卓绝的革命斗争中，陕西出现了刘志丹和谢子长两位民族英雄。刘志丹于 1903 年 10 月出生在陕西省保安县，1925 年加入中国共产党，1928 年 5 月，他和谢子长一起领导了渭华起义，成立了西北工农革命军。先后担任西北革命军事委员会副主席兼红二十六军、红二十七军总指挥，红二十五军团副军团长兼参谋长，瓦窑堡警备司令，北路军总指挥和红二十八军军长。1936 年 4 月率部东征抗日时，在山西省中阳县三交镇遭国民党阻击，英勇牺牲，时年 34 岁。毛泽东称他为"群众领袖，民族英雄"。

1932 年 2 月，刘志丹、谢子长率领中国工农红军陕甘游击队抵达照金（今耀县境内），创立了照金革命根据地。12 月，陕甘游击队改编为中国工农红军第二十六军。1933 年 3 月，陕甘边特委成立。1933 年 11 月，红二十六军四十二师回到南梁地区，在刘志丹的领导下，建立了南梁革命根据地，并于 1934 年 11 月成立了陕甘边苏维埃政府，习仲勋任政府主席。与此同时，谢子长率领陕北游击队开辟了陕北革命根据地。1935 年 1 月，成立了陕北省苏维埃政府。

随着陕甘边根据地和陕北根据地的发展，两块根据地日益接近。1935 年 2 月 5 日，陕甘边和陕北特委在子长县召开联席会议，决定成立西北工作委员会和西北革命军事委员会，刘志丹任军事委员会主席。在刘志丹的领导下，先后解放了安定、延长、延川、安塞、靖边、保安 6 座县城，从而把陕甘边和陕北两块根据地连成一片，初步形成了西北革命根据地，这是当时全国唯一保存的革命根据地。

第二阶段：1935 年中央红军到陕北至 1945 年抗日战争胜利。

1934 年 10 月，中央红军从江西瑞金出发，历经千难万

到达陕北的红四方面军一部

险，行程两万五千里，于 1935 年 10 月 19 日到达陕北吴起镇
（今吴旗县）。10 月 22 日，中央在这里召开了政治局扩大会
议，集中讨论了红军长征到达陕北后的行动方针，作出了把
陕北作为全国革命大本营的战略决策。随后，中央红军南下
到达甘泉县下寺湾，在这里纠正了陕北肃反错误，释放了西
北革命根据地的创始人刘志丹、习仲勋等受害同志，挽救了
西北革命根据地。

　　1935 年 11 月 21 日至 24 日，中央红军在富县直罗镇赢得了
著名的直罗镇战役，为党中央把全国革命大本营放在西北，举
行了一个奠基礼。1935 年 12 月 17 日至 25 日，中共中央在瓦窑
堡召开了政治局扩大会议，制定了抗日民族统一战线的新政策。
瓦窑堡期间，中央红军还进行了东征和西征，扩大了党和红军的影响，为建立全国抗日民族统一战线打下了坚实的基础。
1936 年 6 月，中共中央决定撤离瓦窑堡，并于 7 月 3 日抵达保
安（今志丹县）。

1936 年 12 月 12 日，驻扎在西安的东北军和西北军爱国将领
张学良和杨虎城将军，受我党统一战线政策的影响和全国抗日救
亡运动的推动，扣押了亲赴西安督战剿共的蒋介石，发动了震惊
中外的"西安事变"。事变发生后，中共中央在保安立即召开政
治局会议，分析形势，商讨对策，作出和平解决"西安事变"的
正确决策。并派周恩来、博古、叶剑英去西安，协助张学良和杨
虎城将军和平解决了西安事变，促成了国共两党的第二次合作，
建立了全国抗日民族统一战线，中国由此实现了从国内战争到全
面抗战的重大转变。

1937 年 1 月，中共中央进驻延安，从此，延安成为抗日战争
和解放战争的指挥中心和战略总后方。党中央进驻延安后，凤凰
山麓成为中央机关和毛泽东的第一个驻地。1937 年 2 月，国共两
党的合作由秘密走向公开。

1937 年 7 月 7 日，卢沟桥事变爆发，日本帝国主义发动了全
面侵华战争。中共中央在延安及时向全国发出通电，号召全民族
迅速行动起来，团结一致，全面抗战。并召开了延安干部紧急动
员大会，整编部队，随时准备开赴抗日前线。同时，致电蒋介石，
红军主力将要全面投入抗日。

随后，蒋介石同意将红军改编为国民革命军第八路军，并任
命朱德、彭德怀为正、副总指挥，领导八路军的抗日军事行动。
长征前留在南方 8 省 13 个地区的红军和游击队改编为国民革命军

陆军新编第四军。从 1937 年 9 月至 1938 年 10 月的一年时间里，八路军以小米加步枪的劣势装备，抗击装备精良的日本侵略军，作战 1600 余次，歼敌 5.4 万多人，收复了大片国土，创建了 19 块抗日根据地，牵制了大量日军，阻止了敌人的战略进攻，使抗日战争由战略防御转入战略相持阶段。在此期间，毛泽东在延安写下了《抗日游击战争的战略问题》《论持久战》和《战争与战略问题》等许多军事著作，为夺取抗日战争的胜利指明了正确的方向。

抗日战争爆发后，成千上万的爱国青年冲破重重阻力，跋山涉水奔向延安。为了造就抗日救国的人才，中国共产党先后在延安创办 30 多所干部学校。中国人民抗日军政大学是中央到延安后创办的第一所高等军事学府，先后培养了 10 多万名德才兼备的抗日军政人才，为中国人民的解放事业建立了不可磨灭的历史功勋。中央党校、马列学院是培养党的中高级干部和理论干部的学校。1943 年，毛泽东为中央党校亲笔题写"实事求是"的题词，这个题词一直被奉为中央党校的办学宗旨，也是党的思想路线的核心。

延安时期，党中央特别重视培养少数民族干部。1941 年 7 月，将陕北公学的民族部、中央党校民族班以及抗大、女大的少数民族学员集中起来，成立了延安民族学院。延安民族学院汇聚了藏、蒙、回、苗、彝、满、汉等各民族的优秀青年。桑吉悦希、扎喜旺徐、沙那、孟特尔、袁效则、罗德干、王寿才等都是藏族学员。学院还成立了专门研究少数民族文化、政治、经济、历史及社会风俗的藏族研究室、蒙古族研究室和回族研究室。在课程设置上，还开设了藏文、蒙文等少数民族语言课程。而且，党中央对少数民族学员也格外关照，在当时十分困难的情况下，给予特殊优待，每人每月多发 10 斤白面，每人每年加发一套单衣、一套棉衣。每逢民族节日，还按照民族风俗习惯庆祝、会餐。在进行文化知识教育的同时，民族学院还进行了爱国主义教育及党的民族平等、宗教信仰自由和相互尊重民族风俗习惯的教育，对贯彻党的民族宗教政策发挥了积极的作用。

延安时期，中央号召全党全军开展了著名的"大生产运动"。抗战时期，国民党对陕甘宁边区实行了经济封锁和军事包围，边区的财政经济和军民生活遇到极大困难。1941 年到 1942 年，边区几乎到了没有衣穿，没有饭吃的严重地步。面对十分严峻的形势，党中央、毛主席号召边区军民自力更生、克服困难，迅速在军队、机关、学校、工厂开展了轰轰烈烈的大生产运动。中央领导带头参加劳动，毛泽东和他的警卫人员在杨家岭挖地种菜；朱德总司令在王家坪种菜；周恩来、任弼时参加纺线比赛。1941 年3 月，三五九旅开进南泥湾开荒种地，经过 3 年的辛勤劳动，把昔日一派荒凉的南泥湾变成了"陕北好江南"，成为大生产运动中的一面旗帜。大生产运动不仅使陕甘宁边区克服了困难，渡过了难关，达到了丰衣足食，而且培育了自力更生、艰苦奋斗的延安精神，改善了党政、军政、军民关系，积累了生产建设的经验，培养和锻炼了一大批从事经济工作的专家和人才，为新中国的经济建设事业奠定了基础。

1942 年 2 月，中央决定在全党范围内开展一场普遍的马克思主义教育运动。毛泽东在中央党校开学典礼上作了《整顿党的作风》的报告，拉开了延安整风运动的序幕。整风运动明确提出了反对主观主义以整顿学风，反对宗派主义以整顿党风，反对党八股以整顿文风的整风任务，确立了"惩前毖后，治病救人"的整风运动方针。延安整风运动用马列主义理论武装了全党，树立了实事求是的思想路线，形成了党的"理论联系实际、密切联系群众、开展批评与自我批评"的三大优良作风，解决了党内存在的矛盾，增强了各级党员干部的党性观念，加强了党内的团结和统一，为党的"七大"胜利召开和抗日战争、解放战争取得最后胜利，奠定了思想基础和组织基础。

1945 年 4 月 23 日到 6 月 11 日，中国共产党第七次全国代表大会（以下简称"七大"）在杨家岭中央大礼堂胜利召开，历时50 天。大会选举出了由毛泽东、周恩来、朱德、刘少奇、任弼时五位同志组成的中央书记处，明确地把毛泽东思想作为全党一切工作的指导思想。党的七大也以"团结的大会，胜利的大会"而永久地载入了史册。

第三阶段：1945 年抗日战争胜利至 1947 年中共中央离开延安。

1945 年 8 月 15 日，中国人民经过艰苦卓绝的 8 年抗战，终于赢得了抗日战争的伟大胜利。蒋介石向毛泽东发出了去重庆"共商国是"的邀请，中央政治局经过讨论，决定派毛泽东、周恩来、王若飞等赴重庆谈判。通过谈判，中国共产党不仅保住了 8 年抗战所取得的成果，而且在政治上取得了有利地位。在此期间，中央制定了"向北发展，向南防御"的战略方针，成立了以彭真

延安杨家岭礼堂

图片来源：http：//dp. pconline. com. cn/dphoto/1972772. html。

为书记的中共中央东北局，并派 10 万部队和 2 万干部奔赴东北开展工作，为争取解放战争的胜利奠定了基础。

1947 年 3 月，蒋介石违背谈判协议，调集了 39 个旅、23 万多人的部队大举向陕甘宁边区发动进攻。中央主动放弃延安，踏上了转战陕北的征途。在转战陕北期间，毛泽东、周恩来、任弼时留在陕北，主持中央工作，与进犯的敌人周旋；刘少奇、朱德前往华北，组织华北前线的对敌斗争。从 1947 年 3 月到 1948 年 3 月，毛泽东、周恩来、任弼时率领中央机关历时 1 年零 5 天，行程 1000 多公里，在陕北成功地指挥了青化砭、羊马河、蟠龙、沙家店战役，一举粉碎了国民党的大举进攻。1948 年 4 月 22 日，西北人民解放军胜利收复延安。1948 年 3 月 28 日，毛主席和中央机关东渡黄河，迁往河北省平山县西柏坡村，在那里指挥了全国的解放战争，取得了辽沈、平津、淮海三大战役的胜利，最终赢得了全国的解放。

第二节　延安革命斗争的历史作用

延安精神是我们党、也是中华民族的宝贵精神财富，它对中国历史发展进程产生了巨大和深远的影响，这种影响将一直持续。

一、确立了"全心全意为人民服务"这一党的宗旨

1939 年 2 月，毛泽东在致张闻天的信中，首次使用了"为人民服务"的概念。1942 年 5 月，毛泽东在延安文艺座谈会上指出，我们的文艺是为着人民大众的，1943 年毛泽东为枣园中央书记处俱乐部题词："为群众服务"。1944 年 9 月 8 日，在中央警卫团追悼张思德的大会上，毛泽东发表了《为人民服务》的讲演，第一次从理论上阐明了为人民服务的思想。10 天后，他发表了《坚持为人民服务》的讲话，指出："我们的每一个指战员以至每一个炊事员、饲养员，都是为人民服务的。" 1945 年在党的七大上，毛泽东在开幕词中说："我们应该谦虚、谨慎、戒骄、戒躁，全

毛泽东亲笔题词

图片来源：http://news.eastday.com/epublish/big5/paper5/20010617/class000500006/hwz4135 01.htm。

心全意地为中国人民服务。"在《论联合政府》的政治报告中，毛泽东又强调："全心全意地为人民服务，一刻也不脱离群众；一切从人民的利益出发，而不是从个人或小集团的利益出发；向人民负责和向党的领导机关负责的一致性；这些就是我们的出发点。"党的七大把"中国共产党人必须具有全心全意为中国人民服务的精神"写入了《党章》，"全心全意为人民服务"成为我们党的根本宗旨。

二、将毛泽东思想确立为党的指导思想

中国共产党从诞生之日起，就以马克思列宁主义作为指导思想，但是，马列主义必须与中国实际相结合形成中国化的马克思主义，才能真正指导中国革命走向成功。从党的建立到抗日时期，中国革命经历了两次胜利和两次失败，使以毛泽东为代表的中国共产党人对中国社会的现状和历史，对中国革命的特点和规律有了更为深刻和完整的认识，经过对中国革命正反两方面的总结，他提出了把马克思主义中国化的根本原则。抗日战争的伟大实践，锻炼了中国共产党人正确处理民族矛盾与阶级矛盾相互交错及其极端复杂局面的斗争本领，制定了正确的抗日路线和军事战略方针及一系列方针政策，提出了新民主主义革命的政治纲领、经济纲领和文化纲领，创立了伟大的新民主主义理论，使毛泽东思想达到系统化而走向成熟。1945 年在延安召开的党的七大，将毛泽东思想确立为党的指导思想，实现了马克思列宁主义同中国实际相结合的第一次历史性飞跃。

南泥湾大生产运动

图片来源：http：//www.shafei.cn/center/news/201008_ JBZ/JBZ2_ 4_ 007.html。

三、发动了中国共产党历史上第一次大规模的整风运动

抗日战争时期，党内存在思想不纯、作风不纯的现象。针对这种情况，党中央决定在全党范围内开展一次大规模的整风运动。1942 年春，整风运动开始。这次整风运动的内容是：反对主观主义以整顿学风，反对宗派主义以整顿党风，反对党八股以整顿文风。贯彻的方针是："惩前毖后，治病救人"，用"团结—批评—团结"的方式，达到既要弄清思想，又要团结同志的目的。采用的方法是：在精读马克思列宁主义基本文件基础上，反省自己的工作、思想，实事求是地进行批评与自我批评，具体分析产生错误的原因和克服错误的方法。党的高级干部还着重对于党的历史进行了学习、研究和讨论。延安整风运动分为以下几个阶段。

第一阶段：1941 年初，中共中央集中在延安的 120 多名高级干部学习马列著作和党的历史文献。5 月 19 日，毛泽东作了《改造我们的学习》的报告，强调要理论联系实际，严肃地提出了党内反对主观主义的斗争任务。同年七八月间，党中央相继作出《关于增强党性的决定》和《关于调查研究的决定》，号召全党加强调查研究，克服非无产阶级思想，加强党性锻炼。9 月，中共中央召开政治局扩大会议，检讨了党的历史上，特别是第二次国内革命战争时期政治路线的错误，肯定了 1931 年初党的六届四中全会到 1935 年底，以王明为代表的"左"倾机会主义错误是政治路线错误；提出发动全党进行思想革命和解决理论与实际相结合的问题，同时讨论了如何使党的组织达到更进一步的统一和团结的问题。中央高级干部整风学习从此开始。

第二阶段：1942 年 2 月，毛泽东在延安作了《整顿党的作风》和《反对党八股》的报告，明确提出了整风运动的内容、方针、任务和方法。4 月，中共中央宣传部发布《关于在延安讨论中央决定及毛泽东同志整顿三风报告的决定》。在延安的近万名干部普遍参加了学习。6 月，中共中央宣传部又发出在全党进行整风的指示——《关于在党内进行整顿三风学习运动的决定》。从此，全党全军范围内的整风逐步展开。

第三阶段：延安整风运动对历史经验进行了总结（1943 年 10 月至 1945 年 4 月）。在此阶段，高级干部重新学习党的历史，研究、讨论、总结历史经验，检讨工作，开展批评与自我批评，弄清路线是非。1944 年 4 月 12 日，毛泽东作了《学习与时局》的报告，阐明了研究历史经验应当采取的正确方针和态度，对高级

延安宝塔山

图片来源：http：//bbs. travel. 163. com/thread/xibei－399595918－1%7C33tau. html。

干部关于党的历史问题的讨论作了总结。1945 年 4 月，中共六届
七中全会通过了《关于若干历史问题的决议》，对于党的历史上
各次"左"右倾错误，特别是第三次"左"倾错误，作出了公正
的批评和结论。至此，延安整风运动胜利结束。

延安整风运动在中国共产党历史上具有深远的历史意义，它
是党的建设史上的一个伟大创举。通过整风运动，彻底揭露、批
判和清算了党内历次"左"右倾错误，特别是王明"左"倾错误
在党内的恶劣影响，使全党的马克思列宁主义水平得到了进一步
提高，为夺取抗日战争和民主革命的胜利奠定了思想基础。

第三节　延安精神的内涵

1942 年 12 月毛泽东在西北局高干会议上指出："延安县同志们的精神完全是布尔什维克的精神。他们的态度是积极的，在他们的思想中、行动中，没有丝毫消极态度。他们完全不怕困难，他们像生龙活虎一般能够战胜一切困难。"这是历史上首次牵涉"延安精神"的一段论述。1968 年 5 月 3 日《人民日报》《解放军报》第一版发表了标题为"延安精神永光芒"的社论，指出："在长期斗争中用毛泽东思想培育起来的延安精神，代表了马克思列宁主义的彻底革命精神，代表了无产阶级的艰苦奋斗精神。"至此，"延安精神"这一概念被明确提出来。

2002 年 4 月底，江泽民在陕西考察工作时对延安精神作了概括，即：坚定正确的政治方向，解放思想、实事求是的思想路线，全心全意为人民服务的根本宗旨，自力更生、艰苦奋斗的创业精神。这段概括揭示了延安精神最本质、最主要的内容。

坚定正确的政治方向是延安精神的灵魂。坚定不移地进行新民主主义革命，建立崭新的人民共和国，是延安时期中国共产党人和全国各族人民的奋斗目标，是当时唯一正确的政治方向，也是延安精神的政治灵魂。1938 年 6 月，毛泽东为中国人民抗日军政大学题词："坚定不移的政治方向，艰苦奋斗的工作作风，机动灵活的战略战术，用以驱逐日本帝国主义，建设新中国。"1939 年 5 月，毛泽东在《国民精神总动员的政治方向》一文中说：共产党历来提倡坚定正确的政治方向，这种坚定正确的政治方向，是与艰苦奋斗的工作作风不能脱离的，没有坚定正确的政治方向，就不能激发艰苦奋斗的工作作风；没有艰苦奋斗的工作作风，也就不能坚持坚定正确的政治方向。毛泽东始终认为，没有正确的政治观点，就等于没有灵魂。他要求青年要把坚定正确的政治方向放在第一位。他特别强调"坚定"二字，指出"有了正确的政治方向后，还要坚定"。就是说，"这个方向是不可动摇的，要有'富贵不能淫，贫贱不能移，威武不能屈'的骨气来坚持这个方向"。"这样的道德，才算是真正的政治道德。"如何确定坚定正确的政治方向呢？毛泽东认为只有面向实践、面向社会、面向人民，才能找到新的起点，确立新的方向，增添新的力量。毛泽东号召延安青年走与工农相结合的道路，向实践学习，拜人民为师。他两次把长子毛岸英送进"劳动大学"，与农民同吃住，深入了解中国社会。正是在延安这座革命的熔炉里，在毛泽东等中央领导同志的关怀、教导下，许许多多的青年树立起社会主义、共产主义的远大理想，以极大的热情投入到共产党领导的抗日战争中，成为中国革命的生力军。延安精神为中国革命指明了正确的政治方向。这一政治方向是党根据不同历史时期的主要任务制定的，是根据广大人民群众的意愿制定的。有了这一方向，中国革命才明确了自己的目标，也正是因为有了正确的政治方向中国革命才最终取得胜利。

解放思想、实事求是的思想路线是延安精神的精髓。坚持一切从实际出发、实事求是的思想路线，是延安精神的精髓，也为中国革命的胜利奠定了思想基础。1936 年 12 月，毛泽东在《中国革命战争的战略问题》一文中，论证了战争中的实事求是问题。1938 年 10 月，他在《中国共产党在民族战争中的地位》中使用了"实事求是"的概念，并要求共产党员做实事求是的模范。为了在党内形成实事求是的好风气，毛泽东还亲自领导了延安整风运动。1941 年冬，毛泽东给中央党校题写了"实事求是"四个大字，作为中央党校的校训。正是通过延安整风，才使全党的思想从教条主义的束缚下解放出来，统一到把马克思主义和中国实际相结合的正确方向上来，从而在全党确立了实事求是的思想路线。实事求是包含了辩证唯物主义和历史唯物主义的精髓，是具有中国特色的唯物主义精神和思维模式。解放思想、实事求是是中国共产党人改造客观世界并改造主观世界的根本原则，它贯穿于延安精神的各个方面，它是毛泽东思想的精髓，也是延安精神的精髓。

全心全意为人民服务的根本宗旨是延安精神的本质。全心全意为人民服务这一根本宗旨，在延安岁月中，曾影响和铸就了无数的革命者，正是这一宗旨的切实履行，使延安时期的中国共产党形成了空前团结和统一的局面，为人民战争从胜利走向胜利奠定了深厚的基础，它是党一切工作的核心，同时也是延安精神的核心所在。延安时期，我们党鲜明地提出"全心全意为人民服务"的口号。毛泽东的《纪念白求恩》《为人民服务》等著作和在七大上所作的政治报告，都对全心全意为人民服务的宗旨作了精辟的论述。1939 年 12 月，毛泽东在《纪念白求恩》一文中号召大家要学好为人民服务的本领，对技术精益求精，做好本职工作，像白求恩那样，做一个高尚的人，一个纯粹的人，一个有道德的人，一个脱离了低级趣味的人，一个有益于人民的人。1944

年9月，毛泽东在《为人民服务》中指出：我们的共产党和共产党所领导的军队"完全是为着解放人民的，是彻底地为人民的利益工作的"。他还强调："'人固有一死，或重于泰山，或轻于鸿毛。'为人民利益而死，就比泰山还重；替法西斯卖力，替剥削人民和压迫人民的人去死，就比鸿毛还轻。张思德同志是为人民利益而死的，他的死是比泰山还要重的。"在七大的政治报告中，毛泽东又指出："全心全意地为人民服务，一刻也不脱离群众；一切从人民的利益出发，而不是从个人或小集团的利益出发；向人民负责和向党的领导机关负责的一致性；这些就是我们的出发点。"同时，在七大通过的党章中，还明确地将全心全意为人民服务规定为中国共产党党员所必须履行的义务之一。这是对延安时期党的执政经验的深刻总结。有了广大群众的支持，我们的军队才有后备力量，才有新鲜的血液。所以说，全心全意为人民服务为中国革命的胜利赢得了群众基础。

自力更生、艰苦奋斗的工作作风是延安精神的特征。我们党在延安经历了物质极度匮乏又基本上无外援的困难环境，然而这样的环境也铸造了中国共产党人自力更生、艰苦奋斗的工作作风，这一作风也成为延安精神最鲜明的特征。1935年12月27日，毛泽东在《论反对日本帝国主义的策略》中指出："我们中华民族有同自己的敌人血战到底的气概，有在自力更生的基础上光复旧物的决心，有自立于世界民族之林的能力。"1939年9月16日，毛泽东在延安对中央社、扫荡报、新民报三记者谈话时说："中国抗战主要地依靠自力更生。如果过去也讲自力更生，那末，在新的国际环境下，自力更生就更加重要。"1937年至1941年1

月，陕甘宁边区的经济形势是：一方面，中国共产党采取了"力争外援，休养民力，医治创伤，积蓄力量，支持长期抗战"的经济政策，使陕甘宁边区经济得到了一定的发展；另一方面，国民党顽固派在制造反共摩擦、对边区进行军事封锁的同时，还对其进行经济封锁。至 1941 年 1 月皖南事变后，国民政府停发了八路军的全部军饷，使陕甘宁边区财政经济陷入极度困难的境地。为了度过财政经济难关，陕甘宁边区党政军民自己动手，开荒种地，纺纱织布，兴办工业，崇尚节俭，达到了丰衣足食，改善和提高了人民物质生活和文化生活。边区党政机关实行精兵简政，裁减冗员，勤政为民，戒奢倡廉，减轻了群众负担，提高了工作效率，密切了党群关系、军民关系和军政关系。在党的领导下，包括延安在内的广大革命根据地搞起了轰轰烈烈的"大生产运动"，根据地军民吃小米、住窑洞，自己开荒种地、纺纱织布，亲自制造工具、生产日用品，使根据地的吃、穿、用品基本自给，终于抵制住了国民党和日伪军的双重封锁和围剿。其中，三五九旅开垦南泥湾成为当时的模范。1943 年，由于大生产运动，以及自然灾害的好转，边区获得极大丰收，粮食产量不仅可以达到自给自足，还有余额可供出口。边区各种手工业制品也有了增长，基本达到了经济的自给自足。抗战胜利后，面对国内外反动派的嚣张气焰，毛泽东在阐述《抗日战争胜利后的时局和我们的方针》时指出："我们强调自力更生，我们能够依靠自己组织的力量，打败一切中外反动派。"可见，人民群众的创造性和积极性在抗战时期得到了充分的运用，也正是这一种创造性和积极性才使得我们在面对困难的时候没有退缩，迎难而上，并最终取得了革命的胜利。

第四节 延安精神的现实意义

延安精神是中国共产党人在中国革命长期斗争实践中形成的宝贵精神财富，它的产生、丰富和发展标志着中国共产党在政治上的成熟。今天，我们弘扬延安精神仍有十分重要的现实意义。

一、弘扬延安精神是牢固树立坚定正确的政治方向的需要

毛泽东同志强调，没有正确的政治观点，就等于没有灵魂。在中国共产党正确的路线、方针指引下，千千万万的人民聚集在中国共产党的旗帜下，前赴后继，英勇奋斗，取得了中国革命的伟大胜利。在社会主义市场经济条件下，我们既要结合人类社会发展的客观规律，宣传实现共产主义的必然性，又要认清中国共产党所处的时代方位，抓好共同理想和现实目标的教育，牢固树立坚定正确的政治方向，培养和造就千百万社会主义现代化事业的建设者和接班人，全面推进中华民族复兴的伟大事业。

二、弘扬延安精神是牢固树立实事求是的思想路线的需要

实事求是，理论同实际相结合，是延安精神的重要内容。社会实践是不断发展的，我们的思想认识也应不断前进，要勇于和善于根据实践的要求进行创新。坚持一切从实际出发，在党的基本理论指导下，自觉地把思想认识从那些不合时宜的观点、做法和体制中解放出来，坚持科学态度，大胆进行探索，使我们的思

想和行动更加符合客观实际，更加符合社会主义初级阶段的国情和时代发展的要求。

三、弘扬延安精神是牢固树立为人民服务的根本宗旨的需要

2012 年 8 月，习近平在《求是》撰文《始终坚持和充分发挥党的独特优势》，强调指出："始终坚持全心全意为人民服务的根本宗旨，是我们党始终得到人民拥护和爱戴的根本原因，对于充分发挥党密切联系群众的优势至关重要。"密切联系群众是我们党最大的政治优势，脱离群众是我们党执政后的最大危险。近些年来，党群关系较为紧张，主要原因在有的领导机关、领导班子和一些领导干部形式主义、官僚主义、享乐主义突出，奢靡之风严重，没有很好地坚持全心全意为人民服务的根本宗旨。全党同志要自觉弘扬延安精神，按照为民务实清廉的要求，认真抓好党的群众路线教育实践活动，进一步密切党和人民群众的联系，切实把广大人民群众的根本利益实现好、维护好、发展好。

四、弘扬延安精神是牢固树立艰苦奋斗的创业精神的需要

艰苦奋斗是我们党的政治本色，能不能坚持和发扬艰苦奋斗的精神，是关系党和人民事业兴衰成败的大事。邓小平同志说，为什么过去很困难的局面我们都能度过？根本的问题是我们的干部、党员同人民群众一块苦。穷苦的时候一块苦，大家容易统一思想。富裕起来了，艰苦奋斗、勤俭节约的优良作风就容易淡忘，讲排场、比阔气、挥霍浪费的现象就会大量出现。现在，群众对腐败现象看在眼里、恨在心里。如果不坚决纠正，任由其发展下

去，我们党就会失去根基、失去血脉、失去力量。"奢靡之始，危亡之渐"。我们一定要保持高度的政治警觉，始终坚持谦虚谨慎、艰苦奋斗的工作作风，坚持勤俭办一切事业，坚决反对讲排场比阔气，坚决抵制享乐主义和奢靡之风，努力使厉行节约、反对浪费在全社会蔚然成风。

五、弘扬延安精神是牢固树立人民当家做主的民主意识的需要

只有让人民来监督政府，政府才不敢松懈。只有人人起来负责，才不会人亡政息。人民当家做主是社会主义制度的内在属性，是社会主义民主政治的鲜明特征，是我们党的一切为了人民、一切依靠人民的根本立场、观点和群众路线在政治建设中的体现。我们要牢固树立人民当家做主的民主意识，努力推进社会主义民主政治建设，自觉把权力运行置于人民的监督之下，最充分地调动广大人民群众的积极性、主动性和创造性。

六、弘扬延安精神是振奋民族自立、自强精神的需要

民族自立是中华民族在长期发展的历史过程中形成的优良传统，也是世界上任何一个民族生存、发展、强盛的必要前提。在延安时期，中华民族所特有的民族自尊、民族自立、民族自强的伟大精神在我们党及其所领导的革命军民的身上得到了最光辉的体现。当前，在内有困难、外有压力的历史条件下，我们要坚持自强、自立的民族精神，以不屈不挠的民族气概，动员亿万中国人民献身于振兴中华和促进祖国统一的神圣事业。

相关链接

1. 白求恩

诺尔曼·白求恩是加拿大共产党员，著名胸外科专家。为了帮助中国的抗日战争，1938 年 1 月，受加拿大共产党和美国共产党派遣，率加美援华医疗队来到中国。1938 年 3 月到延安，在延安期间，毛泽东、朱德会见了白求恩，热情赞扬他不远万里来到中国，帮助中国人民的抗日战争。4 月 24 日，白求恩从延安出发，前往华北抗日前线。1939 年 4 月，

诺尔曼·白求恩

图片来源：http://zmdnews.cn/info.aspx? modelid = 1&id = 373007。

在晋察冀的一次战斗中，他连续工作 69 个小时，为 115 名伤员施行了手术。11 月 1 日，白求恩在为一名伤员作急救手术时手指伤口感染中毒，但他仍坚持行军和工作。10 日，白求恩病情急剧恶化，他在生命最后时刻，要求"转告加拿大共产党和美国共产党，我在这里十分愉快，我惟一的希望是能多贡献"。他嘱托："努力吧！向着伟大的路，开辟前面的事业！" 11 月 12 日，白求恩在河北唐县黄石口村逝世，时年 49 岁，中共中央向白求恩家属发了唁电。12 月 1 日，延安各界举行追悼白求恩大夫大会，王稼祥、陈云、吴玉章等参加追悼会，毛泽东送了挽词："学习白求恩同志的国际主义精神，学习他的牺牲精神、责任心和工作热

忧。"12月21日，毛泽东为八路军政治部、卫生部出版的《诺尔曼·白求恩纪念册》写下了《学习白求恩》一文（收入《毛泽东选集》时改为《纪念白求恩》），指出："一个外国人，毫无利己的动机，把中国人民的解放事业当作他自己的事业，这是什么精神？这是国际主义的精神，这是共产主义的精神，每一个中国共产党员都要学习这种精神。""白求恩同志毫不利己专门利人的精神，表现在他对工作的极端负责任，对同志对人民的极端热忱。"为学习和纪念白求恩，八路军军医处发出公告，把八路军军医院改名为白求恩国际和平医院。抗日战争时期，"学习白求恩"和"创造白求恩式的医务工作者"，成为延安和各解放区医务工作者的响亮口号，涌现出一批白求恩式的英雄模范人物。

2. 张思德

张思德塑像

图片来源：http://hxradio.cnr.cn/hxxw/200906/t20090622_ 50 5375939. html。

张思德是四川仪陇县一个贫苦农民的儿子。1933年红四方面军解放了仪陇县，17岁的张思德成了一名红军战士，1936年10月，红四方面军长征到达陕北后，张思德调中央警卫营通信班当班长，带领全班战士完成了一项项艰巨的通信任务。1937年10月他光荣地加入了中国共产党，从此，张思德由一个在苦海里挣扎的"谷娃子"，成长为一个自觉的革命战士。1939年春，延安的机关、部队、学校开展了生产运动，第二年秋，张思德接到命令，带领 10 名战士到延安以南的土黄沟去烧木炭，3 个月烧出 8 万斤木炭，这个任务是十分艰巨的，张思德和他的战友们在荆棘遍野的深山中，起早摸黑，打炭窑，砍木头，出色地完成了任务，受到领导的表扬和嘉奖。1942 年部队进行整编，他自觉服从组织分配，在中央警备团当一名普通战士；1943 年他所在的连队调到枣园担负中央首长的警卫工作；1944 年秋，张思德奉命去安塞石峡峪烧木炭；9 月 5 日，张思德和战士小白一起挖炭窑；张思德在窑掌掏烟洞，小白向外运土，由于连日阴雨，两米多厚的窑顶突然坍塌了，张思德英勇牺牲了；9 月 8 日下午，中央直属机关在枣园后沟西山下的操场上举行了隆重的追悼会，毛泽东主席送了花圈并作了《为人民服务》的悼念讲话，对张思德全心全意为人民服务的革命精神给予了高度评价。张思德一生虽然只有 29 年的生命里程，但他完全彻底为人民服务的革命精神，是党和人民军队根本宗旨的体现，是延安精神的本质含义。

3. 南泥湾精神

南泥湾精神是延安精神的一个重要组成部分，是以八路军三五九旅为代表的抗日军民，在著名的南泥湾大生产运动中创造的，是我军在困境中奋起、在艰苦中发展的强大精神力量。

在抗日战争进入战略相持阶段后，国民党顽固派对延安和陕甘宁边区实行了严密的军事包围与经济封锁，要"困死八路军，饿死八路军"。陕北向来地广人稀，土地贫瘠，养活数万军队与干部，是件非常困难的事情。而自然灾害更是给当时陕甘宁边区的发展雪上加霜。为此，边区党政军民积极响应毛泽东"自己动手""丰衣足食"的号召，开展了以农业为主的大生产运动。

1940年，朱德总司令根据中共中央关于开展大生产运动的指示精神亲赴南泥湾踏勘调查，决定在此屯垦自给。1941年3月，八路军三五九旅遵照"一把锄头一支枪，生产自给保卫党中央"的指示，在旅长兼政委王震的带领下，分三路浩浩荡荡开进了延安城东南45公里处的荒地南泥湾，风餐露宿，开荒种地，战胜重重困难，开展大生产运动。1942年，生产自给率达到61.55%；1943年，生产自给率达到100%；到1944年，三五九旅共开荒种地26.1万亩，收获粮食3.7万石，养猪5624头，上缴公粮1万石，达到了"耕一余一"。广大官兵披荆斩棘，艰苦奋战，实行战斗、生产、学习三结合，战胜了重重困难，将荒无人烟的南泥湾变成了"平川稻谷香，肥鸭遍池塘，到处是庄稼，遍地是牛羊"的陕北好江南。

1943年2月，在中共中央西北局高干会议上，毛泽东亲自给王震题词："有创造精神"，并嘉奖了三五九旅全体将士，命名为"发展经济先锋"。同年3月，延安文艺界劳军团和鲁艺秧歌队80多人赴南泥湾劳军，萧三、艾青、田方等致慰问词。贺敬之作词，马可谱曲的歌舞《挑花篮》唱道："陕北的好江南，鲜花开满山，开满（呀）山；学习那南泥湾，处处是江南，又战斗来又生产，三五九旅是模范。"从此，脍炙人口的名歌《南泥湾》诞生，后经著名歌唱家郭兰英一唱，唱遍了大江南北，唱得家喻户晓。

南泥湾大生产运动是全军大生产运动的一面光辉旗帜，也同时创造了宝贵的南泥湾精神。南泥湾精神，概括起来就是："自力更生、艰苦创业，同心同德、团结奋斗。"南泥湾精神的宣传推广，极大地激发了抗日军民的生产热情，陕甘宁边区出现了五谷丰登、六畜兴旺、百业繁荣的可喜景象，为中国革命胜利奠定了坚实基础。

参考资料

［1］延安革命史第一阶段［EB/OL］. （2004 - 06 - 28）. http：//www. sn. xinhuanet. com/2004 - 06/28/content_ 2393694. htm.

［2］毛泽东. 论反对日本帝国主义的策略［G］.//毛泽东. 毛泽东选集·第一卷. 北京：人民出版社，1991.

［3］毛泽东. 毛泽东文集·第二卷［M］. 北京：人民出版社，1993：458.

［4］江泽民. 在陕西考察工作时的讲话［N］. 解放军报，2002 - 04 - 03（1）.

第五章 | 抗战精神

从 1937 年到 1945 年，在中国历史长河进程中是中华民族抵抗日本侵略全面战争的 8 年，在这 8 年中，中华儿女，无论男女老少，还是各党派、各团体，无论是工农商阶级，还是海外华侨仁人志士，在民族大义面对外族侵略欺侮的时刻、在中华国土面临生死存亡的关口，爱好和平的中华子孙共同举起反对日本侵略者的旗帜，团结一致、同仇敌忾，谱写出一幅慷慨悲壮、永垂不朽的历史画卷。

第一节 抗日战争的历史背景

中国和日本地缘上是一衣带水的邻邦，而在近代历史进程中却不断出现摩擦与纷争。日本自明治维新以后，资本主义得到迅速发展，由于国内市场狭小，国内阶级矛盾尖锐，日本急需从侵略扩张中寻找出路，为此制定了以侵略中国为中心的"大陆政

九一八事变博物馆残历碑石雕

策"，并发动了甲午中日战争。此后，外国资本主义对中国的侵略进入了一个新的阶段，它们不仅控制了中国的经济命脉，而且加强了对中国的政治侵略，中国的民族危机空前严重，中日关系危机不断加深，中国在一定程度上，无论是经济还是制度等方面，都被日本所操纵。然而，此时中国民族资本主义有了初步发展，维新变法、辛亥革命等使中华民族逐渐认识到落后就要挨打的现实，这也为中日矛盾深化埋下了祸根。

1931 年日军侵占东北三省，发动九一八事变，局部战争爆发，中国共产党率先号召全国人民武装抗日。而这一时期，由于蒋介石国民党政府奉行"攘外必先安内"的方针，对日采取"不抵抗"政策，致使日本侵略军迅速占领中国东北，同时侵犯上海，并炮制成立伪"满洲国"。在民族危亡面前，东北和上海等地区的爱国军民奋勇抗战，推动了全国人民抗日救亡运动的发展。1935 年，日本制造"华北事变"，妄图把华北变为第二个伪"满洲国"。为挽救民族危亡，促成全国抗战，中国共产党正式确立了抗日民族统一战线的基本政策。1936 年 12 月，为了劝谏蒋介石改变方针，停止内战，一致抗日，时任西北剿匪副司令、东北军首领张学良和时任国民革命军第十七路军总指挥、西北军首领杨虎城发动"西安事变"，迫使蒋介石国民党政府接受了中国共产党关于合作共同抗日的主张，抗日民族统一战线得以初步形成，为全国抗战的实现奠定了基础。

1937 年 7 月 7 日，日军借口一个士兵失踪，要求进入宛平县城内搜查，中国守军断然拒绝了这一要求，日军随之下令向卢沟桥附近发动攻击，悍然发动"七七事变"，也称作"卢沟桥事变"，中日两国的关系宣告完全破裂，中日战争全面爆发。

全国抗战时期分为三个阶段：第一个阶段是战略防御阶段（1937 年 7 月至 1938 年 10 月）。此阶段以国民党领导的正面战场为主，国民党军在淞沪、太原、徐州、武汉等会战中顽强抗敌，取得了台儿庄大捷等作战的胜利。共产党领导的八路军、新四军，挺进抗日前线，配合国民党军作战，取得了首战平型关等作战的胜利。第二个阶段是战略相持阶段（1938 年 10 月至 1943 年 7 月）。日本鉴于战线过长、兵力不足，被迫调整侵华政策，对中国国民党采取政治诱降为主、军事打击为辅的方针。随着日本战略重点的转移和诱降方针的实施，中国国民党一方面坚持了继续抗战，其军队进行了几次较大规模的战役，并组建中国远征军协同盟军作战，但其抗战在总体上逐渐趋向消极；另一方面实行

"溶共""防共""限共"的方针，国民党顽固派不断制造摩擦事件，先后三次掀起反共高潮。中国共产党坚持持久抗战，继续高举抗日民族统一战线的旗帜，坚持抗战、团结、进步的方针，维护了团结抗战的局面；敌后军民广泛开展群众性的游击战争，并发动了百团大战，抗击了日军主力，承担起全国抗战主战场的重担。在日军残酷的"扫荡""蚕食"和"清乡"面前，中国共产党领导抗日根据地实行对敌斗争等"十大政策"和"敌进我进"方针，粉碎了敌人的进攻。第三个阶段是战略反攻阶段（1943年7月至1945年9月）。中国对日战略反攻包括局部反攻和全面反攻两个阶段。从1943年7月开始，八路军揭开了局部反攻的序幕。1943年10月和1944年5月，中国驻印军和远征军在缅北、滇西也开始反攻作战。1944年春，日军为挽救其在太平洋战场的颓势，发动了打通大陆交通线的"一号作战"。但国民党政府继续奉行消极抗战、积极反共及保存实力的避战方针，致使正面战场严重失利，造成豫湘桂作战的大溃败。为了"扩大解放区，缩小沦陷区"，中国共产党领导敌后战场广大军民向日伪军连续发起局部反攻作战。中国驻印军和远征军在缅北、滇西的反攻作战，收复了滇西、缅北广大地区。1945年5月德国战败投降后，中、美、英三国发表《波茨坦公告》（苏联随后声明加入），敦促日本立即无条件投降。在美国向日本投掷原子弹、苏联出兵中国东北对日作战的情况下，从8月9日开始，中国解放区战场对日伪军展开大规模全面反攻，取得了辉煌战果。1945年8月15日，日本宣布无条件投降。9月2日，同盟国举行日本投降签字仪式，标志着中国抗日战争暨世界反法西斯战争取得最后胜利。

整个抗日战争期间，中国军队共进行大规模和较大规模的会战 22 次，重要战役 200 余次，大小战斗近 20 万次，总计歼灭日军 150 余万人、伪军 118 万人。战争结束时，接收投降日军 128 万余人，接收投降伪军 146 万余人。在抗日战争中，中国军民伤亡共 3500 多万人，中国损失财产及战争消耗达 5600 余亿美元。

第二节　抗日战争的历史意义

抗日战争是中国历史上空前的一次反侵略战争和全民族解放战争，无论在世界反法西斯战争中还是在中国历史上都占有极其重要的地位。抗日战争的胜利，具有伟大意义，从此中华民族由衰落走向振兴。

一、抗日战争是第一次取得完全胜利的民族解放战争，是中华民族走向复兴的重要转折点

近代以来，中国因落后而遭受西方列强欺侮，沦为半殖民地国家。帝国主义连续不断的侵略，加剧着中国的衰败。在这样的外部环境下实现民族复兴，最重要的社会政治前提，就是必须实现民族独立和人民解放。抗日战争的胜利，一洗百年屈辱，废除不平等条约，促进了民族觉醒，唤起了民族团结的巨大力量，是第一次取得完全胜利的民族解放战争，是中华民族由危亡走向振兴的历史转折点，中国人民从此摆脱了帝国主义殖民统治，走向独立自主、民族富强的新时代。

抗日战场上八路军抗击日寇写实画面

图片来源：http://www.ktoutiao.com/a/2014-07-09/T5909.html。

二、抗日战争是世界反法西斯战争的重要组成部分，对世界反法西斯战争的胜利作出了不可磨灭的伟大贡献

中国的抗日战争作为世界反法西斯战争的重要组成部分，始终把日本陆军主力牵制在中国战场并给日本法西斯以沉重打击，彻底打破了日本法西斯先突破中间（中国）、后打两头（苏联和太平洋、东南亚等地）的军事战略部署。中国的抗日战争有效地牵制、迟滞了日军"北进"苏联，保障了苏联远东地区的安全。同时，太平洋战争爆发后，因中国战场的牵制，日本陆军能够投入太平洋战场的兵力极其有限，被迫推迟了"南进"计划。这有

力地支持了美、英继续贯彻其"先欧后亚"的军事战略，大大减轻了日本在太平洋战场对美、英等同盟国的压力。中国人民在抗日战争中歼灭日军 150 多万人，占日军在第二次世界大战中伤亡总计的 70% 左右，这对鼓舞世界人民战胜法西斯的斗志，支持世界反法西斯战争的胜利，起着不可估量的作用。中国对世界反法西斯战争的贡献还表现为，中国始终与美、英、苏等国一道屹立在世界反法西斯战争的最前线，为了配合盟国作战，中国远征军 16 万人出师缅甸，歼灭日军 5 万余人。总之，中国作为反法西斯战争五大国之一和亚洲大陆上抵抗日本侵略的主要国家，为世界反法西斯的胜利作出了重大牺牲和不可磨灭的贡献。

三、抗日战争是中国共产党领导的新民主主义革命的重要历史阶段，为新民主主义革命在全国的胜利奠定了基础

中国共产党及其领导的人民武装力量，是全民族团结抗战的中流砥柱，是全民族利益最坚定的维护者，是取得抗日战争胜利的决定性力量。在抗日战争这个历史阶段中，中国共产党通过伟大的整风运动和七大，总结了中国革命经验，把马克思列宁主义的普遍原理同中国革命具体实践进一步结合进来，提出了关于中国新民主主义革命的完整理论和政策，标志着毛泽东思想得到多方面展开而达到成熟，全党在马克思列宁主义、毛泽东思想的基础上达到了空前的团结，人民革命力量在艰苦的斗争中经受了严峻的考验和锻炼，得到了重大的发展。战争给中国人民带来了深重的灾难，然而战争也锻炼和教育了人民，促进了人民的觉醒。同时，共产党领导的人民革命力量的壮大，改变了中国政治力量的对比，极大地推进了中国革命的历史进程，从物质和精神两个方面，为新民主主义革命在全国的胜利准备了必要的条件。

四、抗日战争的胜利，从根本上改变了战前世界政治格局，大大提高了中国的国际地位

自鸦片战争起至抗战以前，中国在世界上毫无地位可言。中国抗日战争胜利和世界反法西斯战争的胜利，使中国的国际地位大大提高，成为世界反法西斯阵营中四大国之一。中国国际地位的变化，是由中国抗日战争在世界反法西斯战争中的重要地位所决定的。1942年1月，26个反法西斯国家签署《联合国家共同宣言》，中国作为四大国之一在宣言上领衔签字。1945年4月筹建联合国，会议在美、英、苏、中四大国首席代表轮流主持下进行。中国是联合国创始国之一，也是联合国安理会拥有一票否决权的五个常任理事国之一。这种国际地位的变化，一扫过去的精神积弊，使中国人民初步感受到战胜国在世界民族之林中应有的地位，满怀自信地去创造一个崭新的国家。

第三节　抗战精神的内涵

艰苦卓绝的抗日战争锻炼了中国人民，也培育出伟大的抗战精神。它的基本内涵是：天下兴亡、匹夫有责，万众一心、共御外侮，百折不挠、愈挫愈奋，不畏强暴、血战到底。

天下兴亡、匹夫有责是抗战精神的灵魂。爱国主义是中华民族反抗外来侵略的重要精神支柱。从1931年的抗日救亡运动起到

1937 年开始的全面抗战，再到抗战胜利，爱国的言行，一直在中华大地上如波涛般汹涌。"九一八"事变后，东北军爱国官兵、农民、工人、青年学生、知识分子和其他群众便自发组织起来，与日本法西斯展开了血战。松辽大地，长城内外，处处响起"誓死不当亡国奴"的呐喊声。"华北事变"发生后，悲愤的北平学生自发地行动起来，冲上街头，发誓"要掀起民族自救的巨浪"，一场声势浩大的"一二九"运动像火山一样爆发，并迅速波及全国。"七七事变"后，长辛店的铁路工人将大批铁轨、枕木运往前线，供中国守军构筑工事，各地工人纷纷组织抗日团体，成千上万的工人加入八路军、新四军、游击队、决死队，毅然奔赴抗日战场。全面抗战爆发后，更有无数热血青年满怀抗日救国的激情投笔从戎。正是中华儿女对祖国母亲的无比热爱，才诞生出天下兴亡、匹夫有责的爱国主义精神。

万众一心、共御外侮是抗战精神的品质。"兄弟阋于墙，外御其侮。"在民族危难面前，中国共产党人首先高举抗日旗帜，提出了"停止内战、一致抗日"的主张。随后国民党也适时调整了政策，国共两党抛弃前嫌，第二次携手合作，结成了广泛的抗日民族统一战线，共同抗击日本侵略者。与此同时，祖国宝岛台湾、海南的民众也奋起抗日。在日本殖民统治下的台胞不仅在岛内抗日，还有 5 万多人翻山渡海，回到祖国大陆参加抗日。海南岛的民众也在共产党人冯白驹的领导下组织起抗日武装，有力打击了日寇。身处海外的侨胞，还有香港、澳门的同胞都慷慨解囊，踊跃捐钱捐物支持抗战，还有数万侨胞不远万里回祖国抗日，许多人英勇地牺牲在抗日前线。大敌当前，中华民族的民族意识空前觉醒，在抗战旗帜下，中华儿女真正做到地无分南北，人无分老幼，有钱出钱，有力出力，以民族大义为重，团结在抗日民族统一战线的旗帜下，万众一心，共御外侮，使伟大的民族精神得到了前所未有的升华。

百折不挠、愈挫愈奋是抗战精神的特征。几千年来，中华民族历经沧桑，饱受磨难，却仍然保持了旺盛的生命力和创造力，靠的就是自强不息、坚韧不拔的民族精神。抗战时期，中国是一个半殖民地半封建的弱国，长期军阀割据，内忧外患，抗击日本我们是以弱敌强。在这种态势下，战争不可能速战速决。毛泽东为此写下了著名的论著《论持久战》，科学预见了战争发展的三个阶段。要坚持抗战，没有百折不挠、血战到底的坚强意志和不懈奋斗的民族精神，就不可能取得抗战的最后胜利。回顾历史，我们不会忘记，从 1931 年日本帝国主义在中国发动"九一八"事变到 1945 年宣布无条件投降，中国人民英勇抗击外来侵略的斗争持续了整整 14 年之久，中国军民共歼灭日军达 150 多万人，占第二次世界大战日军伤亡总数的 70% 以上。中国军民为此付出了伤亡 3500 多万人，经济损失 5000 多亿美元的巨大代价。从局部战争到第二次世界大战爆发，中国战场始终是世界反法西斯战争的东方主战场，中华民族是打败日本帝国主义的决定性力量。正是中国军民持久而顽强的奋战，摧毁了日本法西斯称霸世界的狂妄梦想。

不畏强暴、血战到底是抗战精神的精髓。1937 年 10 月 27 日至 30 日，中国守军第 88 师的"八百壮士"孤军奋战，面对日军的重炮和坦克，在四行仓库据守 4 个昼夜，掩护了大部队撤退，

南京保卫战

图片来源：http://blog.sina.com.cn/s/blog_4d07274d010009b7.html。

打退日军 10 多次疯狂进攻，毙敌 200 多人。"我们的武器虽然不好，但是我们的意志是坚定的，就是准备和鬼子拼到底，死了算!"将不畏死，士不贪生。在这场实力悬殊的战争中，英勇的中国军人用鲜血和生命履行了保家卫国的职责，谱写了一曲曲气壮山河的壮歌。从杨靖宇、赵一曼、左权、佟麟阁、张自忠、戴安澜等抗日英烈，到狼牙山五壮士、马石山十勇士等抗日英雄群体，他们的英名与日月同辉，与山河同在。宁愿站着死，不愿跪着生。长城内外，大江南北，千千万万的抗日群众，也以自己的血肉之躯抵御日军的枪炮，保卫神圣的家园。不畏强暴、奋斗到底，一贯的民族自尊品格和民族自强信念，激励着抗战军民迎接解放的曙光，推动中华民族迈向伟大复兴。生存还是毁灭，独立还是亡国，这是对一个民族精神和意志力最为严峻的考验。历来不畏强暴、不甘屈辱的中华儿女，选择了用鲜血和生命来回答。

第四节　抗战精神的现实意义

抗日战争的烽火硝烟虽已散去，但战争留给人们的记忆仍刻骨铭心；救亡图存的任务虽已完成，但民族复兴的事业仍任重道远。抗日战争孕育出的伟大抗战精神，依然是我们这个时代宝贵的精神财富，是我们在中国特色社会主义道路上实现民族复兴的强大精神动力。

一、弘扬抗战精神，就要把抗战精神转化为忠于祖国的满腔情怀

1936 年，张学良、杨虎城发动"西安事变"，在中共代表周恩来和张、杨的共同努力下，"西安事变"和平解决，蒋介石接受了联共抗日的主张。1940 年，国民党顽固派制造震惊中外的"皖南事变"，新四军 9000 将士，2000 余人突出重围，2000 余人战死，1000 余人失踪，4000 余人被俘，新四军遭受重创。但就是在这种情况下，中国共产党采取军事上严守自卫、政治上坚决反击的方针，没有使事态发展到爆发大规模内战的地步，抗日民族统一战线最终没有破裂。历史表明，中国共产党始终以民族大义为重，把民族利益放在阶级利益和党派利益之上，为建立和坚持抗日民族统一战线作出了不懈的努力，赢得了广大爱国民众的信任和支持。如今，我们已步入新的历史时期，实现中华民族的伟大复兴是我们每一位炎黄子孙义不容辞的责任，是历史赋予我们

的神圣使命。作为中国人，就要弘扬伟大的抗战精神，热爱祖国的大好河山，寸土必守、寸土不让，坚决维护祖国的主权独立和领土完整；热爱祖国的历史和文化，提高民族自尊心和自信心，为创造更加辉煌的民族文化而恪尽职守。

二、弘扬抗战精神，就要把抗战精神转化为矢志不移的坚定信念

1937 年 12 月，时任八路军副参谋长的左权给母亲写了一封信，信中说，日寇不仅要亡我之国，并要灭我之种……我全军将士，都有一个决心，为了民族国家的利益，过去没有一个铜板，现在仍然是没有一个铜板，准备将来也不要一个铜板，过去吃过草，准备还吃草。1942 年，左权将军在太行山上壮烈殉国，是我军在抗战期间牺牲的级别最高的将领，他抗战到底的信念至死不渝。正是有着千千万万个像左权将军这样怀抱崇高理想信念的抗日志士高举民族大义的旗帜，成为了中华民族抵抗侵略救亡图存的中流砥柱，最终打败了不可一世的日本帝国主义。理想信念是旗帜、灵魂，是凝聚我们团结奋斗的共同思想基础和强大精神力量。十八大后，以习近平同志为总书记的党中央继往开来，坚持和发展中国特色社会主义，用中国梦凝聚共识、激励人心、引领未来。我们要把抗战精神化为对共同理想信念的坚守，勇于担当起历史赋予的神圣使命，不回避、不退缩、不动摇，为建设富强民主文明和谐美丽的社会主义现代化国家同心协力，真抓实干，改革创新，攻坚克难。

三、弘扬抗战精神，就要把抗战精神转化为无坚不摧的强大力量

从 1840 年开始到抗日战争胜利的 100 多年间，中国为何饱受欺凌、丧权辱国，除了政治腐败、经济和军事落后外，其中一个重要原因，就是军阀割据、内部分裂，中国一盘散沙。面对日本帝国主义的铁蹄，中华民族的灾难深重到了极点，危急存亡之秋，人们高唱着"起来，不愿做奴隶的人们！把我们的血肉，筑成我们新的长城……我们万众一心，冒着敌人的炮火，前进！"在日本侵略者的面前，中华民族凝结成了一股绳，海内外华人一条心，爆发出了民族的最强音，靠着众志成城的力量，最终"把日寇驱逐国门之东"。今天，实现中国梦，让全体人民过上更加美好的生活，任重而道远，更需要众志成城的力量。中华民族在追求中国梦的历史进程中，经过了一代又一代人的努力，付出了千百万人的生命，已经创造了无数的辉煌，正在一步一步地接近我们的宏伟目标。我们要继续为之奋斗，心往一处想，劲往一处使，用 13 亿人的智慧，汇集起不可战胜的磅礴力量。有了这种精神和力量，就能克服任何困难，就能让民族腾飞，使梦想成真。

四、弘扬抗战精神，就要把抗战精神转化为捍卫历史的坚强意志

虽然抗日战争的硝烟已经散去，但是闭起眼睛仍能回想起战场上无数枪炮对决、人肉对搏的场面，我们无法忘记无数抗日战士与日本侵略者誓死血拼，在弹尽粮绝之时，用最原始的刺刀，抑或是赤手空拳流尽最后一滴鲜血的情景。中国人民对战争带来

的苦难有着刻骨铭心的记忆，对和平有着孜孜不倦的追求。30 多年的改革开放，中国取得了巨大的成就。中国将坚定不移走和平发展道路，并且希望世界各国共同走和平发展道路，让和平的阳光永远普照人类生活的星球。然而，令人遗憾的是，在中国人民抗日战争和世界反法西斯战争胜利近 70 年的今天，仍有少数人无视铁的历史事实，无视在战争中牺牲的数以千万计的无辜生命，逆历史潮流而动，一再否认甚至美化侵略历史，破坏国际互信，制造地区紧张。历史就是历史，事实就是事实，任何人都不可能改变历史和事实。付出了巨大牺牲的中国人民，将坚定不移捍卫用鲜血和生命写下的历史。任何人想要否认、歪曲甚至美化侵略历史，中国人民绝不答应！

相关链接

1. 百团大战

1940 年夏秋，日本帝国主义乘德国法西斯军队在西欧和北欧迅猛推进、美国的战备尚未完成、英国又无力东顾之机，积极准备实行"南进"政策，攫取英、美、法、荷等国在东南亚和西南太平洋上的殖民地。因而，在中国战场加紧对国民党政府进行政治诱降活动，同时以主要力量继续进攻抗日根据地，特别是在华北加紧推行 1940 年度"肃正建设计划"和"以铁路为柱，公路为链，碉堡为锁"的"囚笼政策"，企图摧毁华北各抗日根据地，巩固其占领区，使中国成为其"南进"的后方基地。

为粉碎日本侵略者的"囚笼政策"，争取华北战局更有利的发展，并影响全国的抗战局势，克服国民党妥协投降的危险，八路军总部决心向华北日军占领的交通线和据点，发动大规模进攻战役。

7月22日，八路军总司令朱德、副总司令彭德怀等下达《战役预备命令》，规定以不少于22个团的兵力，大举破击正太铁路（今石家庄—太原）。同时要求对同蒲（大同—风陵渡）、平汉（今北京—汉口）、津浦（天津—浦口）、北宁（今北京—沈阳）、德石（德州—石家庄）等铁路及华北一些主要公路线，也部署适当兵力展开广泛的破击，以配合正太铁路的破击战。8月8日，朱德、彭德怀等下达《战役行动命令》，规定：晋察冀军区破击正太铁路石家庄（含）至阳泉（不含）段；第129师破击正太铁路阳泉（含）至榆次（含）段；第120师破击忻县以北的同蒲铁路和汾（阳）离（石）公路，并以重兵置于阳曲南北地区，阻击日军向正太铁路增援。要求各部在破击交通线的同时，相机收复日军占领的一些据点。在这些地区和交通线，驻有日军3个师的全部、2个师的各2个团、5个独立混成旅全部、4个独立混成旅的各2个营、1个骑兵旅的2个营，共20余万人，另有飞机150架和伪军约15万人。八路军参战兵力，计晋察冀军区39个团、第129师（含决死队第1、第3纵队等）46个团、第120师（含决死队第2、第4纵队等）20个团，共105个团20余万人，还有许多地方游击队和民兵参加作战。

以正太铁路为重点，进行交通总破击战。八路军的进攻战役于8月20日首先在正太铁路发起。正太铁路横越太行山，是连接平汉、同蒲两铁路的纽带，是日军在华北的重要战略运输线之一。日军在正太铁路沿线驻有独立混成第4旅（司令部驻阳泉）全部，独立混成第 8 旅、第 9 旅（司令部分别驻石家庄和太原）各一部。8 月 20 日夜，晋察冀军区在司令员兼政治委员聂荣臻指挥下，以 18 个步兵团、1 个骑兵团又 2 个骑兵营、5 个游击支队，在部分炮兵和工兵配合下，组成左、中、右 3 个纵队，分别向正太铁路东段日军独立混成第 8 旅大部和独立混成第 4 旅一部展开攻击。经数小时激战，右纵队攻入晋冀交界的要隘娘子关，歼日军一部。尔后，破坏了娘子关以东的桥梁和通信线路。向娘子关至微水段进攻的中央纵队，连克蔡庄、地都、北峪、南峪等日军据点，并破坏桥梁两座。攻击井陉煤矿的中央纵队一部，在矿工支援下，破坏了煤矿的主要设施，迫使其停产达半年之久。23 日，因石家庄方向的日军西援，加上连日降雨，河水泛滥，严重妨碍作战行动，晋察冀军区部队遂转移兵力，实施对铁路、桥梁、隧道的全面破击。

第 129 师在师长刘伯承、政治委员邓小平指挥下，以 8 个团（包括决死队第 1 纵队 2 个团）、8 个独立营的兵力，组成左翼破击队、右翼破击队和中央纵队，亦于 8 月 20 日夜对正太铁路西段日军独立混成第 4 旅大部和独立混成第 9 旅一部展开攻击；另以 2 个团会同平定、辽县、榆社等地方武装，分别对平辽、榆辽公路进行破击，并牵制各点守敌，保障主力侧后的安全。左翼队一部进攻芦家庄，连克碉堡 4 座，歼日军 80 余人；右翼队一部攻击桑掌和铁炉沟等据点，歼日军 130 余人。21 日，该师为阻止日军从侧背攻击破路部队，令预备队一部抢占阳泉西南 4 公里处的狮垴山高地。从 23 日起，阳泉日军在飞机支援下，并使用化学武器，不断向狮垴山猛攻。第 129 师阻击部队英勇奋战，坚守 6 昼夜，歼日军 400 余人，保障了破击部队翼侧的安全。经数日作战，第129师控制了正太铁路西段除阳泉、寿阳以外的大部分据点及火车站，严重破坏了该段的路轨、桥梁、隧道，使正太铁路西段陷于瘫痪。

与此同时，第120师在师长贺龙、政治委员关向应指挥下，以20个团的兵力破击同蒲铁路北段和铁路以西一些主要公路，并攻占阳方口、康家会、丰润村等据点，歼日伪军800余人，切断了同蒲铁路北段和忻县至静乐、汾阳至离石等公路。

彭德怀在指挥百团大战

图片来源：http://www.22808.net/weijiezhi-mi/25290.html。

为配合正太铁路和同蒲铁路北段的破击战，第129师和晋察冀军区还令所属部队出动50多个团的兵力，在游击队和民兵的配合下，对平汉、平绥（今北京—包头）、北宁、同蒲（南段）、白晋（白圭—晋城）、津浦、德石等铁路线和一些主要公路，以及日军占领的许多据点，进行了广泛的破击和袭击。

8月25日后，日军从白晋铁路、同蒲铁路南段抽调第36师、第37师、第41师各一部，配合独立混成第4旅、第9旅向第129师反击；从冀中、冀南抽调约5000人的兵力，配合独立混成第8旅向晋察冀军区部队反击。9月2日，日军合击正太铁路南侧的安丰、马坊地区的第129师。该师以4个团的兵力英勇抗击，毙伤日军200余人。9月6日，第129师第386旅和决死队第1纵队各2个团，于榆社西北双峰地区包围日军1个营，击毙400余人，打破了日军的合击。晋察冀军区为策应第129师作战，以4个团向正太铁路北侧盂县地区的日军出击，迫使正太铁路南侧的日军北援。同时，第120师对同蒲铁路忻县至太原段的破击，也有力地牵制了日军对正太铁路的增援。

9月10日，八路军总部为休整部队，准备再战，命令各部结束第一阶段的作战。第一阶段作战，八路军突然而猛烈地破击日军占领的交通命脉，使日军联络中断，到处被动挨打，陷入一片慌乱之中。汉奸、伪军更是惶恐不安。沦陷区人民异常振奋，自发地支援八路军作战。

继续破击日军交通线，重点攻占交通线两侧和深入根据地内的日军据点。为扩大战果，9月16日，八路军总部发出第二阶段作战命令，要求各部队继续破坏日军交通线，摧毁深入抗日根据地内的日伪军据点。部署是：第120师主力对同蒲铁路北段宁武至轩岗段进行彻底破坏，再次切断同蒲铁路北段的交通；晋察冀军区主力破击涞（源）灵（丘）公路，并夺取涞源、灵丘两县城；第129师重点破击榆（社）辽（县）公路，收复榆社、辽县（今左权）两县城。

晋察冀军区以8个团、3个游击支队、2个独立营组成左、右翼队和预备队，于9月22日发起涞（源）灵（丘）战役，对该地区的日军独立混成第2旅和第26师及伪军各一部发动进攻。右翼队重点攻击涞源县城，由于缺乏攻坚器材，日军顽强抵抗，经通宵激战，未能得手。9月23日，转为攻击涞源外围日军据点。

至 9 月 26 日，相继攻占三甲村、东团堡等 10 余处据点。9 月 28 日，由张家口增援的日军 3000 余人进抵涞源城，右翼队遂转移兵力于灵丘、浑源方向，协同左翼队先后攻占了南坡头、抢风岭、青磁窑等日军据点。10 月 9 日，又有大批日军 1000 余人来援。晋察冀军区遂决定结束涞灵战役。此役共歼灭日伪军 1000 余人。

第 129 师以第 386 旅和决死队第 1 纵队 2 个团组成左翼队，以第 385 旅（附第 32 团）组成右翼队，于 9 月 23 日发起榆（社）辽（县）战役，向守备榆辽公路的日军独立混成第 4 旅展开攻击。至 9 月 30 日，左翼队经过艰苦奋战，攻占榆社县城，歼灭日军 400 余人。右翼队攻占榆辽公路上的小岭底、石匣等日军据点后，准备协同新编第 10 旅进攻辽县时，和顺、武乡的日军同时出援，第 129 师遂决定停止攻城，转移兵力于红崖头、官地垴地区伏击由武乡出援的日军。第 385 旅在向伏击地域开进途中，与日军援兵 600 余人遭遇，经 15 小时激战，日军虽被消灭过半，但余部依托有利地形进行顽抗，双方形成对峙。同时由和顺出援的日军突破新编第 10 旅狼牙山阻击部队阵地。在这种情况下，第 129 师遂撤出战斗，榆社复为日军占领。榆辽战役共歼日军近 1000 人。10 月 14 日，第 129 师一部在和（顺）辽（县）公路上的弓家沟设伏，歼灭日军一支运输队，击毁汽车 40 余辆。

第 120 师为配合涞灵、榆辽地区的作战，对同蒲铁路北段进行了新的破击，再度切断了该线交通。第 129 师所属冀南军区以 12 个团的兵力，对日军正在修筑的德石铁路和邯（郸）济（南）铁路及一些重要公路线，均进行了破击，共歼日伪军 1700 余人。晋察冀军区所属冀中军区部队于 10 月 1 日至 12 日，举行任（丘）

河（间）大（城）肃（宁）战役，攻克据点 20 余处，歼日伪军 1500 余人，破坏公路 150 公里。第二阶段作战，八路军攻克日伪军据点多处，平毁了部分封锁沟、墙，打击了伪政权组织，进一步扩大了抗日根据地。

反击日军大规模报复"扫荡"。日军遭到八路军连续两个阶段大规模进攻作战的打击后，深感八路军对其威胁的严重性。为稳定局势，巩固占领区，便调集重兵对华北各抗日根据地进行大规模残酷的报复"扫荡"。10 月 19 日，八路军总部下达反"扫荡"作战命令，要求各部队与地方党政机关和广大群众密切配合，广泛开展游击战，坚决消灭进犯之敌，粉碎日军的"扫荡"。

10 月 6 日，沁县、襄垣日军在榆社、辽县日军的配合下，以近万人的兵力，对中共中央北方局、八路军总部等领导机关所在的太行抗日根据地榆社、辽县、武乡、黎城间地区进行连续"扫荡"。10 月 29 日至 11 月 4 日，第 129 师第 385 旅、第 386 旅和新编第 10 旅主力及决死队第 1 纵队 2 个团，在彭德怀直接指挥下，于武乡县关家垴地区，将日军第 36 师 1 个营包围，歼其 400 余人，并给武乡、辽县增援之敌以重大杀伤。日军连遭打击，余部于 14 日撤退。从 11 月 17 日起，日军约 7000 人"扫荡"太岳区。第 129 师所属太岳军区将主力编成沁（源）东、沁（源）西两个支队，在游击队和民兵的配合下，活动于沁河两岸，寻机打击日军，至 11 月 27 日，歼灭日军近 300 人，迫使其于 12 月 5 日撤退。

从 10 月 13 日起，日伪军以万余人"扫荡"平西（今北京以西）抗日根据地，11 月 9 日，日军又以万余人"扫荡"北岳抗日根据地，并占领了晋察冀军区领导机关所在地阜平。平西和北岳两区军民，以内外线相配合，广泛开展游击战，连续伏击、袭击日军后方交通线，迫使日军大部撤退。阜平、王快的日军则筑堡修路，企图长期占领。12 月 3 日至 27 日，晋察冀军区以 4 个团向阜平、王快的日军发动进攻，歼其 500 余人，迫使日军全部撤出北岳抗日根据地。

12 月中旬，日军以 2 万人的兵力对晋西北抗日根据地进行"扫荡"，至 23 日，占领了除保德、河曲以外的所有县城和大部集镇。第 120 师部队和晋西北地区群众实行空室清野，坚持"区不离区，县不离县"的游击战。同时，集中部分主力部队，破击日军后方交通线，攻击日军修路部队和运输队，共歼日伪军 2500 余人，迫使日军于 1941 年 1 月下旬全部撤出晋西北抗日根据地。

历时 3 个半月的百团大战，八路军在地方武装和广大人民群众的紧密配合下，共作战 1824 次，毙伤日军 2 万余人、伪军 5000 余人，俘日军 280 余人、伪军 1.8 万余人，拔除据点 2900 多个，破坏铁路 470 余公里、公路 1500 余公里，缴获各种炮 50 余门、各种枪 5800 余支（挺）。八路军也付出了伤亡 1.7 万余人的代价。日军在遭受打击后惊呼："对华北应有再认识"，并从华中正面战场抽调 2 个师加强华北方面军，对华北各抗日根据地进行更大规模的报复作战。

百团大战是抗日战争中八路军在华北地区发动的一次规模最大、持续时间最长的带战略性的进攻战役。在这次战役中，中国共产党领导的华北敌后抗日军民，齐心协力，前仆后继，同日本侵略者浴血奋战，充分表现了中华民族不屈不挠的战斗精神。百团大战严重地破坏了日军在华北的主要交通线，收复了被日军占领的部分地区，给了侵华日军以强有力的打击。百团大战对坚持抗战、遏制当时国民党妥协投降暗流、争取时局好转起了积极作用，进一步鼓舞了全国人民夺取抗战胜利的信心，提高了中国共产党和八路军的声威。它在中国抗日战争史上写下了光辉的一页。

2. 中国远征军

中国远征军是一个悲壮而伟大的历史名字，也是中华儿女用热血染红的光荣称谓。它与中国抗战历史相关联，也与缅甸抗击外族侵略的历史相关联。

第二次世界大战期间，缅甸战场是世界反法西斯战争的重要组成部分，10万余中国远征军将士先后入缅对日作战，谱写了一曲曲可歌可泣的战歌，建立了一座座可赞可叹的丰碑。

中国远征军

图片来源：http：//www.81.cn/jsdj/2014－04/17/content_ 5867616. htm。

中国远征军是在 1942 年抗日战争进入最艰难阶段，为保卫中国西南大后方和抗战"输血线"而出征滇缅印、抗击日本的英雄部队，是中国与盟国直接进行军事合作的典型代表。中国军人在滇缅印战场以巨大的牺牲换取了自甲午战争以来中国军队首次征战的彻底胜利，向全世界表明了中华民族伟大的国际主义和民族牺牲精神，对亚洲太平洋战场和整个世界的反法西斯战争的胜利作出了重要贡献，立下赫赫战功。

抗战爆发后，由于中国的工业基础薄弱，急需大量物资和外援，遂于 1938 年初修筑滇缅公路。来自滇西 28 个县的 20 万民众在抗日救国信念鼓舞下，自带口粮和工具，风餐露宿，劈石凿岩，历时 10 个月，在高山峡谷激流险滩上，沿滇西、缅北 990 公里的山野，用双手和血汗修筑了滇缅公路。其间因爆破、坠岩、坠江、土石重压、恶性痢疾而死去的不计其数。滇缅公路于 1938 年底通车，从此成为中国抗战的输血管。

抗战开始后，日本谋图以武力强迫中断"第三国"的援华活动。1939 年冬，日占我南宁，断我通越南海防的国际交通线。1940 年春，日本对滇越铁路狂轰滥炸；6 月迫使法国接受停止中越运货的要求。尽管如此，日寇并不罢休，9 月，日本侵入越南，并与泰国订立友好条约，滇越线全面中断。滇缅公路成了唯一的一条援华通道。

缅甸是东南亚半岛上具有重要战略意义的国家，西屏英属印度，北部和东北部与中国西藏和云南接壤。滇缅公路是中国重要的国际交通线，日军据此还可以威胁中国西南大后方。缅甸对于盟国中的中英双方来说都有重要战略意义。太平洋战争爆发后，日军在短时间内席卷东南亚，随即矛头直指缅甸。

为了保卫缅甸，中英早在 1941 年初就酝酿成立军事同盟。中国积极准备并提出中国军队及早进入缅甸布防。太平洋战争爆发后，中英双方于 1941 年 12 月 23 日在重庆签署了《中英共同防御滇缅路协定》，中英军事同盟形成。

但是，由于英军轻视中国军队的力量，过于高估自己，又不愿外国军队深入自己的殖民地，一再拖延阻挠中国远征军入缅，预定入缅的中国远征军只好停留在中缅边境。然而，1942 年 1 月初日本展开进攻后，英缅军一路溃败，这才急忙请中国军队入缅参战。中国成立远征军并开赴缅甸战场。但是，由于已经失去作战先机，造成缅甸保卫战的失利。这主要由于英国极端坚持先欧后亚的既定战略，战局一旦不利，便对保卫缅甸完全失去兴趣，一再撤退，使中国远征军保卫缅甸的作战变成了掩护英军撤退的作战。

但是，中国远征军却仍然作出了让英美盟国盟军钦佩的战绩，并达到了一定的战略目的。从 1942 年 3 月中国远征军开始与日军作战，至 8 月初中英联军撤离缅甸，历时半年，转战 1500 余公里，浴血奋战，屡挫敌锋，使日军遭到太平洋战争以来少有的沉重打击，多次给英缅军有力的支援，取得了同古保卫战、斯瓦阻击战、仁安羌解围战、东枝（棠吉）收复战等胜利。

在仁安羌援英作战中，中国远征军新编第 38 师师长孙立人凭借一团之力与数倍于己之敌连续英勇作战，以少胜多，解救出被围困数日濒临绝境的英缅军第 1 师，轰动英伦三岛。第 5 军 200 师师长戴安澜屡建奇功，掩护了英军的平安撤退，后在翻越野人山对敌作战中不幸受伤殉国。战役结束后，英美政府高度颂扬并给孙立人与戴安澜将军追赠了功勋章。

缅甸失守给以后作战带来极为消极的影响，使中国彻底失去了滇缅公路这一唯一的陆上交通线，以后不得不开辟从印度飞越驼峰（在喜马拉雅山）的空中航线。日本也可以直接威胁印度。但是，中国远征军的作战也取得了重大的战略意义，掩护了英军撤退，赢得了时间、保存了力量以保卫印度。也消耗、阻滞了日军进攻中国西南大后方的企图，配合国内部队阻敌于云南境内怒江天险，以后形成长期对峙，粉碎了日军从缅北进攻中国西南大后方的企图。这次远征作战，也是中国自甲午战争以来首次出国作战，他们弘扬了中国人民的国际主义和民族牺牲精神，提高了中国的国际地位。

第一次缅战日军伤亡约 4500 人，英军伤亡 1.3 万余人，中国远征军伤亡 5 万余人（大部分伤亡在胡康河谷野人山）。

缅甸作战失利后，中国远征军一部分退入英属印度。在中国战区参谋长史迪威的指导下，以退入印度的新 38 师、新 22 师在兰姆珈训练营受训并进行整编，于 1943 年 8 月改编为中国驻印军，用美援物资配备全副美式装备，由英国提供给养，大批知识青年在蒋介石"一寸山河一寸血，十万青年十万军"的号召下踊跃参军，利用从驼峰返航的飞机空运到印度，士兵的素质有了大大提高，驻印军的战斗力也大为提升。

同时，中国鉴于缅甸的重要性，积极酝酿反攻缅甸，在滇西重新组编并整训第二批远征军，于 1943 年 2 月设立中国远征军司令长官部，辖第 11、第 20 集团军，严阵以待，随时准备与英美军队协同反攻缅甸。

1943 年 10 月，为配合中国战场及太平洋地区的战争形势，中国驻印军制定了一个代号为"安纳吉姆"反攻缅北的作战计划，以保障开辟中印公路（中国昆明—印度利多）和铺设输油管，10月新30师调入缅甸编入驻印军。计划从印缅边境小镇利多出发，跨过印缅边境，首先占领新平洋等塔奈河以东地区，建立进攻出发阵地和后勤供应基地；而后翻越野人山，以强大的火力和包抄迂回战术，突破胡康河谷和孟拱河谷，夺占缅北要地密支那，最终连通云南境内的滇缅公路。

1944年3月，我驻印军占领孟关，消灭日本最精锐的第18师团的主力，缴获其军旗、关防、大量文件及各种武器。继而又乘胜进军，一鼓作气，攻占缅北重镇孟拱，再次告捷。

1944年3月初，日军纠集其15军8万兵力进攻印度英帕尔英军基地，英帕尔吃紧危及整个东南亚战局，4月初驻滇西的中国远征军第20集团军第54军第14师、第50师急调入缅甸编入驻印军增援牵制日军，新30师第88团、第50师第150团与美军拉加哈特部队合编组成中美联合突击队随即对密支那发动进攻。5月11日，滇西远征军第20集团军强渡怒江，血战高黎贡山，拉开滇西反攻序幕。新38师在孟拱战役结束后，也进军密支那。经过近3个月的激烈战斗，8月初密支那终于被攻克，缅甸战场的主动权从此转入盟军手中。对中国来说，这意味着两条被阻断的运输线——中印公路同滇缅公路的连通指日可待，危险的"驼峰航线"从此载入史册，空军可以从东南部更安全、更便捷的航线飞往昆明和重庆，中国西南战略形势根本改观，抗日大后方真正有了稳定感；而日军对缅甸的占领日期已屈指可数，其在亚洲大陆的全面进攻，也从此演变成节节防御，最后彻底崩溃。

自从我驻印军先后开出兰姆伽后，连续作战，屡创强敌，战斗力较之以前大为提高，这是日军做梦也想不到的。他们弄不清楚这支两年前曾败在自己手下的中国军队何以在不到一年的时间里便成了一支攻无不克、战无不胜的威猛之师。

1944年6月4日，滇西松山大战展开，滇西远征军第71军、第8军轮番进攻，至9月7日以阵亡8000余人、伤者过万，击毙日军千余，以惨重代价收复松山。1944年7月2日，第20集团军进攻腾冲，至9月14日光复腾冲城，美军第14航空队参与攻城战役，我军伤亡5000余人，击毙日军3000余人。6月4日，滇西远征军第11集团军进攻龙陵，至11月11日克复龙陵全境，此役歼灭日军13 000余人，我军伤亡2万余人，日军被驱赶到芒市一带，自此无险可守。1944年9月初，日军在英帕尔遭受惨重失败，盟军在滇缅印战场进入总进攻的战略阶段。

驻印军在密支那休整约2个月后扩编为新1、新6两军，向日寇发动了最后的攻击，用缴获的日军文件上的一句话来说："支那军归国心切，锐不可挡。"在密支那休整后，新1军、新6军分左右两路向八莫发动进攻。一路上过关斩将，所向披靡。1944年12月初因国内战事吃紧新6军急调回国增援，随后，新1军先后攻克八莫、南坎，并在畹町附近的芒友与云南西进的滇西中国远征军胜利会师，中印公路完全打通。中国驻印军旋即南下，于1945年3月8日攻克腊戌，30日与英军会师于乔梅，缅北反攻作战结束。此时日军因在菲律宾失败，收缩战线，全部撤出缅甸。至此，缅甸战事全部结束。

反攻缅北、滇西历时一年半，史载中国驻印军伤亡2万多人，歼灭日军4.8万余人，滇西远征军伤亡6万余人，击毙日军2.1万余人，合计毙敌7万余人。中国远征军完成了中国战略大反攻的全面胜利，滇缅印战区亦是抗战历史上中国军队对日本军队唯一取得完胜、彻底击溃日寇的战区。

中国驻印军和中国远征军的反攻胜利，重新打通了国际交通线，使得国际援华物资源源不断地运入中国；把日军赶出了中国西南大门，揭开了正面战场对日反攻的序幕；钳制和重创了缅北、滇西日军，为抗战取得最终胜利作出巨大贡献。

从中国军队入缅算起，中缅印大战历时3年零3个月，中国投入兵力总计40万人，伤亡接近20万人，日本在中缅印战区投入兵力总计30余万，被歼灭18.5万余人。中国远征军用鲜血和生命书写了中华民族抗日战争史上极为悲壮和辉煌的一笔。

参考资料

[1] 中共中央党史研究室. 中国共产党历史·第一卷（1921—1949）上册 [M]. 2版. 北京：中共党史出版社，2011.

[2] 习近平：在纪念全民族抗战爆发七十七周年仪式上的讲话 [EB/OL]. （2014-07-07）. http://news.xinhuanet.com/2014-07/07/ c_ 1111497611. htm.

[3] 刘德军. 抗日战争研究述评 [M]. 济南：齐鲁书社，2005.

[4] 桑成舟. 从抗战精神中汲取实现中国梦的磅礴力量——纪念抗日战争胜利68周年 [EB/OL]. （2013-08-15）. http://opinion. people. com. cn/n/2013/0815/c1036-22571888. html.

第六章 | 西柏坡精神

西柏坡精神是中国共产党及其领导下的军队和人民，在推翻国民党反动统治、建立和建设新中国的伟大实践中表现出来的革命精神，它既是对中华民族优秀传统和革命精神的继承和发展，又是对未来的昭示，激励人民为建设中国特色社会主义而努力奋斗。

第一节 西柏坡精神产生的历史背景

1947 年 3 月，国民党蒋介石在全面进攻解放区的计划破产之后，为了挽救其垂死的命运，在军事上被迫放弃了全面进攻，改为重点进攻，并将进攻的重点置于我解放区之两翼——即山东解放区和陕甘宁解放区。敌人集中了 34 个旅 23 万多人，其中 15 个旅在胡宗南的指挥下向延安进犯。为了诱敌深入，在运动中歼灭敌人的有生力量，我党中央、毛主席于 1947 年 3 月 18 日主动撤

红色圣地西柏坡

图片来源：http：//qd. ifeng. com/special/qdyc/detail_ 2013_ 04/05/686816_ 0. shtml。

离延安，率领我军开始了转战陕北的艰苦历程。1947 年 3 月 26 日，党中央、毛主席转移到陕北清涧县枣林沟，中央在这里召开了一次重要会议，就是历史上著名的枣林沟会议。为了适应当时战争环境的需要，会议决定，中央机关在此分为前委和工委，后又分出后委。毛泽东、周恩来、任弼时同志率党中央和解放军总部转战陕北，指挥全国的解放战争，并直接指挥西北战场的我军作战；叶剑英、杨尚昆等同志率后委去晋绥；刘少奇、朱德、董必武等同志率中央部分工作人员组成中央工委向华北转移。

　　1947 年 4 月间，以刘少奇为书记的中央工作委员会来到晋察冀解放区。5 月初到达西柏坡村，7 月 12 日，中央工委正式成立，开始负责中央委托的日常工作。为了适应战争环境，当时，中央机关是对外保密的。人们只知道西柏坡村住上了"工校"和"劳大"，后来才知道，"工校"和"劳大"就是当时的中央大院。中央其他机关分布在西柏坡附近的村庄。

中央工委在西柏坡领导了解放区的土地改革和整党工作。1947 年 7 月 17 日至 9 月 13 日，中央工委在西柏坡召开了中国共产党全国土地会议。会址设在西柏坡村恶石沟的西岸一块较平的空地上，主席台上搭着布棚，代表们坐在木板上或石头上听工委书记刘少奇同志作报告。9 月 13 日，全国土地会议通过了《中国土地法大纲》。《中国土地法大纲》规定："废除封建性及半封建性剥削的土地制度，实行耕者有其田的土地制度。"《中国土地法大纲》颁布以后的一年中，解放区约有一亿农民获得了土地，翻身农民踊跃参军，支援前线，从人力、物力上支援了人民解放战争。

中央工委在西柏坡还组织了军工生产和经济建设工作。朱总司令曾亲自察看地形，组织发电站的建设，并亲自参加了落成典礼。他在讲话中指出：这个水电站的建成，能够帮助军工生产，将来还能帮助农村建设，并且是属于社会主义建设范围的一部分。这是中央工委自己动手勘查修建的华北地区第一个水力发电站，被人民高度赞誉为"边区创举"。从此，滹沱河畔，太行山庄，许多军火工厂相继建立。

1948 年 3 月 20 日，党中央在陕北米脂县杨家沟作出决定："目前我们正将晋察冀区、晋冀鲁豫区和山东渤海区统一在一个党委（华北局）、一个政府、一个军事机构的指挥之下。……这样做，可以有力地支援南线作战，可以抽出许多干部，输往新解放区。该区的领导中心设在石家庄，中央亦准备移至华北同中央工作委员会合并。"

1948 年 3 月 23 日，毛泽东、周恩来、任弼时同志率中央机关在陕北吴堡县川口东渡黄河，经晋绥解放区到达五台山。4 月 10 日，由五台山出发，越过长城岭，来到河北省阜平县西下关村；4 月 11 日，党中央、毛主席一行到达晋察冀军区驻地城南庄；4 月 23 日，周恩来、任弼时等同志率中央部分工作人员进驻西柏坡；5 月 26 日，毛主席来到西柏坡村，党中央同中央工委合并，毛泽东、朱德、刘少奇、周恩来、任弼时五位书记，经一年多的转战，在这里会合，西柏坡成了当时领导中国革命的中心。

党中央、毛主席来到西柏坡，人民解放战争正处于战略决战前夕，战局非常紧张，领袖们的工作也格外繁忙。

5 月 1 日，中共中央发布纪念"五一"劳动节口号，号召召开新的没有反动分子参加的政治协商会议，讨论成立民主联合政府问题。各民主党派、人民团体、社会贤达，纷纷通电中共中央，拥护召开新政协，成立民主联合政府。

5 月上旬，党中央决定将晋察冀和晋冀鲁豫两个解放区合并为华北解放区。为了统一领导，成立了刘少奇同志任书记的华北局和聂荣臻为司令员的华北军区。同时成立华北联合行政委员会。

8 月 7 日，华北临时人民代表大会在石家庄召开，19 日闭幕，选出了华北人民政府。9 月 22 日至 24 日，在平山王子村举行第一次委员会议，选举董必武同志任主席，薄一波、蓝公武、杨秀峰同志任副主席。华北解放区的统一和华北人民政府的成立，为我军进行战略决战建立了强大巩固的后方。

在全面大好的新形势下，中共中央在西柏坡召开了一次政治局扩大会议（九月会议）。到会政治局委员 7 人，中央委员和候补中央委员 14 人，重要工作人员 10 人。其中有华北、华东、中原、西北的党和军队的主要负责同志。这是自日本投降以来到会人数最多的一次中央会议。会议全面规划了今后时期的工作，提出了在五年内从根本上推翻国民党反动统治，建设 500 万人民军队的伟大任务。会议于 1948 年 9 月 8 日到 13 日在西柏坡召开。为了适应大规模正规战争的需要，党中央要求全党全军用最大的努力克服无纪律、无政府状态，克服地方主义和游击主义，将一切可能和必须集中的权力，集中于中央和中央代表机关手里。

根据九月会议的精神，中央军委颁发了《关于统一全军组织及部队番号的规定》。全军分为"野战部队、地方部队和游击队"。"野战军现时分四个，以地名区分。即中国人民解放军西北野战军，中原野战军，华东野战军，东北野战军"。不久，分别改称第一野战军、第二野战军、第三野战军、第四野战军。华北野战军直属解放军总部。这样，我军形成了一个更为统一的总体，为战略决战做好了充分的准备。

九月会议以后，毛主席发出了伟大的号召："军队向前进，生产长一寸，加强纪律性，革命无不胜。"随即，党中央、毛主席把握时局，抓住有利战机，决定进行伟大的战略决战，组织指挥了辽沈、淮海、平津三大战役。

在战略决战的日日夜夜里，领袖们的工作非常紧张，常常通宵达旦，一个个英明指示、一件件重要文电，都从这些山村农舍里发出。毛主席在 9 月、10 月发出了《关于辽沈战役的作战方

针》；10 月 11 日发出了《关于淮海战役的作战方针》；12 月 11
日发出了《关于平津战役的作战方针》。

在战局多变的日子里，军委作战室每周开一次总结会，总结、
分析一周战局变化，提出下一步作战计划和设想。具体工作任务
是研究、汇集敌我战场的作战情况，及时向党中央、毛主席汇报，
根据党中央、毛主席的指示下达命令。当时工作条件十分艰苦，
工作人员绘图、制表的红蓝铅笔等都是从敌人那里缴获来的。军
委作战室所提供的大量的军事资料都要经周副主席、朱总司令认
真研究，核对并拿出自己的意见之后，才送到毛主席那里去。

三大战役从 1948 年 9 月 12 日开始，到 1949 年 1 月 31 日结
束，历时 4 个月零 19 天，歼灭和改编国民党军队 154 万余人，使
国民党赖以发动反革命内战的精锐部队基本上归于消灭，大大加
速了全国解放战争胜利的到来。

三大战役中，据不完全统计，各地支前民工达 540 万人，担
架 10 万多副，小车 42 万辆，粮食 95 亿斤。英雄的人民随军远
征，英勇参战，作出了巨大的贡献。

辽沈、淮海、平津三大战役胜利后，国民党政府处在全面覆
灭的前夕。1949 年元旦，中央举行"新年聚餐"。毛泽东、朱德、
刘少奇、周恩来、任弼时等同志亲切地接见了各野战军和几个军
区的后勤部长，并向大家祝酒。勉励同志们要努力工作，准备向
长江以南进军，将革命进行到底。蒋介石发表元旦文告，提出愿
意与我党进行和平谈判的虚伪建议。为此，毛主席在西柏坡为新
华社写了新年献词《将革命进行到底》，并于 1 月 14 日发表了
《关于时局的声明》，用生动的历史事实揭露了蒋介石的假和谈阴

谋。1949 年 1 月 21 日，蒋介石以"因故不能视事"为名，宣告"引退"，把总统职务交给副总统李宗仁"代理"，自己则退居奉化在幕后指挥。蒋介石下台后，李宗仁同意以我党提出的八项条件为谈判基础，并于 1949 年 2 月上旬在上海组织了颜惠庆、章士钊、江庸为代表的"上海人民代表团"，邵力子以私人资格参加了代表团。这个代表团于 1949 年 2 月 14 日到北平与我党商谈和平谈判问题，2 月 22 日来到西柏坡。随同来西柏坡的还有傅作义、邓宝珊两位将军。他们受到毛主席、周恩来和其他中央领导同志的接见。周恩来同他们就和平谈判、南北通航通邮等问题，广泛交换了意见。2 月 24 日，这个代表团同傅作义、邓宝珊两位将军离开西柏坡飞返北平。与此同时，1949 年 1 月 31 日至 2 月 7 日，中央在这里还会见了苏共代表米高扬等人。时隔一个多月，以周恩来为代表的中共代表团和以张治中为代表的南京国民党政府代表团的国共两党的和平谈判于 4 月 1 日起在北平举行。

在国民党政权摇摇欲坠，全国人民迎接解放的大好形势下，各民主党派、爱国人士和爱国华侨纷纷北上，奔赴解放区。

1949 年 1 月 8 日，中共中央在西柏坡村召开了一次政治局扩大会议，会上通过了《目前形势和党在一九四九年的任务》。对党的工作进行了新的部署。该文件第 17 条明确指出："北平解放后，必须召集第七届第二次中央全体会议。"2 月 11 日，中央发出通知，要求中央各地委员、候补中央委员"一切工作须于 2 月 25 日部署完毕，除因工作不能到会者外，一切到会的同志须于 2 月 28 日到达中央"。2 月底，参加会议的代表陆续到达西柏坡村。

1949 年 3 月 5 日至 13 日，具有伟大历史意义的中国共产党七届二中全会在西柏坡召开了。会址坐落在中央大院西侧一所白色的较大的房子里，那是中央工委时期的一个大伙房。会场布置得朴素庄严，主席台是一张普通的长条桌，上面铺着粗线毛毯，两边是记录的方桌，四个记录员分别是师哲、廖鲁言、伍云甫和曾三，主席台上方挂着两面党旗和毛泽东、朱德的照片，两边墙上是八面鲜红的党旗。

出席这次会议的有中央委员 34 人，候补中央委员 19 人。毛泽东同志主持了这次会议，并在会上作了极为重要的报告。他在报告中提出了促进革命迅速取得全国胜利和组织这个胜利的各项方针，规定了在全国胜利以后，政治、经济、外交方面应当采取的基本政策，以及使中国由农业国转变为工业国、由新民主主义社会转变为社会主义社会的总的任务和主要途径。毛泽东同志在这个报告里，特别着重地分析了当时中国经济各成分的状况和党所必须采取的正确政策，指出中国实现社会主义改造的必经之路，批判了在这个问题上的各种"左"右偏向，并且确认中国的经济发展将有较高的速度。他还估计了中国人民民主革命胜利之后，国内外阶级斗争的新形势，指出我们要全心全意依靠工人阶级、迅速恢复和发展生产事业。并及时地告诫全党要警惕资产阶级"糖衣炮弹"的攻击。毛泽东同志英明地指出："夺取全国胜利，这只是万里长征走完了第一步。""中国的革命是伟大的，但革命以后的路程更长，工作更伟大，更艰苦，这一点现在就必须向党内讲明白，务必使同志们继续地保持谦虚、谨慎、不骄、不躁的作风，务必使同志们继续地保持艰苦奋斗的作风。"毛泽东同志还指出："从 1927 年到现在，我们的工作重点是在乡村，在乡村

中国共产党七届二中全会会址

图片来源：http：//culture. hebei. com. cn/system/2012/02/23/011734753. shtml。

聚集力量，用乡村包围城市，然后取得城市。采取这一工作方式的时期现在已经完结。从现在起，开始了由城市到乡村并由城市领导乡村的时期。"

毛泽东同志的这个报告和他于1949年6月写的《论人民民主专政》一文构成了为中国人民政治协商会议第一届全体会议所通过的在新中国成立以后曾起了临时宪法作用的《共同纲领》的政策基础。

党的七届二中全会结束后，党中央和解放军总部准备迁往北平。毛主席把中央直属机关警卫战士和干部召集起来，语重心长地说：我们就要进北京了。我们进北京，可不是李自成进北京，他们进北京就腐化了，我们共产党人进北京，是要继续干革命，建设社会主义一直到共产主义。

1949年3月23日，中共中央和解放军总部离开西柏坡北迁，沿途受到党政军及各界人士代表、多方民主人士的热烈欢迎。1949年10月1日，毛主席在北京天安门城楼上，庄严宣告中华人民共和国成立。

第二节 西柏坡精神的历史作用

一、在军事上，取得了重大的转折性胜利

抗日战争胜利以后，蒋介石凭借军事上的优势，出动160多万军队，向解放区发动全面进攻。毛泽东洞察形势，以大无畏的革命胆略，不被国民党汹汹气势所吓倒，与国民党针锋相对、坚决斗争，并且提出人民解放战争分为防御阶段、进攻阶段、决战阶段等三个阶段的理论。在解放战争的第一个年头，以防御为主，歼灭国民党军队正规军98个旅78万余人，粉碎了国民党的全面和重点进攻。接着又以大无畏的革命胆略敢于斗争、敢于反攻，开始了战略反攻阶段。人民解放军遵照毛泽东同志的战略部署，刘邓大军强渡黄河，挺进大别山；太岳兵团强渡黄河，挺进豫西地区；华东野战军挺进鲁西南，三支大军打到国民党区域，转入外线作战，拉开了战略反攻的序幕。1948年5月26日，毛泽东从河北省阜平县城南庄移驻西柏坡村后，运筹帷幄，在国民党军队数量上占优势的形势下，敢于战略决战，组织了震惊中外的辽沈、淮海、平津三大战役。1949年元旦，毛泽东发表元旦献辞《将革

命进行到底》，旗帜鲜明地提出"敌人不会自动消灭"，告诫人们不要像寓言中的农夫可怜冻僵的毒蛇，而要"坚决地主张彻底消灭反动势力，彻底发展革命势力"，"建立人民民主共和国"，把伟大的人民解放战争进行到底。当国民党政府拒绝了和谈协定，毛泽东、朱德于 4 月 21 日向全军发布了"向全国进军的命令"，命令人民解放军"奋勇前进，坚决、彻底、干净、全部地消灭中国境内一切敢于抵抗的国民党势力，解放全中国、保卫中国领土及主权的独立和完整"。中国人民解放军奋勇追歼国民党残敌，至 1949 年 12 月，解放了除西藏以外的中国大陆，把胜利推向全中国。纵观整个解放战争的历史，每个战略阶段、每次战略决策，全部体现着敢于斗争、敢于胜利的大无畏革命精神。

二、在政治上，指导着中国革命不断从胜利走向新的胜利

在我党历史上，西柏坡时期是中国革命形势急剧变化的伟大时期，也是新民主主义革命走向最后胜利的关键时期。毛泽东总是站在历史的潮头，以跨越时空的目光洞察世界，坚持用马克思主义的不断革命论，及时指导中国革命从胜利走向新的胜利。第一，全面否定封建专制，实行民主政治。1948 年 5 月，中共中央发出成立民主联合政府的号召后，各民主党派、人民团体、社会贤达，纷纷通电中共中央，表示坚决拥护。在党的七届二中全会上，会议根据毛泽东同志的提议，作出了六条规定：一曰不做寿，二曰不送礼，三曰少敬酒，四曰少拍掌，五曰不以人名作地名，六曰不要把中国同志同马恩列斯平列。要求我们永远谦虚谨慎，革命到底。第二，彻底消灭盘根错节的封建半封建土地制度。

1947 年 7 月 17 日至 9 月 13 日，中央工委在西柏坡召开了中国共产党全国土地会议，通过了《中国土地法大纲》。从此，废除了封建性及半封建性剥削的土地制度，实行耕者有其田的土地制度。第三，高瞻远瞩，提出新民主主义革命向社会主义革命的伟大转变。在党的七届二中全会上，毛泽东提出了促进革命迅速取得全国胜利和组织这个胜利的各项方针，规定了中国由新民主主义社会转变为社会主义社会的总的任务和主要途径。第四，敲响"警钟"，告诫共产党人时刻警惕"糖衣炮弹"的攻击。针对党内的骄傲自满情绪，毛泽东指出："中国的革命是伟大的，但革命以后的路程更长，工作更伟大，更艰苦，这一点现在就必须向党内讲明白，务必使同志们继续地保持谦虚、谨慎、不骄、不躁的作风，务必使同志们继续地保持艰苦奋斗的作风。"

第三节　西柏坡精神的内涵

西柏坡精神同井冈山精神、长征精神、延安精神一样，已经成为中华民族的宝贵精神财富，成为激励一代又一代中华儿女为中华民族伟大复兴而拼搏奋斗的精神支柱。西柏坡精神的基本内涵是：敢于斗争、敢于胜利，善于破坏旧世界、善于建设新世界，坚持依靠群众、坚持团结统一，务必谦虚谨慎、务必艰苦奋斗。

敢于斗争、敢于胜利是西柏坡精神的特征。西柏坡时期，革命形势迅猛发展，我党领导的人民军队已转入全国反攻，是否敢于不失时机地发起战略决战，将革命进行到底，是党在西柏坡时期面临的一个历史性课题。中共中央发扬敢于斗争、敢于胜利精神，不失时机地组织了伟大战略决战，歼灭了国民党赖以维护其反动统治的主要军事力量，大大加速了中国革命胜利的进程。针对蒋介石 1949 年元旦文告发动的"和平"攻势和当时国际势力提出的"划江而治"的主张，毛泽东号召全国人民"将革命进行到底"，在全国范围内推翻国民党反动统治，不使革命半途而废，显示了中共中央在复杂的政治风云和决定中国人民前途和命运的历史关头，敢于斗争、敢于胜利的彻底革命精神，这是一种抓住机遇，顶住压力、挑战，争取最大胜利的革命进取精神。

善于破坏旧世界、善于建设新世界是西柏坡精神的本质。当时，我们国家处在一个伟大的历史性转折时期。国民党即将被推翻、人民自己的新中国即将诞生的历史性转折，是我们党领导的新民主主义革命转向社会主义革命的伟大转折，是中国共产党即将成为执政党的伟大转折。在这个伟大的历史性转折时期，我们党面临的任务十分繁重、艰巨和复杂。既要同国内外敌对势力作斗争，同国民党军队进行决战，解放全中国，又要为新中国成立后如何建设国家制定政治、经济、外交等各方面的方针政策；既要加强党和军队的自身建设，又要做好群众工作、统一战线工作，团结一切可以团结的力量，为建设新中国而共同奋斗。这一切工作，都是围绕破坏一个旧世界、建设一个新世界而进行的。

坚持依靠群众、坚持团结统一是西柏坡精神的核心。西柏坡时期，中共中央一方面要最大限度地发动农民群众参加伟大的解放战争，为战争的胜利提供巨大的物质基础；另一方面要加强党内的团结统一，克服存在于党内的某些无纪律、无政府状态，为争取革命的最后胜利并顺利实现两个"转变"提供组织保证。这是中共中央面临的又一重要课题。为此，共产党依靠群众、发动群众，进行土地制度的彻底改革，极大地调动了广大农民群众参战和生产的积极性，使解放战争"获得了足以战胜一切敌人的最基本的条件"。同时党中央把加强纪律性和党的集中统一领导作为具有重要意义的事情来抓，先后作出了建立报告制度、健全党委会议制度等决议、决定，要求克服依然存在着的某些无纪律、无政府状态，克服地方主义和游击主义，将一切可能和必须集中的权力集中于中央和中央代表机关手中，达到全党、全军在政策上、行动上的高度统一，并要求把加强纪律性与发展民主结合起来，充分体现了坚持依靠群众、坚持团结统一的民主精神。

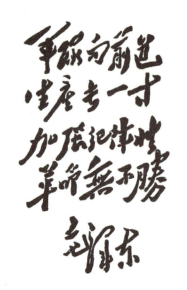

毛泽东于1948年11月在西柏坡题写

图片来源：http://china.qianlong.com/4352/2004/06/13/178 @ 2105405_4.htm。

务必谦虚谨慎、务必艰苦奋斗是西柏坡精神的精髓。在西柏坡时，中国革命即将全面胜利。执政问题摆在中国共产党面前、提到党中央的议事日程。共产党人会不会变成李自成？能否避免重蹈"其亡也忽"的历史覆辙？能不能经受得住胜利与执政的考验？这关系到革命成果能否巩固，社会主义目标能否实现，中国式的建设道路能否走下去？在解决这个重要课题时，毛泽东在党的七届二中全会上向全党敲起警钟："因为胜利，党内的骄傲情绪，以功臣自居的情绪，停顿起来不求进步的情绪，贪图享乐不愿再过艰苦生活的情绪，可能生长。""我们必须预防这种情况。"在他看来"夺取全国胜利，这只是万里长征走完了第一步。革命以后的路更长，工作更伟大，更艰苦"。告诫全党"务必使同志们继续地保持谦虚、谨慎、不骄、不躁的作风，务必使同志们继续地保持艰苦奋斗的作风"。毛泽东坚信："我们有批评和自我批评这个马克思列宁主义的武器。我们能够去掉不良作风，保持优良作风。"在离开西柏坡前夕和进驻北平途中，毛泽东多次强调：我们是"进京赶考"，发誓"我们决不当李自成"。所有这些，蕴含了对共产党人理想、宗旨、奋斗目标和作风风范等极为丰富的时代要求，科学地回答了共产党人应怎样经受革命胜利和执政考验的历史性课题，为共产党在执政条件下如何防止腐化变质，永葆革命者本色，提供了极为宝贵的精神财富。

第四节　西柏坡精神的现实意义

一、发扬西柏坡精神，是我党拒腐防变、经受考验的现实需要

在党的七届二中全会上，以毛泽东等为代表的中央第一代领导集体，在革命转折的伟大实践中，及时告诫全党，我们成为执政党后，不仅要牢记"两个务必"，还要执行不做寿、不送礼、少敬酒、少拍手、不以人名作地名、不把中国同志同马恩列斯平列等六条规定。65年来，毛主席的教导时时给我们敲着警钟。当今，一些党员干部中出现了理想信念动摇、革命意志衰退、居功自傲、不思进取等现象，特别是少数党的领导干部，没有经受住权力的考验，在"糖衣炮弹"的攻势面前败下阵来，他们严重地

败坏了党的形象，在人民群众中造成了恶劣的影响。在改革开放条件下，党的自身建设和反腐防变的任务比过去任何时候都更为繁重和艰巨。因此，要完成新时期党肩负的历史任务，就必须加强党的自身建设，大力弘扬西柏坡精神，牢记"两个务必"，清正廉洁、克己奉公，自觉接受人民监督，做到拒腐蚀、永不沾。只有这样，才能向人民群众交出"赶考"的合格答卷。

二、发扬西柏坡精神，是保持党的先进性和纯洁性的现实需要

现在，党的作风总体上是好的，但也出现了脱离群众、脱离实际甚至以权谋私、腐化堕落等现象。如果这些问题不能得到有效克服，就会严重削弱党的先进性和纯洁性，损害党群干群关系，动摇党的执政地位。大力发扬西柏坡精神，对于加强和改进党的作风建设，不断增强党的凝聚力、创造力、战斗力，具有非常现实的意义。

三、发扬西柏坡精神，是实践党的根本宗旨的现实需要

大力发扬以"两个务必"为核心的西柏坡精神，有助于我们强化群众观点，增强宗旨观念，有益于我们倾听群众呼声，集中群众智慧，尽心尽力解决群众迫切需要解决的问题，诚心诚意帮助困难群众，真正赢得人民群众的信任和拥护。

四、发扬西柏坡精神，是深化改革、加快发展的现实需要

在全面深化改革开放的新时期，大力发扬西柏坡精神，永远保持自强不息、奋斗不止的精神，克服思想上的僵化，勇于创新，

大胆实践，敢为人先，必将为我们抓住机遇，迎接挑战，进一步
开创中国特色社会主义事业新局面提供强大的精神动力。

| 相关链接 |

1. 三间窑洞寄深情

在西柏坡中央大院的后沟有三间坐北朝南、宽敞明亮的石窑
洞，占地面积 123 平方米。这处窑洞独出心裁，别具一格，从上
到下全部用青砖砌成。三个高大的拱形窗户，再加上一米多厚的
墙壁，冬暖夏凉，是大院里最好的一处住房。这是朱德在西柏坡
的旧居。这处住房是中央工委到达西柏坡后，从陕北绥德请来工
匠专门为毛主席建造的。

1948 年 5 月 27 日，毛泽东来到西柏坡，中央工委的同志们请他
到后沟的窑洞居住，毛主席却说：朱总司令上了年纪，还是让给他住
吧！朱德一再谦让，最终在毛主席的坚持下，朱德才搬到这里。

1949 年 3 月，党的七届二中全会在西柏坡召开，全国各地的
参会代表云聚西柏坡，西柏坡的住房一时紧张起来。朱德夫人康
克清见此情景，主动在他和朱总司令的寝室里布置了两张床，中
间挂一个布帘，把里边自己和总司令的床让给了王稼祥和朱仲丽
夫妇住，而自己和朱老总却住在外边用板凳支起来的床板上，一
眼窑洞住了两户人家。

在党的七届二中全会召开期间，朱德和康克清又把会客室让
出来，当作军事组的讨论地点。

"让房"的事情虽小，但反映了革命前辈之间那种真诚的感
情和深厚友谊。

2. 领袖与战士亲如骨肉

1948 年 7 月 30 日晚，大雨滂沱，西柏坡后山上的几眼窑洞被雨水冲塌了，有 4 位同志被埋在里边。周恩来副主席闻讯后，立即提起马灯，披上雨衣，拿着铁锹赶赴现场奋力挖土救人。经过众人奋力抢救，3 位同志安全脱险，一位叫曹庆卫的同志不幸牺牲。曹庆卫是毛泽东的理发员。

曹庆卫牺牲后，伍云甫和叶子龙按照毛主席和周恩来的指示，在西柏坡的大会堂布置了灵堂。毛主席要参加他的追悼会，可就在追悼会开始时，林彪从东北发来一封电报，内容极为重要。毛泽东不能去吊唁现场了，便赶忙提笔写了一幅挽词：哀悼曹庆卫同志。阎长林立刻送到了追悼会上，挂在最大的花圈上，庄重地摆在灵堂正中央。

追悼会结束后，朱德总司令和同志们一起抬棺为曹庆卫送葬，周副主席亲手为他下葬挥锹埋土。领袖和普通战士亲如骨肉的关系可见一斑。

| 参考资料 |

[1] 康彦新. 西柏坡精神的本质特征和现实意义 [EB/OL].
(2004 – 05 – 05). http：//www. crt. com. cn/news2007/News/kangy-anxin/ 2006 – 5/30/00007263. html.

[2] 夏月娥. 建设一个新世界 [M]. 石家庄：河北人民出版社, 1998.

[3] 贺文讯. 解放全中国的最后一个农村指挥所 [EB/OL].
(2013 – 06 – 07). http：//www. sjzzx. gov. cn/Item/10608. aspx.

第七章 | 抗美援朝精神

　　"雄赳赳，气昂昂，跨过鸭绿江，保和平，为祖国，就是保家乡。"这首耳熟能详的歌曲，曾经激励着无数赤血男儿为维护正义，不惜牺牲，英勇奋战，终于打败了不可一世的美帝野心狼。如果说抗日战争的胜利使中华民族摆脱了亡国的命运，那么，抗美援朝战争的胜利则使中华民族真正骄傲地站立于世界民族之林并被世界各国所尊重。抗美援朝战争的胜利，当之无愧地成为我们民族实现伟大复兴的重要垫脚石。抗美援朝所体现出的爱国主义精神、革命英雄主义精神、革命乐观主义精神、革命忠诚精神、国际主义精神更是激励着一代又一代的中国人民。

第一节　抗美援朝的历史背景

　　1945 年 2 月，根据雅尔塔会议的安排，朝鲜半岛由中国、美国、苏联、英国共同托管；8 月 15 日，日本投降，朝鲜半岛获得

中国人民志愿军跨过鸭绿江

图片来源：http://war.163.com/special/warofchosun/。

解放，美国和苏联随即改变计划，商定以北纬38度线为在朝鲜半岛接受日军投降的分界线（三八线）。同时，苏联、美国两国军队以北纬38度线为界，分别进驻朝鲜半岛北、南半部，朝鲜半岛从此处于分裂状态。在美、苏的各自支持下，朝鲜半岛南部于1948年8月成立了以李承晚为总统的大韩民国，朝鲜半岛北部于1948年9月成立了以金日成为元首的朝鲜民主主义人民共和国。1948年10月，苏联把朝鲜半岛北半部的行政权移交给朝鲜政府，同年12月25日，苏军全部撤离朝鲜。

1950年1月以来，在苏联和美国相继撤出在朝鲜和韩国的驻军后，朝鲜政府与苏联领导人密切协商，斯大林同意金日成以武力统一朝鲜半岛。在1950年4月10日至25日苏、朝领导人三次会谈中，斯大林强调，对南方采取军事行动必须具备两个条件：美国不进行干预和获得中国领导人的支持。金日成自信完全能够依靠自己的军队统一朝鲜，而美国不会冒险发动一场大的战争。1950 年 5 月 13 日，金日成秘密访问北京，通报了准备进攻南方的计划。毛泽东感到很意外，但还是建议朝鲜人民军要速战速决，对大城市要迂回而不要恋战，要集中力量歼灭敌人的有生力量。毛泽东的建议，金日成没有接受。朝鲜对中国封锁军事情报，战争在没有事先通知中国的情况下爆发了，毛泽东甚至是从外国报纸上得知这一消息的。

1950 年 6 月 25 日，朝鲜人民军南进作战，朝鲜战争爆发。韩国军队在朝鲜的强大攻势下，节节败退。韩国向美国等盟国求救。美国为了维护其在亚洲的领导地位和利益，立即出兵干涉。6 月 26 日，美国总统杜鲁门命令驻日本的美国远东空军协助韩国作战，6 月 27 日再度命令美国第七舰队驶入基隆、高雄两个港口，在台湾海峡巡逻，阻止中国人民解放军渡海进攻台湾。美国驻联合国代表向安理会提交了动议案，授权组成"联合国军"帮助韩国抵抗朝鲜军队的进攻。在苏联代表因抗议联合国拒绝接纳中华人民共和国为新成员国而自 1950 年 1 月起缺席的情况下，动议以 13 对 1（南斯拉夫投了反对票）的表决结果通过了美国提案，要求各会员国在军事上给韩国以"必要的援助"。"联合国军"以美军为主导，其他 15 个国家也派小部分军队参战。英国、土耳其、加拿大、泰国、新西兰、澳大利亚、荷兰、法国、菲律宾、希腊、比利时、哥伦比亚、埃塞俄比亚、卢森堡、南非与韩国的军队均归驻日的美军远东军指挥，麦克阿瑟上将为美军远东军司令。7

月 5 日，美军参加了第一场对朝鲜的战役。

抗美援朝战争第二次战役东线作战图

图片来源：http://news.xinhuanet.com/mil/
2007－07/24/content_6422352.htm。

这时的朝鲜人民军正处于节节胜利，先后发动了汉城战役、铁原战役、大田战役和洛东江战役，占领了韩国 90% 的地区和 92% 的人口，把韩、美军压缩到洛东江以东的狭小地区。8 月 31 日，又发动了釜山战役，先遣部队打到了北纬 35 度线上，但是此后战局处于胶着状态。

1950 年 6 月 28 日，毛泽东主席在中央人民政府委员会第八次会议上发表讲话，号召"全国和全世界的人民团结起来，进行充分的准备，打败美帝国主义的任何挑衅"。同日，周恩来代表中国政府发表《关于美国武装侵略中国领土台湾的声明》，强烈谴责美国侵略朝鲜、中国台湾及干涉亚洲事务的罪行。号召"全世界一切爱好和平正义和自由的人类，尤其是东方各被压迫民族和人民，一致奋起，制止美国帝国主义在东方的新侵略"。7 月 6 日，周恩来再次发表声明，指出联合国安理会 6 月 27 日关于朝鲜问题的决议为非法，中国人民坚决反对。7 月 10 日，中国人民反对美国侵略台湾朝鲜运动委员会在北京成立，并在 14 日发出《关于举行"反对美国侵略台湾朝鲜运动周"的通知》。抗美援朝运动开始在全国展开，形成第一个高潮。中央军事委员会根据毛泽东的提议，于7月13日作出《关于保卫东北边防的决定》，抽调第13兵团及其他部队共25.5万余人，组成东北边防军。后又调第9、第19兵团作为二线部队，分别集结于靠近津浦、陇海两铁路线的机动地区。9月15日，美军第10军于朝鲜半岛南部西海岸仁川登陆，朝鲜人民军腹背受敌，损失严重，转入战略后退。9月30日，周恩来总理在国庆节大会上作了题为"为巩固和发展人民的胜利而奋斗"的报告，警告美国："中国人民决不能容忍外国的侵略，也不能听任帝国主义对自己的邻人肆行侵略而置之不理。"但是麦克阿瑟认定中国不敢出兵与美国对抗，所以美国不顾中国政府的多次警告，10月1日美军越过北纬38度线，19日占领平壤，企图迅速占领整个朝鲜，并公然声称："在历史上，鸭绿江并不是中朝两国截然划分的、不可逾越的障碍。"同时，美国飞机多次侵入中国领空，轰炸丹东地区，将战火烧到鸭绿江边。10月8日，朝鲜政府请求中国出兵援助。中国根据朝鲜政府的请求，作出"抗美援朝、保家卫国"的决策，迅速组成中国人民志愿军入朝参战。10月19日，中国人民志愿军在司令员兼政治委员彭德怀率领下，跨过鸭绿江，开赴朝鲜战场。10月25日，志愿军打响了入朝后的第一仗，拉开了伟大的抗美援朝战争的序幕。

第二节　抗美援朝的历史作用

抗美援朝战争，支援朝鲜人民，保卫了朝鲜民主主义人民共和国，稳定了朝鲜的局势，保卫了祖国大陆的安全，维护了亚洲及世界的和平。无论对中国，对朝鲜，对东方，乃至对于整个世界都有着十分重要的深远意义。

一、抗美援朝战争极大地提高了中华人民共和国的国际威望，奠定了新中国在亚洲和国际事务中的重要地位

中国革命胜利后，美国对新中国采取了政治上孤立、经济上封锁、军事上遏制的政策，其目的是为了等待时机，扼杀新中国的人民政权，使中国重新回到半殖民地的境况中去。刚刚建立的中华人民共和国，面对长期战争造成的千疮百孔的烂摊子，面对各方面极为严重的困难，在国家安全受到威胁、领土主权受到侵犯和朝鲜民主主义人民共和国处境危急请求中国出动军队进行支援的情况下，以毛泽东为主席的中共中央毅然作出"抗美援朝、保家卫国"的战略决策，组成中国人民志愿军，同朝鲜人民军一起与世界上最强大的资本主义国家的军队——美国军队作战，充分体现了中国人民反抗侵略的决心和力量，充分体现了中华民族的正气。这一举动在国际上产生了巨大影响，尤其是中国人民志愿军依靠极其落后的武器装备，打败了完全现代化装备的美国侵略军，极大地震动了全世界，不但使美国而且使整个世界，包括当时的社会主义国家都不得不对中国刮目相看了。

二、抗美援朝战争打破了美国不可战胜的神话

美国在两次世界大战中发了横财，是第二次世界大战后资本主义世界经济上和军事上最强大的国家。它到处侵略扩张，恃强称

霸，不可一世。然而侵略朝鲜时，在中国人民和朝鲜人民的共同反抗面前，它却碰得头破血流，遭到了惨重的失败。这场战争是美国自独立战争以来历史上第一次没有胜利班师的战争。1953年9月12日，毛泽东在中央人民政府委员会第24次会议上总结抗美援朝战争的伟大意义时说："这一次，我们摸了一下美国军队的底。对美国军队，如果不接触它，就会怕它。我们跟它打了三十三个月，把它的底摸熟了。美帝国主义并不可怕，就是那么一回事。"彭德怀也说：这场战争"雄辩地证明：西方侵略者几百年来只要在东方一个海岸上架起几尊大炮就可霸占一个国家的时代是一去不复返了，今天的任何帝国主义的侵略都是可以依靠人民的力量击败的。"

三、抗美援朝战争为中国赢得了和平建设的环境，同时也极大地激发了中国人民的生产积极性

新中国成立后，我们面临着恢复国民经济和开展各项建设事业的任务。东北是中国工业特别是重工业的重要基地，搞好东北的经济，对于推动全国经济的恢复和发展，具有举足轻重的意义。战争不可避免地要付出巨大的物资消耗，但中国人民志愿军在朝鲜战场上的胜利，也极大地鼓舞了国内人民，中国共产党和各级人民政府极大地调动了全国人民的爱国热情，使得中国计划的三年经济恢复按时完成。更重要的是，将侵略者打回到三八线，使中国取得了进行和平建设的环境，得以保证第一个五年计划顺利完成和进行长期的和平建设。毛泽东说：如果不将美国侵略者打回到三八线，"前线仍在鸭绿江和图们江，沈阳、鞍山、抚顺这些地方的人民就不能安心生产"。中国出兵朝鲜，和朝鲜人民一

起，打回了三八线，守住了三八线，这样，东北人民乃至整个中国人民就可以安心搞生产、搞建设了。

四、抗美援朝战争使中国人民志愿军经受了现代战争的锻炼，特别是取得了现代条件下依靠劣势装备战胜优势装备强敌的宝贵经验

这场战争是一场现代条件下的局部战争，是中国人民解放军历史上现代化程度最高和依靠劣势装备战胜优势装备强敌最为典型的一场战争。这场战争极大地推动了中国军事学术的发展，有力地促进了20世纪50年代中国的军事变革，使我军作战观念发生了许多重要转变，主要是：由单一步兵作战向现代多军兵种联合作战的转变；由单纯地面作战向现代立体作战的转变；由主要实行运动战向既注重运动战又注重阵地战的转变；由单纯前方作战向现代前后方全面作战的转变；后勤保障由"小米加步枪、仓库在前方"向组织现代后勤保障的转变等。

第三节 抗美援朝精神的内涵

中国人民志愿军在抗美援朝战争中，用信仰和忠诚、热血和生命谱写了伟大的抗美援朝精神。这就是：祖国和人民利益高于一切、为了祖国和民族的尊严而奋不顾身的爱国主义精神，英勇顽强、舍生忘死的革命英雄主义精神，不畏艰难困苦、始终保持高昂士气的革命乐观主义精神，为了人类和平与正义事业而奋斗的国际主义精神。

彭德怀在抗美援朝前线

图片来源：http：//news. xinhuanet. com/mil/2008－01/18/content_ 7447346. htm。

爱国主义是抗美援朝精神的源泉。抗美援朝战争，是帝国主义侵略者强加给中国人民的。朝鲜内战爆发后，美国杜鲁门政府悍然派兵进行武装干涉，发动对朝鲜的全面战争，并不顾中国政府多次警告，越过三八线，直逼中朝边境的鸭绿江和图们江，出动飞机轰炸我国东北边境城市和乡村，把战火烧到了新生的中华人民共和国国土之上。中国人民在忍无可忍的情况下，毅然派出志愿军抗美援朝，完全是保卫和平、反抗侵略的正义之举。所以，志愿军将士才会有愈战愈勇的旺盛斗志和高昂士气，才能不断创造出惊天地、泣鬼神的战争奇迹。事实证

131

明，一个觉醒了的、敢于为祖国光荣、独立和安全而奋起战斗的民族是不可战胜的！

革命英雄主义是抗美援朝精神的核心。伟大的抗美援朝战争，打出了新中国的国威和人民军队军威，创造了以弱胜强的范例。抗美援朝战争的胜利，是在敌我力量悬殊的条件下取得的。美国军队动用了除核武器以外所有新式武器，还动用了其陆军的三分之一、空军的五分之一和海军的大部分兵力投入战争。中国人民志愿军将士则以劣势装备进行殊死搏斗。他们冒着摄氏零下30多度的严寒，在白雪皑皑的崇山峻岭中纵横驰骋、前仆后继。无数勇士身负重伤后从血泊中爬起来冲向敌人，甚至用自己的身体挡住敌人的枪口，即使战斗到只剩一人一枪，仍然坚守阵地，顽强地同敌人血战到底。在反击敌人的"空中绞杀"中，他们冒着密集的轰炸和严密的封锁，建成了打不断、炸不烂的钢铁运输线；在"空中拼刺刀"的勇猛战斗中，他们搏击长空，创造了世界空战史上的奇迹。在他们中，涌现出杨根思、黄继光、邱少云等30多万名英雄功臣和近6000个功臣集体。他们不愧为中华民族的英雄儿女，不愧为祖国安全和世界和平的坚强卫士，无愧于"最可爱的人"的光荣称号。

革命乐观主义是抗美援朝精神的特征。面对武装到牙齿的美国侵略者，中国人民志愿军官兵不畏艰苦，不怕牺牲，士气高昂，敢于胜利，坚持一把炒面一口雪，在极不对称、极为艰难的条件下，同朝鲜人民军并肩作战，不断取得辉煌胜利。1950年10月25日至1951年6月10日，中国人民志愿军同朝鲜人民军密切配合，首战两水洞、激战云山城、会战清川江、鏖战长津湖等，连续进行了 5 次战役，把侵略军从鸭绿江和图们江边赶回到三八线附近，一举收复了朝鲜北部广大土地，奠定了这场反侵略战争胜利的基础。此后，又构筑起铜墙铁壁般的纵深防御阵地，多次粉碎了敌人的重点进攻和细菌战。中朝军队不仅把战线在三八线附近稳定下来，而且还进行了多次进攻战役，迫使侵略者停战谈判。经过艰苦卓绝的战斗，中国人民志愿军和朝鲜人民军沉重打击了帝国主义侵略者，他们不得不于 1953 年 7 月 27 日在停战协定上签字。

国际主义是抗美援朝精神的品质。朝鲜战争爆发后，应朝鲜劳动党和政府的请求，中共中央和毛泽东同志高瞻远瞩，审时度势，毅然决然地作出了抗美援朝、保家卫国的历史性决策，以大无畏的英雄气概果敢承担起保卫和平的历史使命。1950 年 10 月 19 日，我英雄的中国人民志愿军将士，在司令员兼政治委员彭德怀同志率领下，肩负民族的期望，高举保卫和平、反抗侵略的正义旗帜，雄赳赳，气昂昂，跨过鸭绿江，同朝鲜人民和军队一道，历经 2 年零 9 个月舍生忘死的浴血奋战，取得了抗美援朝战争的伟大胜利。这是中朝两国人民和军队团结战斗的伟大胜利，是维护世界和平与人类进步事业的伟大胜利。

第四节　抗美援朝精神的现实意义

回望抗美援朝战争，弘扬抗美援朝精神，不是为了延续对抗，而是要以发展的思维、长远的眼光来审视历史、观察现实、思考未来，更好地汲取历史经验，从中获得现实和长远的教益。

一、发扬抗美援朝精神，就是要在任何时候任何情况下都必须坚决捍卫国家安全

20世纪90年代初，面对西方国家对我国的制裁，邓小平同志曾明确指出："要维护我们独立自主、不信邪、不怕鬼的形象。我们绝不能示弱。你越怕，越示弱，人家劲头就越大。并不因为你软了，人家就对你好一些，反倒是你软了人家看不起你。"抗美援朝战争的历史经验告诉我们：在任何时候、任何地点，对于侵犯本国国家利益的行为和主体，都必须进行坚决彻底有力的回击。能战方能言和，战场上得不到的、军事力量达不到的，通过谈判是不可能真正得到的。美国企图占领整个朝鲜，但由于中朝军民的顽强抗击，这个目标始终没有实现。因此，在维护国家核心利益的时候，不能怕、不能软，要态度坚决、敢于应战，这样才能使国家的核心利益得到有力维护。

二、发扬抗美援朝精神，就是要毫不动摇地把发展作为第一要务

朝鲜战场上，美军战机能够肆意轰炸中朝目标而中朝方面在很长一个时期却对此无能为力；美军可以将火鸡和啤酒摆上第一线士兵的餐桌，而志愿军入朝作战初期只能以炒面和冰雪充饥。根本差别就在于中美综合国力的巨大悬殊。若不是中央军委、志愿军司令部的运筹帷幄、志愿军全体指战员英勇作战和人民战争式的抗美援朝运动，战争的结局是不可想象的。今天，只有坚持科学发展，加快发展，才能使中国的大国地位得到长期巩固，才能使人民群众的生活水平得到有效提升，运用军事和外交手段维护国家利益才能更加从容不迫。

三、发扬抗美援朝精神，就是要毫不动摇地抓好军事斗争准备

抗美援朝战争深刻说明，没有充分的军事准备，就无法从容应对霸权主义和强权政治的不断挑衅和试探。如果中共中央没有作出组建东北边防军的未雨绸缪的决定，那么，面对朝鲜战争国际化的危机局面和朝鲜政府的恳求，中国政府可能就会丧失御敌于国门之外的有利时机。加强军事斗争准备，首先要加强军事斗争的思想准备。密切关注世界范围内的局部战争，认真分析研究中国的周边安全形势，时刻保持准备打仗的意识。其次，要加强和巩固军队思想政治工作。抗美援朝战争再次表明，在强大的思想政治工作保障下，以劣势装备战胜装备优势的敌人，是完全有可能的。今后一段时期，中国军队在装备上仍将处于相对劣势。因此，坚持和巩固党指挥枪的根本原则和全心全意为人民服务的根本宗旨，发扬解放军不怕困难、不怕牺牲、严守纪律、英勇顽强、乐观向上的优良作风是至关重要的。最后，军队建设要紧跟世界军事发展潮流。在现代战争条件下，前方和后方的区分已经模糊化甚至完全融合，高科技部队的作用在有限战争中已占有举足轻重的地位。只有紧紧把握前沿军事理论，不断加强高科技部队和后勤保障建设，才能夯牢克敌制胜的基础。

四、发扬抗美援朝精神，就是要大力加强党的自身建设

抗美援朝战争之所以能够胜利，抗美援朝运动之所以能够在

国内获得广泛热烈的拥护和坚决彻底的贯彻执行，依靠的是中国共产党严密的组织纪律、强大的动员能力和崇高的群众威望。广大党员坚定秉持共产主义、社会主义理想信念，始终恪守全心全意为人民服务的根本宗旨，严格遵守党的纪律，认真履行党的任务，充分发扬共产党员的优良传统，使中国共产党真正成为抗美援朝运动的坚强领导核心。打铁还需自身硬，在全面建成小康社会新时期，全体党员要坚守马克思主义根本立场观点方法，高举中国特色社会主义旗帜，着重提高党执政的科学化、民主化、法制化水平，不断加强党对中国特色社会主义事业的思想领导、政治领导和组织领导，不断纯洁党的组织和成员，在不断深入实践群众路线过程中加强党的作风建设。只有这样，才能从根本上确保中国特色社会主义事业顺利进行。

五、发扬抗美援朝精神，就是要扎实做好意识形态工作

抗美援朝战争深刻说明，只有坚持马克思主义在意识形态领域的指导地位，用马克思主义中国化的最新理论成果武装全党，将中国传统文化精髓与马克思主义基本原理相结合，用民族精神的正能量凝聚力量、鼓舞人心，才能确保中国特色社会主义理想信念不动摇、旗帜不变色、道路不改变。新中国成立初期，正是因为对美国的侵略行为抱有刻骨的愤怒，对中国革命和中国共产党怀有强烈的感情，对中国光明的未来充满希望，全国各族人民才能在中国共产党的引领下取得抗美援朝战争和抗美援朝运动的伟大胜利。

┃ 相关链接 ┃

1. 入朝第一名志愿军——毛岸英

毛岸英，本名远仁，字岸英，初名永福，1922 年 10 月 24 日生，湖南湘潭人，是毛泽东与其妻子杨开慧的长子。8 岁时，由于母亲杨开慧被捕入狱，毛岸英也被关进牢房。杨开慧牺牲后，地下党安排毛岸英和两个弟弟来到上海。后来，由于地下党组织遭到破坏，毛岸英兄弟流落街头。毛岸英当过学徒，捡过破烂，卖过报纸，推过人力车。1936 年，毛岸英和弟弟毛岸青被安排到苏联学习。在苏联期间，他开始在军政学校和军事学院学习，后来参加了苏联卫国战争，冒着枪林弹雨，转战欧洲战场。

位于朝鲜的毛岸英烈士墓

图片来源：http：//history. sohu. com/20130619/n379161611_ 7. shtml。

1946 年，毛岸英回到延安，同年加入中国共产党。1950 年 10 月，毛泽东作出抗美援朝决定。毛岸英在家中遇到准备出征的彭德怀，要求入朝参战，得到毛泽东支持。随后，他到志愿军司令部任俄语翻译兼机要秘书。除彭德怀等几人了解他的身世，其他人都只知道这是一个活泼、朴实、能干的年轻人。11 月 25 日第二次战役开始，因志愿军司令部所在的大榆洞发报甚多而被美军测出，认定有重要机关并派飞机前来轰炸。当时，毛岸英等 4 人在木板房中。燃烧弹落下瞬间，形成上千度高温。有两人先后跳出后，木板房便化成灰烬。事后，在两具遗体中，依据一块苏联手表的残壳，辨认出毛岸英的遗体。毛岸英牺牲当天，有人便提出要把遗体运回国内。彭德怀虽然难过得一天没吃饭，还是决定就地安葬。后来，彭德怀又提出为他立碑，说明他自愿参加志愿军的经过，称毛岸英"不愧为毛泽东的儿子"。

毛泽东得知毛岸英牺牲的消息后，强忍丧子之痛，缓缓地说："打仗总是要死人的。中国人民志愿军已经献出了那么多指战员的生命，他们的牺牲是光荣的。岸英是一个普通战士，不要因为是我的儿子，就当成一件大事。"这是毛泽东一家为了中国人民的革命事业献出的第 6 位亲人。毛泽东在与彭德怀见面时，强调"岸英是志愿军的一名普通战士"，并说"你们做得对"。

毛岸英入朝参战虽然只有短短的 34 天，没有作出如同邱少云、罗盛教、黄继光、杨根思那样的英雄壮举，更没有获得任何荣誉称号和纪念奖章。但是，他作为"志愿军的第一人"，在硝烟散去后，留给世人的是不尽的思念和无限的思考，更显出了他的弥足珍贵。

2. 松骨峰战斗

松骨峰战斗即松骨峰阻击战。松骨峰位于龙源里的东北，与三所里、龙源里形成鼎足之势。坚守松骨峰的中国军队是第38军112师335团，团长是刚打完飞虎山阻击战的范天恩。

1950年11月29日，在漆黑的夜晚，335团冲破美军的炮火封锁，在书堂站一带展开了部队。范天恩命令1营占领松骨峰。1营先头连3连在11月30日天亮的时候爬上了松骨峰，还没有来得及修工事，大批的美军就顺着公路来了。蜂拥南撤的部队就是美军第2师。面对公路上一眼望不到边的美军，经过几天行军的3连士兵们立即把饥饿和疲劳忘得精光。3连最前沿的是8班。在美军距8班阵地只有20米距离的时候，8班的机枪手杨文明首先开火，立即把第一辆汽车打着了。枪声一响，排长王金侯带领5个士兵冲上了公路，火箭筒射手抵近向坦克射击，手榴弹同时飞向汽车。这时，5班的爆破组也把第二辆坦克打着了，汽车和坦克堵塞了公路，车上的美军士兵调头往回跑。片刻之后，美军组织起向松骨峰的攻击。美军要想活着就必须打开松骨峰的通路。朝鲜战争中一场最惨烈的战斗就这样开始了。

战斗打响之后，范天恩担心阵地上的工事还没有修，士兵会伤亡很大，就打开步话机向1营喊话，结果步话机中响着的全是英语，那边的美军指挥官正吵成一团。范天恩只好命令2营用机枪火力支援1营3连的方向，以减轻前沿的压力。1营营长王宿启更为3连是否能在那个紧靠公路、没有任何依靠的山包上顶住敌人而焦灼不安。他命令在3连阵地左侧的1连和右侧的2连都上好刺刀。美军的第三次冲锋开始了。这时已是白天。美军的飞机疯了一般，擦着志愿军战士的头顶把大量的炸弹和燃烧弹投下来。美军的火炮也疯了，炮弹密雨似的打在中国军队的阵地上。最前沿的 3 连阵地上弹片横飞，大火熊熊。美军士兵冲上来了。1 营营长王宿启立即命令左侧的一连端着刺刀从侧面出击，肉搏战之后，美国士兵被刺刀逼下去，于是改为从 3 连的右侧攻击，但右侧的 2 连也端着刺刀扑了上来。就这样，3 连在正面顶，1 连和 2 连在侧面支援。在刺刀的拼杀中，1 连、2 连的伤亡巨大。美军向松骨峰前沿攻击的兵力还在成倍地增加。

师长杨大易焦急地关注着 3 连的方向。他站在师指挥部的山头上，看见从药水洞到龙源里的公路上全是美军的汽车和坦克，

松骨峰战斗

图片来源：http://roll.sohu.com/20130510/n375418195.shtml。

多得根本看不到尽头。美军第四次冲锋是在阵地上的大火烧得最猛烈的时候开始的。美军士兵已经冲上 4 班的阵地，4 班的士兵们喊："机枪！快打！"机枪由于枪管被烧弯，已不能射击了。机枪手李玉民从战友的尸体上拿起步枪向美国兵冲去。他的大腿被子弹穿了个洞，他用一颗子弹塞住伤口止血，然后就与敌人拼刺刀。4 班的士兵们冲过来，美国兵扔下他就跑。眼睛看不见的 3 排长爬过来，要把李玉民背走，李玉民说："你快去指挥，敌人又要打炮了！"这时候，第 38 军军长梁兴初的电话来了，军长在电话里向范天恩发火，原因是侦察情报报告，在 335 团的防区，有 4 辆美军炮车通过公路向南跑了。"给我追回来！记住，不许一个美军南逃！"范天恩立即派 3 营的两个连去追。范天恩的两个步兵连翻山越岭抄近路，整整追了一天，最终把 4 辆美军炮车追上并歼灭了。

中午的时候，坚守松骨峰的 3 连只剩下不到一半的人了。连长戴如义和指导员杨少成烧毁了全部文件和自己的笔记本之后，与可以战斗的士兵们一起回忆了这个连队在其战争历史上所获得的各种称号：战斗模范连、三好连队、抢渡长江英雄连……最后他们的决心是：哪里最危险，我们两个人就要出现在哪里。

就在松骨峰、龙源里、三所里阵地的阻击战斗打到白热化的时候，彭德怀的电话打到了 113 师的指挥所，他问师政委于敬山："敌人全退下来了，一齐拥向你们的方向，你们到底卡得住卡不住？"于敬山回答："我们卡得住！"在龙源里阻击的是另一个 3 连，隶属于第 38 军 113 师 337 团。从这个连队正面攻击的除了美第 2 师的部队之外，还有美第 25 师和英军 27 旅。337 团 3 连的志愿军战士依靠阵地上坚硬的岩石地形，誓死不后退一步。在 3 连打到全连官兵所剩无几、弹药已经用尽的情况下，南北两边的美军始终没能会合。龙源里的"闸门"始终紧紧地关闭着。

下午 13 时，攻击松骨峰阵地的美军开始了第五次冲锋。由于中国军队的合围越来越紧，美军的命运已经到了最后时刻。参加向松骨峰冲锋的美军增加到上千人，美军出动了飞机、坦克和火炮，向这个公路边的小山包进行了长达 40 分钟的猛烈轰炸。3 连的士兵在根本没有任何工事可以藏身的阵地上蹲在弹坑里，然后突然冲出来向爬上来的美军射击。随着美军的冲锋一次次被打退，美军投入冲锋的兵力越来越多，而在松骨峰阵地上的 3 连可以战斗的人越来越少了。排长牺牲了，班长主动代理，班长牺牲了，战士主动接替，炊事员和通信员也参加了战斗。指导员杨少成的子弹已经没有了，他端着刺刀冲向敌人，当数倍于他的美国士兵将他围住的时候，他拉响身上剩下的最后一颗手榴弹，喊了一声："同志们，坚决守住阵地！"然后在手榴弹爆炸之际和敌人抱在一起。战士们看见自己的指导员就这样牺牲了，含着泪呐喊："冲呀！打他们呀！"不惜牺牲向已经拥上阵地的黑压压的美军冲过去。没有了子弹的志愿军战士腰间插着手榴弹，端着寒光凛凛的刺刀无所畏惧地迎面冲了过来。刺刀折断了，他们抱住敌人摔打，用拳头、用牙齿，直到认为应该结束的时候，他们就拉响身上的手榴弹。共产党员张学荣是爬着向敌人冲上去的，他已经身负重伤，没有力气端起刺刀，他爬到美军中间拉响了在牺牲的战友身上捡来的四颗手榴弹。战士邢玉堂，不幸被美军的凝固汽油弹击中，浑身燃起大火，他带着呼呼作响的火苗扑向美军。美军士兵在这个"火人"面前由于恐惧而浑身僵硬，邢玉堂连续刺倒几个敌人，在生命的最后时刻，他紧紧抱住一个美国兵，咬住这个美国兵的耳朵，两条胳膊像铁钳一样箍住敌人的肉体，直到两个人都烧成焦炭。美军的第五次冲锋终于失败了。松骨峰的3连阵地上只剩下了7个活着的志愿军战士。松骨峰阵地依然在中国士兵手中。

松骨峰战斗最后结束的时候，作家魏巍和112师师长杨大易一起走上了3连的阵地。在阵地上，在几百具美军士兵的尸体和一片打乱摔碎的枪支中间，他们看见了牺牲的志愿军战士仍保持着的死前热血贲张的姿态。他们手中的手榴弹上沾满了美国兵的脑浆，嘴上还叼着美国兵的半个耳朵。那个名叫邢玉堂的战士的尸体还冒着余烟，他的手指已经插入他身下那个美国兵的皮肉之中。后来，魏巍将松骨峰战斗写成了著名的通讯——《谁是最可爱的人》。

参考资料

［1］习近平．在纪念中国人民志愿军抗美援朝出国作战六十周年座谈会上的讲话［EB/OL］．（2010－10－25）．http：//news．xinhuanet．com /politics/2010－10/25/c_ 12700037_ 2．htm．

［2］中共中央党史研究室．中国共产党历史．第一卷（1921—1949）上册［M］．2版．北京：中共党史出版社，2011．

［3］邓小平．邓小平文选．第三卷［M］．北京：人民出版社，1993．

［4］1950年6月28日 毛泽东号召全国人民团结起来打败美帝国主义［EB/OL］．http：//cpc. people. com. cn/GB/64162/64165/66027/44668 61. html.

第八章 | 雷锋精神

雷锋精神，是以雷锋的名字命名的、以雷锋的精神为基本内涵的、在实践中不断丰富和发展着的革命精神，它已经成为我们这个时代精神文明的同义语、先进文化的表征。雷锋精神是一面旗帜，永远闪耀着不灭的光辉。

第一节 雷锋精神产生的历史背景

雷锋，原名雷正兴。1940 年 12 月 18 日出生在湖南省长沙（望城）县（现长沙市望城区）简家塘一个贫苦农民家里。雷锋出生的时候，正是抗日战争时期，人民生活于水深火热之中。雷锋曾在一篇日记中写道："我家里很穷，爷爷、父亲、哥哥，都死在民族敌人和阶级敌人的手里，这血海深仇，我永远铭记在心。"雷锋的爷爷叫雷新庭，以租种地主的田地谋生，整年辛苦劳作，但仍无法维持家人的生计，最后身染重病，卧床不起。雷锋 3 岁那年冬天年关时，地主唐四滚前来逼债，要雷家在年前还清租债，雷新庭无力偿还，悲愤交集，病情加重，在过年的鞭炮声中死去。父亲雷明亮，参加过毛泽东同志领导的湖南农民运动，当过自卫队长。1938年被国民党抓去，遭到毒打，造成内伤和残疾，回到家乡后边养病边种地勉强度日。1944年又遭到日寇毒打，伤势更加严重，翌年秋天不幸去世。哥哥雷正德，12岁时外出当了童工，在繁重劳动的折磨下得了肺结核。一天，他突然昏倒在机器旁，轧伤了胳膊和手指，被解雇后又到一家印染作坊当了童工，由于劳累过度，肺病加重，又无钱医治，没几天就死去了。弟弟也因为饥饿而死去。雷锋6岁的时候，家里只剩下了他和妈妈两个人。雷锋的妈妈也是一个受尽折磨的苦命人。她是铁匠的女儿，生下来没几天，由于过于贫穷，父母没能力抚养，就把她送进长沙一家育婴堂，简家塘一个姓杨的奶妈把她抱回家抚养，6岁时把她送给雷家做了童养媳。后来，雷锋的母亲张元满被地主唐四滚凌辱而自尽。雷锋在不满7岁时就成了孤儿，邻居家的六叔奶奶收养了他。他为了帮助六叔奶奶家，常常上山砍柴，可是当地的柴山都被地主霸占了，不许穷人去砍柴。有一天雷锋到蛇形山砍柴，被徐家地主婆看见了，这个地主婆指着雷锋破口大骂，要雷锋把柴运到她家，并抢走了柴刀，雷锋哭喊着要夺回砍柴刀，可那地主婆竟举起柴刀在雷锋的左手背上连砍三刀，鲜血顺着手指滴落在山路上……

1949年8月，湖南解放时，小雷锋便找到路过的解放军连长要求当兵。连长没同意，但把一支钢笔送给他。1950年，雷锋当了儿童团团长，积极参加土改。同年夏，乡政府的党支书供他免费读书，后来加入少先队。

　　1956 年夏天，雷锋小学毕业后在乡政府当了通信员，不久调到望城县（现望城区）委当公务员，被评为机关模范工作者，并于 1957 年加入共青团。1958 年春，雷锋到团山湖农场，只用了一周的时间就学会了开拖拉机。同年 9 月，雷锋响应支援鞍钢的号召，到辽宁鞍山做了一名推土机手。翌年 8 月，他又来到条件艰苦的弓长岭焦化厂参加基础建设，曾带领伙伴们冒雨奋战保住了 7200 袋水泥免受损失，当时的《辽阳日报》报道了这一事迹。在鞍山和焦化厂工作期间，他曾 3 次被评为先进工作者、5 次被评为标兵、18 次被评为红旗手，并荣获"青年社会主义建设积极分子"的光荣称号。

　　1959 年 12 月征兵开始，雷锋迫切要求参军，弓长岭焦化厂领导舍不得放他走。雷锋跑了几十里路来到辽阳市兵役局表明参军的决心。他身高只有 1.54 米，体重不足 55 公斤，均不符合征兵条件，但因政治素质过硬和有经验技术，最后被破例批准入伍。参加人民解放军后，雷锋被编入工程兵某部运输连 4 班，他努力钻研技术，后任班长。他全心全意为人民服务，只要是对人民有利的事，都心甘情愿地去做。雷锋多次立功受奖，曾被评为节约标兵和模范共青团员。1960 年 11 月，雷锋光荣加入中国共产党，并被选为抚顺市人民代表。

　　1962 年 8 月 15 日上午 8 点多钟，雷锋和助手乔安山驾车从工地回到连队车场，不顾长途行车的疲劳立即去洗车。当时，战士们在路边埋了一排约两米高的晒衣服的木杆，顶上用 8 号铁丝拉着。雷锋让乔安山开车，自己下车引导，指挥乔安山倒车转弯。汽车的前轮过去了，但后轮胎外侧将木杆从根部挤压折断。受顶部铁丝的

雷锋同志

作用，木杆反弹过来，正好击中雷锋的右太阳穴，当场就打出血来，雷锋昏倒在地。战友们立即用担架把他送到抚顺矿务局西部职工医院抢救，副连长又开车飞速赶到沈阳202医院请来医疗专家。但由于颅骨损伤，脑颅出血，导致脑机能障碍，雷锋不幸去世，年仅22岁。

当雷锋殉职的消息传来，几万人涌到部队，想最后见一眼雷锋。当时的抚顺市委书记毅然捐出了为母亲备办的寿材，原本准备在部队举行的追悼会，因要求参加的群众太多，不得不改成全市公祭，10万人为一个22岁的普通士兵洒泪送行，并护送灵柩到烈士陵园。

雷锋的模范事迹和高尚思想在军内外产生巨大影响。因公殉职后，1963年1月7日，国防部命名他生前所在班为"雷锋班"。1月23日，共青团中央发布决定，追认雷锋为全国优秀少先队辅导员。3月5日，《人民日报》发表毛泽东的题词："向雷锋同志学习"。随后，又发表了刘少奇、周恩来、朱德的题词。刘少奇题词："学习雷锋同志平凡而伟大的共产主义精神"。周恩来题词："向雷锋同志学习 憎爱分明的阶级立场 言行一致的革命精神 公而忘私的共产主义风格 奋不顾身的无产阶级斗志"。

朱德题词："学习雷锋　做毛主席的好战士"。从此，在全国迅速掀起一个学习雷锋先进事迹的热潮。随着学雷锋活动的深入开展，全国各行各业和各条战线涌现出成千上万雷锋式的先进人物，社会上迅速出现奋发图强、积极向上的精神，进一步形成一种热心助人、无私奉献的良好社会风气。

第二节　雷锋精神的历史作用

20 世纪 60 年代初，国家粮食紧缺、棉花减产，苏联又撤走专家。内忧外患的中国，迫切寻求一股巩固政权、对党忠诚的力量，希望凭借这种精神渡过难关。就在这个历史时代的背景下，雷锋的事迹深入人心，家喻户晓。在党中央和毛泽东同志的号召下，全国人民掀起了向雷锋同志学习的热潮，对提高全国人民共产主义思想觉悟和道德品质，对我国社会主义革命和建设事业的发展都起到了无可估量的推动作用。

一、雷锋精神是忠诚于党、坚定信念的一面旗帜

雷锋精神的第一位是对党、对国家、对社会主义的热爱。他在日记中写道："一个人的作用，对于革命事业来说，就如一架机器上的一颗螺丝钉……我要不断地加强学习提高自己的思想觉悟，坚决听党和毛主席的话，经常开展批评与自我批评，随时清除思想上的毛病，在伟大的革命事业中做一个永不生锈的螺丝钉。"1960 年 8 月，雷锋得知望花区成立了一个人民公社，便把平时节约的 100 元钱支援了出去；辽阳市遭受了洪水的灾害，雷

雷锋与少先队员在一起

图片来源：http://roll.sohu.com/20120227/n335942908.shtml。

锋把省吃俭用积存的 100 元钱寄给了辽阳灾区人民。有些人说雷锋这样做是傻子，可雷锋认为，如果说做一个有利于人民有利于国家的人是傻子，那他自己甘心做这样的"傻子"。认为革命需要这样的"傻子"，建设也需要这样的"傻子"。雷锋同志这种理想和信念，激励全党全社会自觉地把个人的追求和奋斗同党的事业、国家的命运、民族的前途联系起来，为祖国的繁荣发展贡献自己的智慧和力量。

二、雷锋精神是服务人民、助人为乐的一面旗帜

雷锋是以服务人民为最大幸福，以帮助他人为最大快乐，这是雷锋精神一个典型的标识。1961 年 5 月的一天，雷锋因公事到

丹东出差，清早 5 点钟从连部出发，在去抚顺火车站的路上，看到有一位大嫂背着小孩，手还拉着一个六七岁的小女孩去赶车。天淅淅沥沥地下着雨，他们母子三人都没有穿雨衣。小女孩因掉进泥坑里弄了一身泥，一边走一边哭。看到这个情况，雷锋急忙上前脱下自己的雨衣，披在背小孩的大嫂身上，马上又背起小女孩，一同来到火车站。雷锋替她买好票，又一同上了火车。在车上，雷锋看到小女孩全身衣服没有一点干处，头发还在往下滴水，冻得直打颤。雷锋自己一身衣服也湿了，他急忙解开外衣，摸摸贴身的那件绒衣还是干的，立即脱了下来，给小女孩穿上。听说母子三人早晨没吃饭就出来了，雷锋又把自己带的三个馒头送给了他们。列车到了沈阳，雷锋领着小女孩，把母子三人一直送出车站。

三、雷锋精神是锐意进取、自强不息的一面旗帜

雷锋总是把学习和工作作为一种无穷的动力，勉励自己要钻进去、要吃透它。为此，他总是干一行就热爱一行，爱一行就专攻一行，专一行就精通一行。雷锋入伍后不久被编入运输连手工艺新兵排，不久军事训练便开始了。雷锋所在班的班长是个扎实、苦干的战士。他看雷锋个子小，力气不足，担心他的训练成绩。开班务会的时候，班长提醒雷锋说："小雷呀，咱们革命战士最讲互相帮助，你有什么困难可得吱声，别闷着。"雷锋高兴地回答："放心吧，班长，我什么困难也不怕。"几天下来，雷锋费尽了力气，投一次，不及格，再投一次，还是不及格。班长再三向他传授动作要领，他左体会，右琢磨，整整练了一上午，胳膊甩

得生疼，还是个不及格。这让雷锋心里十分不安。他想：一个人不及格，就影响全班的成绩，当一名国防战士，连个手榴弹都投不好，像话吗？于是，他加倍苦练，把一切休息时间都搭上，达不到标准，决不罢休！在战友们的帮助和自己的刻苦训练下，雷锋最终在手榴弹投掷考核中取得优秀的成绩。

四、雷锋精神是艰苦奋斗、勤俭节约的一面旗帜

雷锋出身贫苦，在旧社会，哥哥、弟弟都因负伤、饥饿病死了，他自己也走近了死亡的边缘，深知生活的艰辛。因而，他的一言一行都体现出中华民族勤俭节约、艰苦奋斗的传统美德。连队发放夏衣，每人两套单军装、两套衬衣、两双胶鞋。发到雷锋的时候，他却说："我只要一套军装、一件衬衣和一双胶鞋就够了！"司务长问他为什么只要一套？雷锋说，"我身上穿的军装，缝缝补补还可以穿，我觉得现在穿一套打补丁的衣服，比我小时穿的要好上千万倍呢！剩下的两套衣服交给国家吧！"雷锋对于物质，即使浪费了一丁点儿都觉得心疼。他钉了一个木箱子，里面螺丝帽呀、铁丝条呀、牙膏皮呀、破手套呀，真是什么都有，他把它叫做"聚宝箱"。要是车上缺了个螺丝，坏了个零件，他都先到"聚宝箱"里找，能代用的就代用。要是擦车布实在烂得不能用了，他就从"聚宝箱"里找出破手套，洗干净了作擦车布。至于牙膏皮、铁丝条什么的，他积到一定数量就卖给收破烂的，得的钱全部交给公家。雷锋的生活很简朴，从来不随便花一分钱。组织上每月发给他的津贴，他留下一角钱交团费，两角钱买肥皂，再用些钱买书，其余的钱，全部存入银行。

第三节　雷锋精神的内涵

雷锋精神，就是全心全意为人民服务的精神，就是热爱党、热爱祖国、热爱社会主义、刻苦学习、艰苦奋斗、大公无私、助人为乐的精神。它的基本内涵是：对党忠诚、言行一致、公而忘私、服务人民。

对党忠诚是雷锋精神的精髓。雷锋一心向着党，他把党比作母亲，把自己的生命看成是党和祖国人民的，无论遇到怎样艰难复杂的情况，都"坚决听党的话，一辈子跟党走"；"为了党，愿洒尽鲜血，永不变心"；"对待同志要像春天般的温暖，对待工作要像夏天一样火热，对待个人主义要像秋风扫落叶一样，对待敌人要像严冬一样残酷无情"。

言行一致是雷锋精神的品质。雷锋是一个实干家，是一个勇于探索的创造者，他总是把实现崇高的理想落实到本职岗位上，说到做到，表里如一。他坚持理想与现实相一致，决心为共产主义奋斗终生，甘愿做一颗永不生锈的"螺丝钉"，干一行，爱一行，钻一行；他注意理论联系实际，政治上严格要求自己，自觉经受思想锻炼，在艰苦卓绝的战斗中提升自己，逐步成长为一名具有高度共产主义觉悟和道德修养的战士。

公而忘私是雷锋精神的特征。在雷锋看来，"个人和集体的关系，正像细胞和人的整个身体关系一样。当人的身体受到损害的时候，身上的细胞不可避免也要受到损害。同样的，我们每个人的幸福也依赖于祖国的繁荣，如果损害了祖国的利益，我们每个人就得不到幸福!"正因为如此,雷锋时时处处都以党、人民和祖国的利益为重,把帮助别人看作是最大的幸福和快乐,把有限的生命投入到无限的为人民服务中去。

服务人民是雷锋精神的本质。雷锋人生观最光彩夺目的就是,他正确地解决了"全心全意为人民服务"的问题。他把"生为人民生,死为人民死"作为自己的信条,"时刻准备着为党和阶级的最高利益,牺牲个人的一切,甚至生命。"在这样的人生观指导下,雷锋始终保持着昂扬的精神状态和勇往直前的革命干劲,在平凡的岗位上作出了不平凡的成绩,用生命践行了为共产主义事业毕生奉献的誓言。

第四节　雷锋精神的现实意义

党的十八大强调:"推动学雷锋活动、学习宣传道德模范常态化。"2014年3月11日,习近平总书记在出席十二届全国人大二次会议解放军代表团全体会议,接见部分基层代表时说:"雷锋精神是永恒的,是社会主义核心价值观的生动体现。"在新的历史条件下弘扬雷锋精神,具有重要的时代意义。

一、弘扬雷锋精神是保持党的先进性、纯洁性的内在要求

90多年来,中国共产党之所以能够不断发展壮大,团结带领全国各族人民夺取革命、建设、改革的重大胜利,赢得人民群众的爱戴和拥护,成为领导中国人民不断开创中国特色社会主义事业发展新局面的坚强核心,归根结底就在于始终坚持了全心全意

为人民服务的根本宗旨，始终保持了马克思主义政党的先进性和纯洁性。雷锋精神的核心就是全心全意为人民服务。弘扬雷锋精神，是解决党风廉政突出问题的迫切需要，是深入推进党风廉政建设的重要举措，是保持党的先进性和纯洁性的内在要求。要通过深入开展学雷锋活动，引导广大党员特别是党员领导干部自觉以雷锋为榜样，加强党性修养和作风建设，不断增强自我净化、自我完善、自我革新、自我提高的能力，牢固树立正确的权力观、地位观、利益观和政绩观；加强党的宗旨教育和群众路线教育，牢固树立立党为公、执政为民理念，密切党同人民群众的血肉联系，坚决抵制"四风"，做到为民务实清廉，永葆共产党人的政治本色。

二、弘扬雷锋精神是培育和践行社会主义核心价值观的有效形式

雷锋精神是社会主义思想道德本质的集中体现，充分反映了社会主义核心价值体系的本质内涵。在新的历史时期，大力弘扬雷锋精神是建设社会主义核心价值体系的内在要求，是社会主义核心价值体系的生动彰显。深入开展学雷锋活动，其实质就是要通过雷锋这一人民群众家喻户晓、耳熟能详的榜样载体，把社会主义核心价值体系所蕴含的科学理论、理想信念、主流价值和道德追求，传递给人们、传导给社会，并转化为全社会践行社会主义核心价值体系的具体行动。党的十八大报告提出，倡导富强、民主、文明、和谐，倡导自由、平等、公正、法治，倡导爱国、敬业、诚信、友善，积极培育和践行社会主义核心价值观。弘扬雷锋精神，深入开展学雷锋活动就是践行社会主义核心价值观的

一种有效形式。雷锋对祖国、对社会主义的无比热爱之情；"自己活着，就是为了使别人活得更美好"的高尚品德；"永远愉快地多给别人，少从别人那儿拿取"的奉献精神；"愿做永不生锈的螺丝钉"的工作态度……这些都是对社会主义核心价值观的生动诠释。

三、弘扬雷锋精神是为实现中国梦提供精神动力的客观需要

实现中华民族的伟大复兴，是中华民族近代以来最伟大的梦想。这个梦想，凝聚了几代中国人的夙愿，体现了中华民族和中国人民的整体利益，是每一个中华儿女的共同期盼。实现 2020 年建成惠及十几亿人口的全面小康社会的宏伟目标，机遇与挑战并存，需要全社会的共同奋斗。我们要像雷锋那样，以火热的情怀对待本职工作，干一行、爱一行、钻一行，爱岗敬业，恪尽职守。每一个公民都要从我做起，勤奋实干，扎实工作，从小事做起，从身边做起，从今天做起，以强烈的事业心和责任感，努力做好本职工作。像雷锋那样，树立终身学习的思想，保持永不满足的求知欲和创造欲，在学习中增长知识，在思考中提升水平。像雷锋那样，敢于创新、勇于钻研、锐意进取，注重探索新领域、尝试新方法，创造新成果，始终保持创先争优的拼搏精神，不断提高自己的素质，为推动经济社会科学发展提供智力支持和精神动力。伟大的事业孕育崇高的精神，崇高的精神推动伟大的事业。我们要把学习雷锋活动常态化，融入社会主义精神文明建设的全过程，最大限度地凝聚思想共识、扩大社会认同，不断巩固广大人民群众团结奋斗的共同思想道德基础，使雷锋精神成为激励全党全国各族人民坚持和发展中国特色社会主义、实现中华民族伟大复兴的强大精神力量。

相关链接

1. 雷锋同志的经典语言

（1）毛主席著作对我来说好比粮食和武器，好比汽车上的方向盘。人不吃饭不行，打仗没有武器不行，开车没有方向盘不行，干革命不学习毛主席著作不行！

（2）人的生命是有限的，可是，为人民服务是无限的，我要把有限的生命，投入到无限的为人民服务之中去。

（3）青春啊，永远是美好的，可是真正的青春，只属于这些永远力争上游的人，永远忘我劳动的人，永远谦虚的人！

（4）一朵鲜花打扮不出美丽的春天，一个人先进总是单枪匹马，众人先进才能移山填海。

（5）一滴水只有放进大海里才永远不会干涸，一个人只有当他把自己和集体事业融合在一起的时候才能最有力量。

（6）我们是国家的主人，应该处处为国家着想。

（7）自己活着，就是为了使别人活得更美好。

（8）我觉得人生在世，只有勤劳、发奋图强，用自己的双手创造财富，为人类的解放事业——共产主义贡献自己的一切，这才是最幸福的。

（9）不经风雨，长不成大树；不受百炼，难以成钢。

（10）一块好好的木板，上面一个眼也没有，但钉子为什么能钉进去呢？这就是靠压力硬挤进去的，硬钻进去的。由此看来，钉子有两个好处：一个是挤劲，一个是钻劲，我们在学习上，也要提倡这种"钉子"精神，善于挤和善于钻……

2. 当代雷锋——郭明义

郭明义，男，1958 年 12 月生，成人本科学历。1977 年 1 月参军，并于 1980 年 6 月在部队加入中国共产党，曾被部队评为"学雷锋标兵"。1982 年 1 月，复员到鞍钢集团矿业公司齐大山铁矿工作。先后在矿用大型生产汽车驾驶员、车间团支部书记、矿党委宣传部干事、车间统计员兼人事员、矿扩建工程办公室英文翻译等岗位工作。1996 年至今，任齐大山铁矿生产技术室采场公路管理员。

郭明义在作事迹报告

图片来源：http://www.legaldaily.com.cn/gallery/content/2010－10/22/content_ 2325508.
htm? node＝24368。

入党 30 年来，他时时处处发挥先锋模范作用，在每个工作岗位上都取得了突出的业绩。从 1996 年开始担任采场公路管理员以来，他每天都提前 2 个小时上班，15 年中累计献工 15 000 多小时，相当于多干了 5 年的工作量。1990 年以来，他坚持 20 年无偿献血，累计献血 6 万毫升，相当于自身总血量的 10 倍。1994 年以来，他为希望工程、身边工友和灾区群众捐款 20 万元，资助了 300 多名贫困孩子，而自己的家中却几乎一贫如洗，一家 3 口人至今还住在鞍山市千山区齐大山镇，一个 20 世纪 80 年代中期所建的、不到 40 平方米的单室里。2006 年以来，他 8 次发起捐献造血干细胞的倡议，有 1700 多名矿业职工参与；其中，齐大山铁矿汽运作业区大型生产汽车司机许平鑫同志与武汉的一名白血病患者配型成功，成为全国第 1066 例、鞍山市第 5 例成功捐献者。2007 年以来，他 7 次发起无偿献血的倡议，共有 600 多名矿业职工参与，累计献血 15 万毫升。2008 年以来，他发起的希望工程捐资助学活动，已有 2800 多名矿业职工参与，资助特困生 1000 多名，捐款近 40 万元。2009 年以来，他发起成立的遗体（器官）捐献志愿者俱乐部，已有 200 多名矿业职工和社会人士参与，是目前国内参与人数最多的遗体（器官）捐献志愿者俱乐部。

为此，他先后荣获了齐大山铁矿先进生产者标兵、模范共产党员，矿业公司先进生产者、模范共产党员，鞍钢先进生产者、精神文明建设标兵、优秀共产党员、鞍钢劳动模范，鞍山市优秀义工、道德模范、无偿献血形象代言人、特等劳动模范、辽宁省道德模范提名奖、希望工程突出贡献奖、全国无偿献血奉献奖金奖、全国红十字志愿者之星、中央企业优秀共产党员、全国五一劳动奖章等荣誉称号。当选"2010 感动中国年度人物"和"首届中华儿女年度人物"。

2008 年 7 月 1 日，齐大山铁矿党政工作出《关于开展向郭明义同志学习活动的决定》。2009 年 7 月 29 日，鞍钢集团矿业公司党政工作出《关于开展向郭明义同志学习活动的决定》。2010 年 4 月 26 日，鞍钢集团公司党委、鞍钢集团公司作出《关于开展向郭明义同志学习活动的决定》。2010 年 8 月 4 日，中共鞍山市委作出《关于开展向郭明义同志学习活动的决定》。

2010 年 8 月 1 日，胡锦涛总书记对郭明义同志的先进事迹作出重要批示："郭明义同志是助人为乐的道德模范，是新时期学习实践雷锋精神的优秀代表。要大力宣传和弘扬郭明义同志的先进事迹和崇高品德，为构建社会主义和谐社会提供强大精神力量。"在党的十八大上，郭明义当选为候补中央委员。

如今的郭明义，仍然每天 5 点多上班，提前 2 个小时在采场上奔波；仍然住在鞍山市郊区那栋 20 世纪 80 年代中期所建的不到 40 平方米的单室里；依然每天为帮助困难孩子和群众而不知疲倦地操劳；依然把做好事、办实事作为自己最大的快乐；依然在微博上热情地回复网友的求助和咨询；依然像一个平凡的矿工那样，过着简单、朴素的生活……

然而，在他的心中，始终燃烧着为党分忧、为企奉献、为民解愁的热望，始终在为了和谐社会建设而不懈奋斗，他是当之无愧的当代雷锋，是当之无愧的社会主义核心价值观的生动实践者！

参考资料

［1］肖贵清．雷锋精神的时代意义［N］．河北日报，2013－03－06（11）.

［2］中宣部．雷锋精神永远是激励人民奋力前行的强大力量［N］．光明日报，2012－02－28（3）.

［3］廖正言．弘扬雷锋精神的时代先锋［J］思想整治工作研究，2010（11）.

［4］雷锋．雷锋日记［M］．北京：解放军文艺出版社，1963.

［5］毕玉才．以郭明义为榜样　争做振兴先锋［N］．光明日报，2010－09－22（01）.

第九章 | 铁人精神

"铁人"是 20 世纪五六十年代社会送给石油工人王进喜的雅号，而铁人精神则是王进喜崇高思想、优秀品德的高度概括，也集中体现出我国石油工人的精神风貌。

第一节　铁人精神产生的历史背景

铁人精神的产生绝不是偶然的，它有着深刻的社会历史根源和深厚的国际、国内及大庆石油会战的历史背景。

1913 年，美国美孚公司的一个调查团，对我国的山东、河南、陕西、甘肃、河北、东北和内蒙古部分地区进行石油调查勘探，并于次年在陕西延长钻井 7 口，得出的结论是："没有一口井的产量可以认为有工业价值。"1920 年，美国地质学家艾·斯达金公开声称："中国的石油储量极其贫乏。"1922 年，美国地质学家勃拉克韦尔德发表《中国和西伯利亚石油资源》论文，认为中国的地质没有生油的条件，并作出结论："中国是决不会生产出大量石油的。" 1945 年，国民党政府从美国请来地质学家芮奇，他在中国石油储量这个问题上的意见是："建议你们忘却了吧。" 日本帝国主义侵占中国东北时，曾在阜新盆地、海拉尔盆地勘探石油，日本投降以后，内野敏夫等人编写了《东北矿产》一书，认为：在东北找石油没有希望。

尽管他们的表达方式不同，但结论却是一样的："中国贫油"。

一部中国近代石油史，记载的都是工业的落后和中华民族靠"洋油"过日子所蒙受的耻辱。

据史料记载：1867 年，即清朝同治元年，中国海关就有了"洋油"进口的记录。1894 年，即清朝光绪二十年，进口"洋油" 24 万吨，耗银 800 万两，外流的白银用于进口石油的数额仅次于鸦片。从 1904 年到 1949 年的 45 年中，中国平均每年生产石油 6.5 万吨，而这期间进口的各种"洋油"却达 2788 万吨，总价值近 33 亿美元。1949 年石油年产量仅 12 万吨，而"洋油"的进口量却达 200 万吨以上，占中国进口物资的第 3 位。

有人曾这样描述中国缺油和"洋油"充斥的情景：从大城市的街头巷尾到偏僻的村镇，到处是德士古的广告，马路边开设着亚细亚的加油站，油桶上贴着美孚公司的标签。

20 世纪 60 年代初，西方资本主义最强大的国家美国从战后援蒋反共的对华政策进而公开与中华人民共和国为敌人，实行了敌视中国的政策，即不承认中国，孤立中国，贸易禁运，阻挠恢复中国在联合国的合法席位，分离中国领土台湾，企图制造"两个中国"的政策。

屋漏偏逢连夜雨。1960 年 7 月，苏联政府照会我国政府，片面撕毁合同，撤走专家，停止供应重要设备。当时在短短的一个月内，苏联撤走在华的全部专家 1390 人，撕毁 343 个专家合同和合同补充书，废除 257 个科学技术合作项目，并带走全部设计图纸和有关资料，使我国一些重大设计项目和科研成果被迫中断，一些正在施工的建设项目被迫停工，许多正在试验生产的厂矿不能按期投入生产，严重地破坏了我国国民经济的原定计划，加重了我国的经济困难。这样，我国在外援濒于断绝的情况下，石油工业发展的形势更为严重。许多汽车背上了煤气包，连部队执勤、训练都因缺油受到了影响。

面对严峻的国际国内环境，以杰出地质学家李四光、潘忠祥为代表的我国一批地质工作者，打破洋人的结论，从我国的地质情况出发，认真进行分析，创造出了一条我国石油地质理论新路。早在 1928 年，李四光就对美孚公司的言论提出了质疑。1941 年潘忠祥就指出："石油不仅来自海相，也能来自淡水沉积物。"1948 年翁文波把松辽盆地列为具有含油远景的地区。特别是新中国成立后，我们党和政府特别重视中国石油工业的发展。1956 年 2 月 26 日，毛泽东主席在听取康世恩同志的汇报后感慨地说，找石油艰苦啦，看来发展石油工业还得革命加拼命。当时铁人王进喜喊出了石油工人忧心如焚与无比坚定的心声："我就不信石油都埋在外国人的地底下，我们这么大个国家就没有油？"语言虽然朴实无华，但都体现了一种精神，一种不屈不挠的自立于世界民族之林的精神，一种敢于把石油落后帽子甩进太平洋里去的伟大民族精神。

王进喜出生于旧中国大西北一个贫苦的农民家庭。他 6 岁起讨饭，八九岁开始给地主放牛放羊，刚 15 岁就被拉进玉门油矿当苦力，受过工头的鞭子抽。从小受压迫受剥削的苦难经历，使他对地主、资本家，对旧社会有不共戴天的深仇大恨。翻身解放后，这种深仇大恨随即转变为对共产党、毛主席，对新社会感恩戴德的真诚热爱。

1949 年 9 月 25 日，玉门油田解放。油矿恢复生产，亟需一批对党情深，在艰苦中受到磨炼，吃苦耐劳，勤快能干的人充实到队伍中来，加快培养，形成一支政治可靠、业务较好的自己的队伍。27 岁的王进喜虽然没有文化，但是凭着他那股为上钻台敢拼命的精神和在考试中透出的机灵劲儿，引起了一些老师傅的注意。在"开阀门""上天车""提卡瓦"等几项比赛中，王进喜通过机敏、沉着、认真的表现当场就通过了考试，正式成为了一名钻井工人。

1956 年，王进喜加入中国共产党并担任贝乌 5 队的队长。从此，他把"我是共产党员"这个标尺立在心里，想党所想，急国家之急，时时处处不忘用先锋战士的标准严格要求自己。他一边积极参加政治学习，一边紧抓生产不放松，肩负起全队繁重的钻井任务和各种繁琐的工作。但是这个贝乌 5 队从 1953 年建队以来，由于管理不严格、技术不过关、生产事故多，被人称作"豆腐队"。全队工人为此憋气，王进喜更是着急。王进喜上任后，提出了"三个过硬"的目标，即思想过硬、技术过硬、作风过硬。他带领队员到兄弟队学习成功的经验，了解易出事故的层段和发生事故的原因，对相关情况进行分析预测，最后制订出防止井喷的措施。经过充分的学习和精心的准备，王进喜带领全队顺利打出 715 井，这大大地鼓舞了士气。从那以后，贝乌 5 队打每口井都周密计划，严密组织，在实际工作中不断解决一些技术问题，结果是越打越顺利。这个钻井队在王进喜的领导下，经过艰苦的磨炼，创造出许多辉煌的业绩，到 1956 年底实现全年进尺上万米，进入先进钻井队行列。1959 年，王进喜参加全国群英会，见到伟大领袖毛主席，心情非常激动，感慨万端。他说："在旧社会，我这样的穷娃子，谁把我们当人看。解放了，党和毛主席救了我们，我们翻了身，当了国家的主人，做了些自己该做的工作，党和人民都给了我这么高的荣誉，没有党和毛主席，我王进喜哪里会有今天。一想起毛主席，我浑身就有使不完的劲。"因此，当他听到东北发现大油田的消息时，高兴得睡不着觉，坚决申请参加石油大会战。

1960 年 3 月 15 日，王进喜带领 36 名工人离开玉门，3 月 25 日到达大庆参加石油会战。会战初始，石油工人就面临着重重困难。首先是生活上的困难，当时的大庆是一个渺无人烟的荒原，沼泽遍布，自然环境恶劣，又时逢天寒地冻的严冬季节，几万人的会战队伍一下子来到这片草原上，连最基本的吃住都很难解决。其次是工作上的困难，技术不足、设备缺乏，地下情况并不十分明朗。面对方圆近千里的大油田，如何把会战搞上去，高速度、高水平地开发建设好这个大油田，满足国家经济建设的需要，成了当时广大石油工人迫切想要解决的问题。面对极端困难和恶劣环境，会战领导小组作出了学习毛主席《实践论》和《矛盾论》的决定。王进喜组织 1205 队职工认真学习"两论"。通过学习，王进喜认识到:"这困难,那困难,国家缺油是最大困难;这矛盾,那矛盾,国家建设等油用是最主要矛盾。""上,无非多吃点苦;不上,国家就更困难。咱们有条件要上,没有条件创造条件也要上。"王进喜的言行激励着队友们。当时不具备现代化的机械,钻机虽然运到了,但没有起重设备,王进喜就和全队工人手拉肩扛,把60多吨重的钻机设备一件件从火车上卸了下来,运到马家窑附近的萨55井场安装,连续苦干了三天三夜把38米高、22吨重的井架竖立在了荒原上。开钻后,一台钻机每天至少要用四五十吨水,可是水管还没有安好,王进喜又带领队友们到1里路以外的小湖里用盆端水,几天之中共端了200多吨。就这样,抢时间、争速度,仅用了5天4小时的时间,他们就钻井1200多米,硬是靠拼劲让沉睡千年的乌黑发亮的原油从地下喷泉般喷涌而出。王进喜及其队友们创造了当时最快的打井速度。

1960年4月29日,1205钻井队准备往第二口井搬家时,王进喜右腿被砸伤,但他仍然坚持在井场工作。由于地层压力太大,第二口井打到700米时发生了井喷,如不及时压住,不仅会机毁人亡,连那高大的井架也要被吞没到地层里去。危急关头,王进喜当机立断,果断采取措施,用水泥代替重晶石粉调泥浆压井,自己毫不迟疑地扔掉双拐,纵身跳进了齐腰深的泥浆池,用身体去搅拌泥浆。经过3个小时的紧张搏斗,井喷被压住了,钻机保住了,而王进喜的伤腿已血肉模糊,他的手脚被碱性很强的泥浆烧起了大泡。目睹这一切的当地老乡感动地说:"王进喜哪里是在打井,他分明是在拼命啊!真是一个铁人啊!"从此,"铁人"的名号就叫开了。

铁人王进喜用身体阻止井喷

图片来源：http：//politics.gmw.cn/2011−05/02/content_ 1910134.htm。

1960 年 4 月 9 日到 11 日召开的油田第一次技术座谈会上，余秋里发出了"学铁人、做铁人，为会战立功，高速度、高水平拿下大油田！"的号召。也就是在这次大会上，王进喜郑重面对万人宣誓："宁肯少活 20 年，拼命也要拿下大油田！"这句豪言壮语体现了铁人精神壮美的人格魅力和先进的时代风采，凝聚着伟大时代的精神魅力，感动了一代又一代中国人。1960 年 4 月 29日，"五一"万人誓师大会上，王进喜成为大会战树立的第一个典型，成为大会战的一面旗帜。

第二节　铁人精神的历史作用

一、打出了大庆油田第一口生产井

1960 年 4 月，铁人王进喜率队自玉门出发奔赴大庆，在没有吊装设备，缺少水源等困难条件下，仅用 5 天零 4 小时的时间，就打完了第一口油井，创造了当时钻井的最高记录。该井深 1200.76 米，时称萨 55 井。该井从 1960 年 5 月 25 日开始自喷生产，每日产油 113 吨。为表彰王进喜及其带领的 1205 钻井队的卓越功绩，大庆党委将该井命名为"铁人井"。数十年来，"铁人井"是大庆唯一的一口自喷井，也是自喷时间最长的油井。2004 年 3 月，"铁人第一口井"被中国石油天然气集团公司授予"企业精神教育基地"。

二、彻底甩掉了"中国贫油"的帽子

自 1959 年 9 月 26 日发现大庆油田以后，以铁人王进喜为代表的老一辈大庆石油人，经过艰苦卓绝的会战，1963 年就将大庆油田原油产量提升到 439 万吨。1963 年 12 月 4 日，新华社播发《第二届全国人民代表大会第四次会议新闻公报》，首次向世界宣告："我国需要的石油，过去大部分依靠进口，现在已经可以基本自给了。"我国石油工业彻底甩掉了"贫油"的帽子。在铁人精神的激励下，一代代大庆人坚持不懈，努力奋斗，大庆油田很快进入了高速生产阶段，并于 1976 年首次突破年产 5000 万吨原油大关，进入世界特大型油田的行列。1976 年到 2002 年，大庆油田进入高产稳产阶段，创造了连续 27 年 5000 万吨以上高产稳产的奇迹。大庆油田的持续

发展，为我国经济发展提供了重要的能源保障。

三、激励了千千万万中国人为祖国而奋斗

新中国成立以后，百业待兴，急需石油。王进喜说出了自己的心声："这困难，那困难，国家缺油是最大的困难。"以王进喜为代表的一批大庆石油人为了国家利益，攻坚克难，无私奉献，为新中国的经济建设提供了源源不断的能源支持。"宁肯少活 20 年，拼命也要拿下大油田！"王进喜的豪言壮语感动了一代又一代中国人。一个铁人前面走，千万个铁人跟上来。王进喜留下的"铁人精神"成为建设新中国的宝贵财富，为中国工人阶级树立了一面旗帜，引导和激励着千千万万社会主义建设者们在各自的工作岗位上顽强奋斗，为新中国的发展和振兴贡献不竭动力。

第三节　铁人精神的内涵

大庆油田的巨大贡献和大庆精神、铁人精神，得到了党和国家领导人的高度评价和充分肯定。1964 年，毛泽东发出了"工业学大庆"的号召，亲手树起了大庆这面红旗，还多次接见铁人王进喜同志，把大庆精神、铁人精神所蕴涵的无私奉献的核心价值观和艰苦奋斗作风推向了全国。因此，说到铁人精神，就不能不提及大庆精神。

1964 年 4 月 20 日，《人民日报》刊发了长篇通讯《大庆精神　大庆人》，指出：大庆精神，就是无产阶级的革命精神。大庆人，是特种材料制成的人，就是用无产阶级革命精神武装起来

的人。这种精神、这种人，正是我们学习的崇高榜样。第一次提出了"大庆精神"这一概念。

1981 年 12 月 18 日，中共中央转发国家经委党组《关于工业学大庆问题的报告》，以中央文件的形式肯定了国家经委党组对大庆精神的概括，即发奋图强、自力更生、以实际行动为中国人民争气的爱国主义精神和民族自豪感；无所畏惧、勇挑重担、靠自己双手艰苦创业的革命精神；一丝不苟、认真负责、讲究科学、"三老四严"、踏踏实实做好本职工作的求实精神；胸怀全局、忘我劳动、为国家分担困难、不计较个人得失的献身精神。

1989 年 9 月 25 日，国务院在祝贺大庆油田发现 30 周年的电文中指出，以高度的爱国主义、艰苦创业和求实、献身精神为主要特征的大庆精神需要进一步继承和发扬。

1990 年 2 月，江泽民高度评价了大庆精神，并把大庆精神进一步阐述为"为国争光、为民族争气的爱国主义精神；独立自主、自力更生的艰苦创业精神；讲究科学、'三老四严'的求实精神；胸怀全局、为国分忧的奉献精神"，概括地说就是"爱国、创业、求实、奉献"八个字。

铁人精神是大庆精神的重要组成部分，是典型化、人格化了的大庆精神。铁人精神内涵丰富，它是"为国分忧、为民族争气"的爱国主义精神；是为了"早日把石油落后的帽子甩到太平洋里去"，"宁可少活 20 年，拼命也要拿下大油田"，"有条件要上，没有条件创造条件也要上"，忘我拼搏的艰苦创业精神；是"要为油田负责一辈子""干工作经得起子孙后代检查"，对工作精益求精，为革命"一身硬工夫、真本事"的科学求实精神；是

"甘愿为党和人民当一辈子老黄牛",不计名利、不计报酬,埋头苦干的无私奉献精神。

一、爱国主义是铁人精神的力量之源

大庆油田从诞生之日起,就同国家和民族的前途命运紧紧联系在一起。20世纪60年代初,我国经济建设、国防建设急需石油,而国际敌对势力却妄图用石油卡住新中国的脖子。根据党中央、国务院的战略决策,石油部党组在松辽大地上组织开展了一场轰轰烈烈的石油大会战。以铁人王进喜为代表的石油工人担负起振兴祖国的重任,成功开发大油田,帮助祖国甩掉了贫油落后的帽子,增长了中国人民的士气。

1964年4月20日,《人民日报》刊发了长篇通讯《大庆精神 大庆人》

图片来源:http://www.hlj.xinhuanet.com/zt/2009-06/12/content_ 16794644.htm。

二、艰苦创业是铁人精神的力量之基

大庆油田开发建设之初，正值中国 3 年自然灾害时期，而国外又对中国实施了技术封锁。面对极端困难，王进喜喊出了"有条件要上，没有条件创造条件也要上"的口号，大庆石油工人众志成城，坚持艰苦奋斗、自力更生，用"人拉肩扛精神、干打垒精神、五把铁锹闹革命、缝补厂精神、回收队精神、修旧利废精神"这一艰苦创业的"六个传家宝"，成功开发建设了大庆油田。大庆石油工人正是凭借忘我拼搏、独立自主、自力更生的艰苦创业精神，创造了一个又一个辉煌的成就，将原本荒芜的大庆建设成为一座新兴的现代化工业城市。

三、科学求实是铁人精神的力量之本

王进喜十分注重技术革新，为提高钻井速度，他和工人改革游动滑车；为打好高压易喷井，他带领工人研究改进泥浆泵；为提高钻井质量，他和科技人员一起研制成功控制井斜的"填满式钻井法"。他还在多年的钻井工作中摸索出一套高超的"钻井绝技"，能根据井下声音判断钻头磨损情况。他对待工作严细认真，一丝不苟，经常向工人强调："干工作要为油田负责一辈子，要经得起子孙万代的检查。"1961 年春，部分井队为了追求速度，产生了忽视质量的苗头，连铁人带过的 1205 队也打斜了一口井。为了扭转这种情况，4 月 19 日，油田召开千人大会，对钻井质量问题提出严肃批评，这个日子被人们称为"难忘的四·一九"。事后，已担任大队长的王进喜带头背水泥，把超过规定斜度的井填掉了。他说："我们要让后人知道，我们填掉的不光是一口井，还填掉了低水平、老毛病和坏作风。"铁人王进喜的科学求实精神一直鞭策着大庆人。大庆人在埋头苦干的同时也注意采用科学方法、按照理论指导干工作，苦干加巧干，他们创造出来的一整套工作原则与制度，成为许多企业通用的规程。

四、无私奉献是铁人精神的力量之魂

为了完成党和人民交付的使命，王进喜带领工人住牛棚、吃野菜，埋头苦干，从来不叫苦不叫累。在大庆油田准备往第二口井搬家的过程中，王进喜右腿被砸伤了，但他仍然带伤工作。后来甚至不顾一切地跳进泥浆池，用自己的身体堵住了井喷。王进喜对自己和家人要求也非常严格。王进喜家共 10 口人，是个大家庭，他不仅要赡养老母亲，抚养子女，还要供弟妹上学。按规定他可以享受每月 30 元的"长期补助"，但他自己从来不花，而是都补助给困难职工。王进喜患有严重的关节炎，上级为照顾他，给他配了一台威力斯吉普车。王进喜自己很少坐，就用它来给井队送料、送粮、送菜，拉职工看病，完全成了公用车。可老母亲病了，是铁人的大儿子用自行车推着去卫生所。与他的爱人同期来油田的家属多数已转成正式职工，他的爱人却一直是家属，在队里烧锅炉、喂猪。他甘当为人民鞠躬尽瘁的"老黄牛"，最终积劳成疾，47 岁就离开人世。临终前，王进喜将住院以来组织给他的补助款一分不动地交给了身边的一位领导同志，他说："这笔钱，请把它花到最需要的地方去，我不困难。"在场的人无不为之动容。王进喜用自己的实际行动书写了廉洁奉公、无私奉献的人生。

第四节　铁人精神的现实意义

1972年1月27日，《人民日报》在显著位置刊发了长篇通讯《中国工人阶级的先锋战士——铁人王进喜》，高度评价了王进喜伟大的一生。大庆油田作出了"向铁人王进喜同志学习"的决定。

2009年9月22日，习近平在大庆油田发现50周年庆祝大会上指出，大庆精神、铁人精神集中体现了我国工人阶级的崇高品质和精神风貌，永远是激励中国人民不畏艰难、勇往直前的宝贵精神财富。

油田工作场景

图片来源：http：//www.hlj.xinhuanet.com/zt/2009－06/12/content_16794963.htm。

一、弘扬铁人精神，就要把铁人的"爱国主义精神"化为我们的感情寄托

在五千多年的发展中，中华民族形成了以爱国主义为核心的团结统一、热爱和平、勤劳勇敢、自强不息的伟大民族精神。正是在爱国主义精神的激励下，我们的国家和民族才自强不息，形成了强大的凝聚力和生命力。正是对自己祖国的深切热爱，我们的人民才以勤劳和智慧，创造了光辉灿烂的中华文明。正是出于对祖国的强烈热爱，铁人和他的战友们才在极其艰苦的条件下谱写了我国石油工业的壮美诗篇。当代中国，爱国主义同社会主义有机地统一于建设中国特色社会主义的伟大实践中，是鼓舞全国人民实现民族振兴的强大动力，是中华民族和中国人民战胜前进道路上的各种风险、考验和困难的强大精神支柱。当国家和民族出现严重危机或灾难的时候，我们应当表现出敢担大任、为国分忧的豪迈壮举和"国家兴亡，匹夫有责"的英雄气概；当祖国需要我们用自己的具体行动"为国争光，为民族争气"的时候，我们每一个公民都应当把国家的荣辱当成自己的荣辱，甚至把国家的荣辱看得比自己的荣辱更为重要。

二、弘扬铁人精神，就要把铁人的"忘我拼搏精神"化成我们的意志品质

中华民族每前进一步都是顽强拼搏的结果。"爱拼才会赢"仍然是 21 世纪民族精神的核心元素之一。我国各条战线在新时期的长足发展靠的就是广大人民群众的拼搏精神。永不放弃和永不言败的意志品质是中华民族优秀的心理基因，是中华民族长盛不

衰的动力源泉。以铁人为代表的广大工人阶级以忘我的拼搏精神为国家贡献了石油，我们当代人应当以同样的方式为国家贡献财富。因此，我们要带着感恩的心态去享受前辈通过拼搏所创造的劳动成果，唤醒自己为国家兴盛与民族振兴而拼搏的崇高意识，以铁人为榜样，树立远大而无私的奋斗目标，保持和发扬革命先辈顽强拼搏的奋斗精神，把祖国建设得更加繁荣富强。

三、弘扬铁人精神，就要把铁人的"艰苦奋斗精神"化为我们的生存态度

胡锦涛同志指出，历史和现实都表明，一个没有艰苦奋斗精神作支撑的民族，是难以自立自强的；一个没有艰苦奋斗精神作支撑的国家，是难以发展进步的；一个没有艰苦奋斗精神作支撑的政党，是难以兴旺发达的。奋斗精神是中华民族生存与发展的不竭动力，是中华民族繁衍生息一以贯之的永恒主题。中华民族在奋斗中生存，在奋斗中发展，在奋斗中富强。什么时候坚持了奋斗精神，中华民族就繁荣昌盛；什么时候丢掉了奋斗精神，中华民族就凋败落后。要实现中华民族的伟大复兴，还要继续发扬奋斗精神，否则民族复兴就会变成一句空洞的口号。创业需要付出艰苦的劳动和艰辛的努力，发展更需要付出艰苦的劳动和艰辛的努力。新时期发展所面临的艰苦，在大多数情况下则表现为智力资源的不足以及新形势、新情况的挑战。不论是哪一种艰苦，都需要我们用一种精神力量去克服，那就是奋斗。当年王铁人的一句"有条件要上，没有条件创造条件也要上"的豪言壮语，今天仍是我们干事创业应有的态度。

四、弘扬铁人精神，就要把铁人的"科学求实精神"化为我们的思想方法

在大庆油田的发展建设中，仅凭一股干劲是不可能创造今天的辉煌的，还必须具有科学精神。铁人用工人阶级最质朴的语言对这种精神进行了描述性的概括："要为油田负责一辈子""干工作要经得起子孙万代的检查"，这是对事业、对后代负责任的务实精神；"练一身硬功夫、真本事"，这是对工作讲究实效、精益求精的科学精神。从古代四大发明，到今天的"两弹一星""神舟飞船"，无不深深镌刻着中华民族科学求实精神的印记，展现着中华民族的丰富想象力、非凡创造力。今天，我们学习铁人精神，就是要把科学求实作为干一切工作的思想方法，服从真理，遵循规律，充分发挥积极性、主动性、创造性，为中华民族的伟大复兴贡献出全部的聪明和才智。

五、弘扬铁人精神，就要把铁人的"老黄牛精神"化为我们的工作作风

埋头苦干历来是我们党的优良作风，是共产党员的优秀品质。中国共产党人正是凭着一如既往的埋头苦干精神，为国家和民族建立了不朽的功绩，赢得了群众的衷心拥护和信赖。埋头苦干，顾名思义就是专心一意地刻苦工作，就是对所从事的事业具有孜孜以求的热情与执著，也就是我们平时所说的"老黄牛精神"。一个行业、一个地区乃至一个国家，要想取得进步、获得发展，必须依靠扎扎实实的工作、坚持不懈的努力，耽于幻想不行，投机取巧也不行。事在人为，人在精神。作为党员干部，必须要有干事的热情和行

动，整日无所事事就不配当干部，整日无精打采就不要当干部。当前，正是全面建成小康社会的攻坚决战之时，如果稍有懈怠，就会半途而废、前功尽弃。要勇于担当，顽强拼搏，心无旁骛地想事谋事、锲而不舍地干事成事，再多困难不畏惧，再重压力不低头，再大挑战不服输，坚持一个声音喊到底，一个目标干到底。

相关链接

1. 铁人王进喜十条豪言壮语

（1）宁肯少活二十年，拼命也要拿下大油田！

（2）有条件要上，没有条件创造条件也要上。

（3）甘愿为党为人民当一辈子老黄牛。

（4）把我国石油落后的帽子甩到太平洋里去。

（5）当了干部，还是个钻工。

（6）北风当电扇，大雪是炒面，天南海北来会战，誓夺头号大油田。干！干！干！

（7）石油工人一声吼，地球也要抖三抖，石油工人干劲大，天大困难也不怕。

（8）井没有压力不出油，人没有压力轻飘飘。

（9）石油工人觉悟高，迎着困难往前跑，多快好省建油田，甩掉石油落后帽。

（10）干着社会主义，想着共产主义。

2. 新时期铁人：王启民

王启民1937年9月出生，浙江湖州人。1961年8月毕业于北

王启民工作照

京石油学院，大学文化。曾任松辽石油管理局地质指挥所开发室、动态室实习员、技术员。1964年5月后，任大庆石油管理局大庆油田开发研究院动态室、综合室、开发室技术员，大庆油田科学研究设计院开发室、开发所地质师、副主任。1978年6月加入中国共产党。1984年2月后，任大庆石油管理勘探开发研究院副总地质师、副总工程师。1990年任黑龙江省石油学会油藏工程学会理事。1992年3月任大庆石油管理局勘探开发研究院副院长。1996年8月任大庆石油管理局勘探开发研究院院长。中共第十五届中央候补委员。

王启民先后主持参与了大庆油田实现稳产高产的8项重大开发试验项目，参加并组织了40多项科研攻关课题和大庆油田"七五""八五""九五"开发规划编制研究等工作，多次获国家科技进步奖。20世纪60年代，他提出的"高效注水开采方法"，打破了当时国内外普遍采用的"温和注水"开采方式，开创出中低含水阶段油田稳产的新路子。20世纪70年代，他主持进行的"分层开采、接替稳产"开发试验，使水驱采收率提高了10%~

15%。20世纪90年代，他组织实施的"大庆油田高含水期稳油控水系统工程"结构调整技术，创立了油田高含水后期"控液稳产"的新模式。他的辛勤工作，为大庆油田创造了巨大的经济效益，仅"表外储层"开发研究成果，就相当于为大庆增加了一个地质储量7.4亿吨的大油田，按2亿吨的可采储量计算，价值2000多亿元。

1997年1月，他被中国石油天然气总公司党组授予"新时期铁人"荣誉称号。2009年9月14日，他被评为"100位新中国成立以来感动中国人物"之一。

参考资料

[1] 崔晓林. "铁人"精神谁来传承 [EB/OL]. http://www. people. com. cn/GB/paper83/9191/853750. html.

[2] 赵金业，赵东. 铁人精神产生的社会历史条件 [J]. 大庆社会科学，2000 (5).

[3] 李德民，马英林. 铁人精神的当代意义 [J]. 黑龙江社会科学，2009 (2).

第十章 | 焦裕禄精神

　　"百姓谁不爱好官？把泪焦桐成雨。生也沙丘，死也沙丘，父老生死系。暮雪朝霜，毋改英雄意气""为官一任，造福一方，遂了平生意"……一首《念奴娇》词，写尽党的好干部焦裕禄的为民情怀与英雄本色，也道出了无数人心中优秀共产党人的良好形象与精神风貌。焦裕禄同志是县委书记的榜样，也是全党的榜样。焦裕禄虽然在兰考县仅工作470多天，但在群众心中铸就了一座永恒的丰碑，在党员干部心中留下了不可磨灭的印象。虽然已历经岁月风雨，但焦裕禄同志的事迹永为人们传颂；虽然已穿越半个世纪，但焦裕禄同志的精神仍然历久弥新。

第一节　焦裕禄与兰考县

　　兰考县历史悠久，历史上曾被称为葵丘、东昏地、东昏县、东明县、甾县。兰考县是由兰阳、仪封、考城三县递合演变而成。

清道光五年（1825 年），仪封与兰阳合并称兰封县，1954 年兰封县与考城县合并称兰考县，属开封专属。兰考县地处豫东平原，东邻商丘，北依黄河，与山东省相邻，西通开封、郑州，处于开封、菏泽、商丘三角地带的中心部位，是豫东北通往鲁西南的门户。

兰考县是历史上多灾多难的地方。在公元 1477 年到 1885 年的 400 多年间，黄河在兰考县境内，先后决口 29 次，大堤漫水 8 次，淹没了无数的村庄和田园。其中 1785 年（清乾隆年间）的一次决口，全县曾经变成泽国，各种天灾也很频繁。志书上对这个地区曾有"一岁三灾""三年大旱"等记载，其中最严重的是明宗祯十一年至十三年连续大旱，"麦尽干枯，秋禾无望，田野一空"，出现了"三人同行两人同食一人""若有人死不葬煮而食之"的凄惨景象。历史上的黄河多次改道和多次泛滥，给这个县遗留了大片的沙荒地、盐碱地以及内涝等灾害。在国民党统治时期，劳动人民的生活很贫困，很多人不得不背井离乡，外出讨饭。当时曾经流行着这样一首悲惨凄凉的歌谣："冬春风沙狂，夏秋水汪洋，一年劳动半年糠，交租纳税恨官堂，携老扶幼去逃荒，卖了儿和女，饿死爹和娘。"其凄惨情景令人哀叹。

兰考县历史上名人辈出，圣贤云集。齐桓公葵丘会盟，红巾军揭竿而起，孔子巡游讲学，张良云游归隐，池子华佐秦，陈平辅汉。诞生过一代才子江淹、中原哲人王廷相，名医张从正，画师张世禄，清代"天下第一清官"张伯行，更孕育了党的好干部焦裕禄。

焦裕禄，山东省博山县崮山乡北崮山村（今山东省淄博市博山区崮山镇北崮山村）人。1922 年 8 月 16 日，焦裕禄出生在一个贫农家庭。因生活所迫，幼年时代只读了几年书就在家参加劳动。抗日战争初期，日寇、汉奸和国民党对劳动人民的剥削和压迫越来越残酷，焦裕禄家中的生活越来越困难，父亲焦方田走投无路，被逼上吊自杀。日伪统治时期，焦裕禄曾多次被日寇抓去毒打、坐牢，后又被押送到抚顺煤矿当苦工。焦裕禄忍受不了日寇的残害，于1943年秋天逃出虎口，回到家中，因无法生活下去，又逃到江苏省宿迁县，给一家姓胡的地主打了两年长工。1945年抗日战争胜利后，焦裕禄从宿迁县回到自己的家乡。当时家乡虽然还没有解放，但共产党已经在这里领导群众进行革命活动，焦裕禄主动要求当了民兵。之后，他参加过解放博山县城的战斗。1946年1月，焦裕禄光荣参加中国共产党，1946年3月正式参加本县区武装部工作，在当地领导民兵，坚持游击战争。解放战争时期，他带领民兵参加过不少战斗，之后又调到山东渤海地区参加土地改革复查工作，担任过组长。解放战争后期，焦裕禄随军离开山东，到了河南，被分配到尉氏县工作，一直到1951年。他先后担任过副区长、区长、中共区委副书记、青年团县委副书记等职。而后又先后被调到青年团陈留地委工作和青年团郑州地委工作，担任过团地委宣传部长、第二副书记等职。1953年6月至1962年，焦裕禄响应党的号召，被调到洛阳矿山机器制造厂参加工业建设，先后担任车间主任、科长。在这期间，焦裕禄还到大连起重机厂实习一年多。1962年6月，为了加强农村工作，焦裕禄又被调回尉氏县，任县委书记处书记。

1962年12月，焦裕禄同志肩负党的重托和人民的期望，来到内涝、风沙、盐碱等"三害"肆虐的兰考县担任县委书记。在担任县委书记的日子里，他忠于党、忠于人民，把到兰考这个最困难的地方工作视为组织的考验和信任，带领全县人民战天斗地，同自然灾害进行顽强斗争，奋力改变贫困面貌。他为民爱民，经常钻草庵、进牛棚，与群众同吃同住同劳动，在漫天风雪中走村串户访贫问寒，在洪水暴发时抱病到各个村庄察看灾情，总是在群众最困难、最需要帮助的时候，出现在群众面前，送去温暖与关爱。他重视科学，在兰考县的470多天中靠着自行车和铁脚板跋涉5000余里，对全县149个生产大队中的120多个进行走访、蹲点调研，把所有的风口、沙丘、河渠逐个丈量、编号、绘图，从而摸清了"三害"底细，制定出切实可行的改造规划。他勇于创新，从不死抠"本本"，从不硬套经验，探索出了淤泥盖沙、排涝治碱、植树挡风等治理"三害"的有效措施。他注重实干，总是脚踏实地、率先垂范、身体力行，风沙最大的时候带头查风口、探流沙，大雨瓢泼的时候带头趟着齐腰深的洪水察看水流，绿化荒滩的时候与大家一道一棵树一棵树地栽，改造盐碱地的时候一堆土一堆土地运，用智慧和汗水绘制着兰考新貌。他无私奉献，经常坚持带病工作，肝区痛得直不起腰、骑不了车、拿不住笔仍然坚守岗位、冲在一线，使用的被子上有42个补丁，褥子上有36个补丁，为党和人民事业付出了全部心血。他用自己的行动塑造了一个优秀共产党员和

焦裕禄同志

图片来源：http://n3.chinaiiss.com/html/20146/5/a5efb5.html。

党的干部的光辉形象，塑造了一个县委书记和广大干部学习的楷模，在人民心中树立了一座永不磨灭的丰碑。

1964年5月14日，焦裕禄因患肝癌不幸逝世，时年42岁。1964年11月，中共河南省委号召全省干部向他学习。1966年2月1日，河南省人民政府授予他"革命烈士"称号。1966年2月7日，《人民日报》发表《向毛泽东同志的好学生焦裕禄同志学习》的社论和《县委书记的榜样——焦裕禄》长篇通讯，高度赞扬了焦裕禄彻底的革命精神。

第二节　焦裕禄精神的历史作用

一、焦裕禄精神为党员领导干部树立了一面光辉旗帜

1962年冬天，焦裕禄同志肩负着党的重托，来到环境恶劣的兰考县。焦裕禄到兰考工作时面对的是白茫茫的盐碱、灰蒙蒙的风沙、光秃秃的土地以及片片内涝的沙窝，兰考人民在恶劣的自然环境中长期忍受着风沙、盐碱、内涝这"三害"的蹂躏，很多人因连年灾荒流离失所、外出乞讨，甚至背井离乡。焦裕禄以敢教日月换新天的英雄气概带领群众向"三害"宣战，见到沙丘，他说："栽上树，岂不是成了一片好绿林！"见到涝窝，他说："这里可以栽苇、养鱼。"见到碱地，他说："治住它，把一片白变成一片青！"他以革命者要在困难面前逞英雄的大无畏精神，与人民群众一道战天斗地、艰苦创业、发展生产，终于在沙丘、碱地、涝洼、荒滩上催发了勃勃生机和希望。经过认真调查研究，他制定出了淤土压沙、植树防沙、挖渠排涝等措施，有效治理了"三害"。他把生死

置之度外，为了百姓的冷暖安危，他始终保持人民公仆的本色，忘我地工作，身染绝症也全然不顾，直到生命的最后一刻仍然惦记群众的幸福安康。焦裕禄同志逝世后，人们在他的日记本上看到了这样一段话："我想，作为一个革命战士，就要像松柏一样，无论在烈日炎炎的夏天，还是在冰天雪飘的严冬，永不凋谢，永不变色；还要像杨柳一样，栽在哪里活在哪里，根深叶茂，茁壮旺盛；要像泡桐那样，抓紧时间，迅速成长，尽快地为人民贡献出自己的力量。"焦裕禄同志不愧是忠诚党的事业的好榜样、亲民爱民的好榜样、敢闯敢干的好榜样、艰苦奋斗的好榜样、科学求实的好榜样、无私奉献的好榜样。他用光辉的一生铸就了忠诚、爱民、科学、创造、实干、奉献的焦裕禄精神，为党员领导干部树立了光辉榜样，成为中国共产党和中华民族的宝贵财富。

焦裕禄同志带领人民群众治沙

图片来源：http：//art. china. cn/huodong/2009－09/24/content_ 3154976. htm。

二、焦裕禄精神为党的性质宗旨作了最好的诠释

焦裕禄到兰考县做的第一件事是访贫问苦，最后一件事是要求死后把他埋在沙堆上："死了也要看着你们把沙丘治好。"焦裕禄以"心里装着全体人民，惟独没有他自己"的高尚品格和行为，模范实践了党的根本宗旨，生动地反映了共产党人爱人民、为人民的本质特征。焦裕禄精神最可贵之处就是让人民群众亲身体会到了党的干部是他们利益的忠实代表，从而赢得了鱼水般的干群关系。电影《焦裕禄》上表现了一个细节，有一对孤寡老人，无依无靠，生活非常艰难。在冬天天气严寒、将下大雪的时候，他首先想到了这两位老人，一大早就赶到老人家里，嘘寒问暖，给老人送去了御寒的衣物等，并说"我是你们的儿子，是毛主席派我来看望你们的"。焦裕禄始终全心全意为人民服务，他信念坚定，无私奉献，奋力开拓，紧紧依靠人民，用自己的行动塑造了一个优秀共产党员和党的干部的光辉形象，在人们心中建起了一座巍峨的丰碑。正如 2014 年 4 月 1 日习近平总书记在兰考县干部群众座谈会上所指出的："全心全意为人民服务是我们党的根本宗旨，也是焦裕禄精神的本质所在。"焦裕禄同志"之所以被誉为县委书记的好榜样、共产党员的光辉典范，之所以深受人民群众爱戴，根本原因在于他始终与老百姓心相连、情相依，同呼吸、共命运，在于他视人民群众为衣食父母、诚心诚意当人民公仆。""我们学习和弘扬焦裕禄精神，就要牢固树立宗旨观念，始终坚持群众路线，认真落实以人为本，真正做到权为民所用、利为民所谋。"这正是焦裕禄在人民群众心目中享有崇高威望的根本原因。

三、焦裕禄精神为加强党的作风建设提供了生动教材

一提起焦裕禄，群众就不由地想起焦裕禄同志在风沙中前进、在洪水中跋涉、在群众中穿梭、在工地上挥锹的身影，想起陪他颠簸数千里的旧自行车，想起他补了又补的袜子、被子，想起他以巨大的毅力忍受病痛伏案工作的背影。这就是焦裕禄同志的作风——实干苦干、忘我奉献、艰苦奋斗。焦裕禄同志，无论是在厂矿企业工作，还是在党政机关工作，他都能做到干一行、爱一行，专一行、精一行，勤勤恳恳，兢兢业业，表现出了一个共产党员的优秀品质。当组织上安排焦裕禄同志到环境、条件较差的兰考县任县委书记时，他没有任何抱怨，没有任何要求条件，而是积极主动地投入工作，很快与当地群众打成一片。为了尽快改变兰考县的贫困落后面貌，焦裕禄同志不等不靠，带领全县人民自力更生、艰苦奋斗，奋力拼搏、自强不息。他说："我们要有革命的胆略，坚决领导全县人民苦战三五年，改变兰考的面貌，不达目的，死不瞑目。"他积极带领兰考人民，同内涝、风沙、盐碱三大自然灾害作斗争，一直坚持带病工作到生命的最后一刻，以满腔热情和实际行动谱写了一曲曲改天换地的英雄壮歌，用自身的实际行动做到了鞠躬尽瘁、死而后已。这就是共产党人的境界，这就是优秀领导干部的作风！

第三节　焦裕禄精神的内涵

2009 年 3 月 31 日至 4 月 3 日，时任国家副主席的习近平到河南视察，曾专程到兰考县拜谒焦陵，致敬忠魂。在全县干部群众座谈会上，习近平把焦裕禄精神概括为"亲民爱民、艰苦奋斗、

科学求实、迎难而上、无私奉献"。

亲民爱民是焦裕禄精神的本质。焦裕禄同志"心里装着全体人民、唯独没有他自己"的公仆精神，充分体现了党的全心全意为人民服务的根本宗旨。他常说："共产党员应该在群众最困难的时候，出现在群众的面前；在群众最需要帮助的时候，去关心群众、帮助群众。"他上任第一件事不是开会，而是下乡访贫问苦；他开县委会的第一件事不是讲话，而是到火车站安抚灾民。他把自己当作人民的儿子，为农民雪天送粮，"把党的温暖带给千家万户"，这是焦裕禄同志亲民爱民精神的生动体现。

艰苦奋斗是焦裕禄精神的精髓。"敢教日月换新天"的奋斗精神是中华民族的光荣传统，中国共产党人把这一优良传统作为我们党的立业之本、取胜之道、传家之宝。焦裕禄同志勤俭节约、艰苦创业的精神继承了党的优良传统。当有人提出改善办公条件时，他就告诫大家："吃着国家的统销粮，群众生活很困难。富丽堂皇的事，不但不能做，就是连想也很危险。"这充分说明他内心深处根本就没有"享受"两个字。

科学求实是焦裕禄精神的灵魂。为了治理"三害"，焦裕禄牢记毛主席"没有调查就没有发言权"的教导，下决心要把兰考县1800平方公里土地上的自然情况摸透，在全县展开了大规模的追洪水、查风口、探流沙的调查研究工作。焦裕禄亲自参加调查。他说："吃别人嚼过的馍没味道。"他不愿坐在办公室里听汇报，而是经常不辞劳苦地跟着调查队，一直到把情况查清方肯罢休。几个月的辛苦奔波，换来了一整套又具体又详细的资料，使县委基本上掌握了水、沙、碱发生、发展的规律，把全县抗灾斗争的

焦裕禄宣传画

图片来源：http：//www.chinamil.com.cn/big5/2011party90year/2011－04/21/content_4424116.htm。

战斗部署，放在一个更科学更扎实的基础之上。

迎难而上是焦裕禄精神的特征。焦裕禄同志到兰考县上任前，党组织告诉他兰考是一个最穷的县、一个最困难的县，要他在思想上有经受最严峻考验的准备。焦裕禄同志坚定地说：感谢党把我派到最困难的地方，越是困难的地方，越能锻炼人。他说："先烈们并没有因为兰考人穷灾大，就把它让给敌人，难道我们就不能在这里战胜灾害？"从而打掉了大家在自然灾害面前束手无策、无所作为的懦夫思想，使县委领导核心在严重的自然灾害面前站起来了，坚定地树立了消灭"三害"的决心，激发了全县人民战胜灾害的斗志。

无私奉献是焦裕禄精神的品质。廉洁奉公、勤政为民，为党和人民事业鞠躬尽瘁、死而后已的奉献精神是共产党人先进性的重要体现。焦裕禄每次下乡，当照相机镜头对准他时，他总是不让照，他说："人民群众改天换地的劲头这么大，多给他们拍些照片，多有意义，拍我有啥用！"这充分证明他心里只装着群众，想着群众，唯独没有他自己。特别是焦裕禄的肝病越来越重后，他不肯住院治疗，而是采取压迫止痛法坚持工作。就是在住院期间，他还一直想着兰考的工作，在将要离开人世的时候，他说："我没有完成党交给我的任务。""我死后只有一个要求，要求组织上把我运回兰考，埋在沙堆上，活着我没有治好沙丘，死了也要看着你们把沙丘治好。"

第四节　焦裕禄精神的现实意义

2014 年，习近平总书记选择河南兰考作为自己第二批党的群众路线教育实践活动联系点。2014 年 3 月 18 日上午，习近平总书记在兰考县委老办公楼举行的县委常委扩大会议上开门见山地说："我之所以选择兰考作为联系点，一个重要考虑就是因为兰考是焦裕禄同志工作和生活过的地方，是焦裕禄精神的发源地。我希望通过学习焦裕禄精神，为推进党和人民事业发展、实现中华民族伟大复兴的中国梦提供强大正能量。"每一名党员干部，都应当以焦裕禄精神为标杆，扪心自问当官是为了什么？能为百姓做些什么？能给后人留些什么？常修为政之德，不移公仆之心，不断提升思想境界、增强素质能力、改善作风形象，做焦裕禄式的好党员、好干部。

一、大力弘扬焦裕禄精神，就是要学习焦裕禄同志"心中装着全体人民、唯独没有他自己"的公仆情怀

50 年来，人民群众之所以始终牢记焦裕禄的英名，缅怀焦裕禄的业绩，学习焦裕禄的精神，最根本的原因是他始终坚持群众利益至上，心中装着全体人民，唯独没有他自己。他常说："我们不是人民的上司，我们都是人民的勤务员，必须同人民群众同甘苦共患难。"他是这样说的，更是这样做的。他用鞠躬尽瘁、死而后已的实际行动，生动诠释了我们党"立党为公、执政为民"的执政理念，生动体现了共产党员爱民、为民的本质特征。我们的事业是人民的事业，根植于人民、兴盛于人民、造福于人民。发展不是目的，只是手段和过程。推进科学发展、全面建成小康社会说到底就是为广大人民谋利益，就是让老百姓过上好日子。面对发展的新要求和人民群众的新期待，大力弘扬焦裕禄精神，可以使广大党员干部像焦裕禄同志那样，真正把自己摆在人民公仆的位置上，进一步做到感情上贴近群众，时刻将群众的冷暖挂在心上，始终与群众同甘苦共患难；可以使广大党员干部像焦裕禄同志那样，"办法还得到群众中寻找"，充分尊重人民群众的首创精神，进一步做到工作上依靠群众，始终相信群众、发动群众，最大限度地集中全社会的智慧和力量；可以使广大党员干部像焦裕禄同志那样，"把党的温暖带给千家万户"，进一步做到发展上惠及群众，尽心竭力为群众办好事、解难事，让广大人民群众共享改革发展成果。

二、大力弘扬焦裕禄精神，就是要学习焦裕禄同志凡是探求就里、"吃别人嚼过的馍没味道"的求实作风

态度决定行动，作风决定成败。做事情、干工作最为关键的就是要有科学的态度和务实的作风。历史经验表明，什么时候坚持了科学务实的作风，我们的事业就会取得成功；反之，我们的事业就会遭受挫折。焦裕禄同志之所以在短短的时间内能带领兰考人民在治理"三害"上迈大步、收实效，根本原因是他遵循规律的科学务实的作风，决策先调研、工作讲方法、治沙顺自然等，极大地增强了工作的针对性和有效性，焦裕禄同志不愧是用科学态度和务实作风推动发展的典范。面对知识经济和信息经济时代的到来，发展形势瞬息万变，市场竞争日趋激烈，相互影响日益加深，制约因素更加复杂，对决策的科学性、发展的务实性要求更高，必须制定科学的方案，实施符合人民意愿和根本利益的发展策略。大力弘扬焦裕禄精神，必将有力推动广大党员干部增强

学习弘扬焦裕禄精神宣传栏

图片来源：http：//www. lydjw. gov. cn/content. asp？id＝2411。

科学理念，在发展实践中探求客观规律，在尊重规律中谋求科学发展，真正把加快发展的热情纳入到科学发展的轨道上来；必将有力推动广大党员干部大兴调查研究之风，求真务实，科学决策，使决策真正建立在对实情的准确把握上、对方案的充分论证上，确保经济社会发展平稳较快运行；必将有力推动广大党员干部强化科学措施，在破解发展方式粗放、开放度低、自主创新能力弱等发展难题上出实招、出真招、出高招，为科学发展铺就平坦道路。

三、大力弘扬焦裕禄精神，就是要学习焦裕禄同志"敢教日月换新天""革命者要在困难面前逞英雄"的奋斗精神

焦裕禄同志说过："兰考是个大有作为的地方，问题是要干，要革命。"干了海阔天空，不干一事无成。当年，焦裕禄同志正是以"敢教日月换新天"的奋斗精神，带领全县人民创造性地开展工作，在脱贫致富的道路上披荆斩棘，闯出了一片新天地。虽然我们今天经济发展了、生活富裕了、条件改善了，但发展任务仍然艰巨、发展难题仍然很多，需要靠实干去完成，靠奋斗去实现，靠奉献去发展。改革创新则事业兴，因循守旧则事业衰，这是历史和现实给我们的深刻启迪。拼搏奋斗不仅需要"在困难面前逞英雄"的豪情锐气，更需要勇于创新的历史担当。目前，我们正在全面深化改革中，有许多深层次的矛盾羁绊需要破解、陈旧性的体制樊篱需要打破，特别是根深蒂固的小农意识、保守意识、传统意识等思想禁锢需要破除，还有不少可以预见和难以预见的新情况、新挑战需要应对，强烈地呼唤着改革创新精神，迫切需要弘扬焦裕禄精神。我们一定要像焦裕禄同志那样，牢固树

立实干意识，身体力行、身先士卒，不当"太平官""安乐官"，更加重视在深入调研中摸实情、在破解难题中出实招、在为民惠民中求实绩。要视落后为耻辱，勇担奋起直追的责任，始终保持昂扬向上的进取精神和永不服输的拼命精神；要视困难为考验，增强敢于"亮剑"的勇气，大胆探索、敢出新招、善用奇兵，不断激发敢闯敢干的力量；要视挑战为机遇，鼓舞迎难而上的斗志，点燃创新激情、迸发创新灵感、掌握创新方法，让创新的源泉充分涌流，让创新发展的步伐更加有力，不断增强经济社会发展活力。

四、大力弘扬焦裕禄精神，就是要学习焦裕禄同志艰苦朴素、廉洁奉公、"任何时候都不搞特殊化"的道德情操

焦裕禄同志深知自己主政一方位置关键、责任重大、影响广泛，注重党性修养、严格要求自己，注重班子建设、带好队伍，事事艰苦朴素、处处廉洁奉公，使兰考党风正、政风实、民风淳。当他的亲戚多次来信要求他给找工作时，他说："国家安排人员是有计划的，我不能利用自己的职权给自己的亲属安排，不能带头违反党的政策。"当他得知孩子没有买票去看戏时，在教育家人不能"看白戏"搞特殊后，亲自主持起草了领导干部不能搞特殊化的"干部十不准"文件。焦裕禄同志是县委书记的榜样，党员领导干部的楷模。焦裕禄同志的这种纯洁的党性和高尚的道德行为，至今还激励着千千万万的党员和党组织严格自律、从严治党，成为加强党的建设的重要动力。大力弘扬焦裕禄精神，能够使广大党员干部和领导班子牢固树立勤俭意识，发扬艰苦奋斗的优良传统，勤俭办一切事情，把有限的财力用在经济社会发展的关键领域和薄弱环节；能够使广大党员干部和领导班子牢固树立奉献意识，多想群众少想自己，多想事业少想名利，乐于吃苦、甘于吃亏，以实际行动造福群众、推进发展；能够使广大党员干部和领导班子学有榜样、干有标兵，在发扬成绩中拉高标杆，在查找不足中明确方向，有力推动领导班子建设、干部队伍建设和反腐倡廉建设，做到权为民所用，情为民所系，利为民所谋，进一步提高凝聚力、创造力和战斗力。

相关链接

1. 习近平：《念奴娇·追思焦裕禄》

1990 年 7 月 15 日，时任福州市委书记的习近平读了《人民呼唤焦裕禄》一文后，填写了《念奴娇·追思焦裕禄》词，并发表在 7 月 16 日的《福州晚报》上。全文如下："中夜，读《人民呼唤焦裕禄》一文，是时霁月如银，文思萦系……

魂飞万里，盼归来，此水此山此地。百姓谁不爱好官？把泪焦桐成雨。生也沙丘，死也沙丘，父老生死系。暮雪朝霜，毋改英雄意气！依然月明如昔，思君夜夜，肝胆长如洗。路漫漫其修远矣，两袖清风来去。为官一任，造福一方，

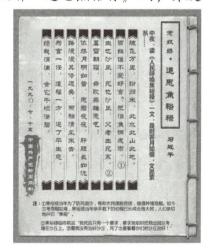

习近平 1990 年词作

《念奴娇·追思焦裕禄》

图片来源：http://news.china.com.cn/2014－03/18/content_ 31823402. htm。

遂了平生意。绿我涓滴，会它千顷澄碧。"

2. 新时期党的优秀领导干部——孔繁森

青山处处埋忠骨，
一腔热血洒高原。
——孔繁森

孔繁森同志与藏族孤儿在一起

图片来源：http://politics.gmw.cn/2011-06/
30/content_2160048_21.htm。

孔繁森，1944年7月生，山东聊城人，孔子第74代孙。1961年，17岁的孔繁森光荣参军，在部队连年被评为"五好战士"。1966年9月，孔繁森光荣地加入中国共产党。1969年，他从部队复员后，先当工人，后被提拔为国家干部。1979年，国家从内地抽调一批干部到西藏工作，时任中共聊城地委宣传部副部长的孔繁森主动报名，并写下"是七尺男儿生能舍己，作千秋鬼雄死不还乡"的条幅。

1979年，孔繁森第一次赴西藏工作，担任日喀则地区岗巴县委副书记。在岗巴工作3年，孔繁森跑遍了全县的乡村、牧区，与藏族群众结下深厚的友谊。

1988年，山东省再次选派进藏干部，组织上认为孔繁森在政治上成熟又有在藏工作经验，便决定让他带队第二次赴藏工作。进藏后，孔繁森担任拉萨市副市长，分管文教、卫生和民政工作。到任仅4个月时间，他就跑遍全市8个县区所有的公办学校和一半以上的村办小学，为发展少数民族的教育事业奔波操劳；为了结束尼木县续迈等3个乡群众易患大骨节病的历史，他几次爬到海拔近 5000 米的山顶水源处采集水样，帮助群众解决饮水问题；了解到农牧区缺医少药的情况后，他每次下乡时都特地带一个医疗箱，买上数百元的常用药，工作之余就给农牧民群众认真地听诊、把脉、发药、打针，直到小药箱空了为止。这表现出孔繁森心甘情愿为人民服务的精神。

1992 年，拉萨市墨竹工卡等县发生强烈地震，孔繁森在羊日岗乡领养了 3 名藏族孤儿——12 岁的曲尼、7 岁的曲印和 5 岁的贡桑。收养孤儿后，孔繁森生活更加拮据，为此他曾 3 次以"洛珠"的名义献血 900 毫升。

1992 年底，孔繁森第二次赴藏工作期满，西藏自治区党委决定任命他为阿里地委书记，这一任命意味着孔繁森将继续留在西藏工作。面对人生之路又一次重大选择，他毫不犹豫地服从了党的决定、人民的需要。

阿里地处西藏西北部，平均海拔 4500 米，被称为"世界屋脊的屋脊"。这里地广人稀，常年气温在零摄氏度以下，最低温度达零下 40 多摄氏度，每年 7 级至 8 级大风占 140 天以上，恶劣的自然环境、艰苦的生活条件使许多人望而却步。可是，1993 年春天，年近 50 岁的孔繁森赴任阿里地委书记后，在不到两年的时间里，全地区 106 个乡他跑遍了 98 个，行程达 8 万多公里，茫茫雪域高原到处都留下了他深深的足迹。在孔繁森的勤奋工作下，阿里经济有了较快的发展。1994 年，全地区国民生产总值超过 1.8 亿元，比上年增长 37.5%；国民收入超过 1.1 亿元，比上年增长 6.7%。他为了制定把阿里地区的经济带上新台阶的规划，准备在最有潜力的边贸、旅游等方面下工夫。为此，他曾率领相关单位，亲自去新疆西南部的塔城进行边境贸易考察。1994 年 11 月 29 日，他在完成任务返回阿里途中，不幸发生车祸，以身殉职，时年 50 岁。在孔繁森的葬礼上，悬挂着一副挽联，形象地概括了孔繁森的一生，也道出了藏族人民对他的怀念："一尘不染，两袖清风，视名利安危淡似狮泉河水；两离桑梓，独恋雪域，置民族团结重如冈底斯山。"

人们在料理孔繁森的后事时，看到两件遗物：一是他仅有的 8 元 6 角钱；二是他去世前 4 天写的关于发展阿里经济的 12 条建议。这就是孔繁森留下的遗产，体现出一名共产党员的高尚情怀。

1995 年 5 月 8 日，《人民日报》发表江泽民和李鹏同志关于学习孔繁森的题词。江泽民的题词是："向孔繁森同志学习"。李鹏的题词是："学习孔繁森同志热爱人民无私奉献的精神"。5 月 21 日，《人民日报》发表胡锦涛同志为《领导干部的楷模——孔繁森》一书所作的序言。

2009 年 9 月 10 日，在中央宣传部、中央组织部、中央统战部、中共中央文献研究室、中央党史研究室、民政部、人力资源社会保障部、全国总工会、共青团中央、全国妇联、解放军总政治部等 11 个部门联合组织的"100 位为新中国成立作出突出贡献的英雄模范人物和 100 位新中国成立以来感动中国人物"评选活动中，孔繁森被评为 100 位"新中国成立以来感动中国人物"之一。

3. 红旗渠

红旗渠动工于 1960 年，勤劳勇敢的 10 万林州人民，苦战 10 个春秋，仅仅靠着一锤、一铲、两只手，在太行山悬崖峭壁上修成了全长 1500 余公里的红旗渠，结束了十年九旱、水贵如油的苦难历史。在建渠过程中，林县人民自力更生，自己建造了大部分材料。其中水泥自己制造了 5170 吨，占总量的 77.1%；炸药自己制造了 1215 吨，占总量的 44.3%；石灰自己烧制了 14.5 万吨，占总量的 100%；所用的工具也是自己制作的。

红旗渠以浊漳河为源，渠首在山西省平顺县石城镇侯壁断下。总干渠墙高 4.3 米，宽 8 米，长 70.6 公里，设计加大流量 23 秒/立方米。到分水岭分为 3 条干渠，南北纵横，贯穿于林州腹地。一干渠长 39.7 公里，二干渠长 47.6 公里，三干渠长 10.9 公里。红旗渠灌区共有干渠、分干渠 10 条，长 304.1 公里；支渠 51 条，长 524.1 公里，斗渠 290 条，长 697.3 公里，合计总长 1525.6 公里，加农渠总长度达 4013.6 公里。沿渠共建有"长藤结瓜"式一、二类水库 48 座，塘堰 345 座，提灌 45 座，共计兴利库容 6000 余立方米。林业人民利用红旗渠居高临下的自然落差，兴建小型水力发电站 45 座，建成了"引、蓄、提、灌、排、电、景"相结合的大型灌区。红旗渠建成通水 40 多年来，共引水 85 亿立方米，灌溉面积 8000 万亩次，增产粮食 15.9 亿公斤，促进了当地经济和社会事业的发展。在市场经济条件下，红旗渠精神教育和生态旅游功能日益凸现，形成了以红旗渠爱国主义教育游和太行山大峡谷绿色生态游的"一红一绿"交相辉映的旅游品牌。红旗渠被林州人民称为"生命渠""幸福渠"。它的修建不仅从根本上改变了林州人民的生存条件，促进了林州的经济发展，而且孕育了"自力更生、艰苦创业、团结协作、无私奉献"的红旗渠精神。

参考资料

［1］习近平总书记在兰考县委常委扩大会议上的讲话［EB/OL］．（2014－04－18）．http：//hbj. zggs. gov. cn/html/dangqunluxianhuodong zhuanti 6290. html.

［2］大力学习弘扬焦裕禄精神　继续推动教育实践活动取得实效［N］．人民日报，2014－03－19（1）．

［3］邹春霞．习近平联系点为何选兰考？［N］．北京青年报，2014－03－19（A3）．

［4］兰考县地方史志编纂委员会．兰考县志［M］．郑州：中州古籍出版社，1999．

第十一章 | "两弹一星"精神

　　"两弹一星"是对中国依靠自己的力量掌握的核技术和空间技术的统称。"两弹一星"最初指原子弹、导弹和人造卫星。"两弹"中的一弹是原子弹，后来演变为核弹，即原子弹和氢弹的合称，另一弹指导弹；"一星"则是人造地球卫星。1964 年 10 月 16 日 15 时，我国第一颗原子弹爆炸成功；1967 年 6 月 17 日上午 8 时，我国第一颗氢弹空爆试验成功；1970 年 4 月 24 日 21 时，我国第一颗人造卫星（东方红一号）发射成功，在宇宙中唱响了

我国第一颗原子弹爆炸成功

图片来源：http://book. sina. com. cn/tushuogongheguo/excerpt/sz/zt/2008 - 12 - 17/1441249306. shtml。

《东方红》歌曲。中国的"两弹一星"，是 20 世纪下半叶中华民族创建的辉煌伟业。而中国在短时间内克服种种困难、打破国际封锁，研制"两弹一星"的背后，是强大的精神力量支撑，凝聚着一代又一代"两弹一星"人爱国、奉献、拼搏的可贵精神。

第一节 "两弹一星"战略决策的历史背景

1945 年 7 月 16 日，美国炸响人类第一颗原子弹。爆炸威力相当于 2 万吨 TNT 当量，爆炸中心温度是太阳表面温度的 1 万倍。从此，人类进入了核时代。也从此，核威胁的阴影笼罩了世界。

1950 年 6 月 25 日，朝鲜战争爆发。以美军为主的所谓联合国军，从陆、海、空对朝鲜展开立体进攻。与此同时，美国军舰游弋于台湾海峡，美国战机入侵中国领空。蒋介石频繁到海防前线视察，对官兵训话，声称要反攻大陆。福建沿海地区遭到台湾飞机猛烈轰炸。1950 年 10 月 25 日，中国人民志愿军赴朝作战，很快把朝鲜战局稳定下来。在美军遭到沉重打击后，1950 年 11 月 30 日，美国总统杜鲁门在记者会上公然说道："我们将采取必要的措施，以应付军事局势。"当时主张对中国使用核武器的主要是麦克阿瑟，其计划是把 30～50 颗原子弹投到中国的空军基地和敏感地区，沿鸭绿江设置一条"放射性钴地带"。

从五角大楼后来解密的文件中显示，1950 年 12 月，一批还没装配好的原子弹运到停泊在朝鲜半岛海域的航空母舰上，供舰上飞机进行模拟训练。同时，一批装有核弹头的导弹被送到美国设在日本的军事基地冲绳。核攻击的目标，都是中国。

1953 年，艾森豪威尔接替杜鲁门入主白宫，军人出身的总统向选民承诺，将尽快、体面地结束朝鲜战争，而且不需要发动传统的攻势，即是不需要美国军人在战场上去厮杀。而能够实现这个承诺的只有一样东西——原子弹。艾森豪威尔后来在其回忆录《白宫岁月：受命变革 1953—1956 年》中写道："为使我们的代价不至过于高昂，我们将不得不使用原子武器。"在后来解密的白宫文件中记录了这样一件事：艾森豪威尔明确告诉来访的印度总理尼赫鲁，他打算对中国使用原子弹。有确切证据表明，艾森豪威尔在他第一届总统任期内，有三次准备使用核武器，其中有两次是针对中国的。1953 年 7 月 27 日，中、朝、美三国代表在朝鲜板门店签署了《停战协定》。虽然最终美国没有投下原子弹，但在其后的岁月里，针对中国的核讹诈、核威胁，从来没有停止过。

1954 年 8 月 3 日，美国宣布向台湾提供军事援助，并准备签订军事同盟条约。在此背景下，国民党部队疯狂袭扰大陆东南沿海地区。9 月 3 日，中国人民解放军福建前线炮兵，奉命用重炮轰击金门。台湾海峡的炮声一响，美国首先想到的又是原子弹。艾森豪威尔在回忆录中写道，美国不会为保卫金门、马祖这两个小岛派出军队，但决不会无动于衷。美国国务卿杜勒斯在访问台湾时说："我们必须使用原子武器。"杜勒斯还在公开场合多次扬言，一旦在远东发生战争，我们将使用一些小型战术原子武器。有人请艾森豪威尔对杜勒斯的话发表看法，于是他在一次记者招待会上说出了那句让人难忘的名言："我找不出任理由不使用核武器，就像你在打仗时找不到任何理由不使用子弹一样。""厦门将是第二个广岛"，当时美国军队中就有这样的说法。艾森豪威尔后来在他的回忆录中是这样解释的："我希望这一回答能帮助中国人了解美国保卫台湾的坚定决心。"台湾是中国的领土，这次核威胁，更深地刺疼了中国。

毛泽东曾经看过一部关于朝鲜战场的纪录片。片中，一批批美军战机从陆地、从海上腾空而起，排山倒海的炸弹倾泻在我军阵地上，志愿军官兵在燃烧的火球中翻滚……放映结束，灯亮了。坐满了中央领导人的放映厅里寂静无声，人们仍坐在那里，一动不动。毛泽东的目光久久地停留在白色的银幕上，眼里含着泪水……

不久，总参举办炮兵武器展览，展览大厅里，有日本炮、德国炮、捷克炮，还有刚刚从朝鲜战场上缴获的各式美国炮。一天晚上，毛泽东突然来了，一一在那些大炮前驻足观看。他对陪同的周恩来说：过去我说枪杆子里面出政权，现在看来，光有枪杆子还不行，还要有炮杆子，要有强大的海军、空军，没有，我们用枪杆子打下的政权就不稳，中国人就还要受帝国主义的欺负。彭老总说得对，抗美援朝的胜利，是用我国战士的血肉堆起来的。周恩来感叹道：是啊，一个国家没有自己的军事工业，就像一个软动物，身子直不起来，只能永远爬着走。

1955年1月15日下午，中央书记处召开扩大会议，专门研究发展中国原子能事业，毛泽东、刘少奇、周恩来、朱德、邓小平、陈云、彭德怀、彭真、李富春、薄一波等中央领导人参加了会议。李四光、刘杰、钱三强出席了会议。在这次会议上，毛泽东说："出兵朝鲜我想了三天，要不要搞原子弹，我想了三年，结论是两句话：一，原子弹一定要搞；二，既然要搞，那就早搞。"

1958 年 4 月 18 日，彭德怀收到一封苏联国防部长马利诺夫斯基元帅写来的信。信中说，为了指挥苏联在太平洋地区活动的潜艇，苏联迫切希望在 1958 年至 1962 年间，由苏联和中国共同建设一座大功率长波电台，资金可以主要由苏方承担。中国最高层反复研究了这封信的意图，毛泽东认为，这封信给我们出了一个大难题。不同意，必有伤和气，尤其是苏联帮我们在前。可是我们不可能拿原则、拿主权去讲这个和气。我们的原则是不和任何国家搞军事同盟。现在困难不搞，将来强大了也不搞；主权问题更是半点不能含糊。毛泽东、刘少奇、周恩来和彭德怀多次研究后，决定：同意建这个电台，就按苏联方面提出的 1958 年至 1962 年建成，建成后两国共同使用，欢迎苏联提供技术支持，但一切费用由中方全部承担，由中国来管理，所有权是中国的。

彭德怀于 6 月 12 日复信给马利诺夫斯基元帅，把上述意思说了。但是，苏联方面对中国拥有电台的全部所有权这一原则性立场不予重视，一个月后，向中方提出的协议草案中，仍坚持由中苏双方共同建设和管理。苏方的协定草案中国方面不能接受。

就在中苏双方为是否共建长波电台一事发生争执期间，苏联又向中国提出建立共同潜艇舰队问题。当时，苏方多次向中方谈到现代海军舰艇的发展趋势和苏联研制新型潜艇的情况，建议中方向苏方订购先进的海军装备。6 月 28 日，周恩来据此给赫鲁晓夫写信，希望苏联在中国海军建设方面给予新的技术援助。在中国提出上述要求后，苏联驻华大使尤金突然求见毛泽东。毛泽东于 7 月 21 日在中南海和尤金见了面。当时在场的还有周恩来、彭德怀等人。双方稍事寒暄，尤金说："今天我来拜见主席同志，有一件重要的事情。赫鲁晓夫同志，让我以他的名义向您提出，为了应对台湾海峡的紧张局势，希望同中国商量，我们双方建立一支共同潜艇舰队。"毛泽东明白，苏联建联合舰队的目的不仅是对付美国，恐怕还有个不可告人的目的，那就是也可以控制中国。于是，毛泽东对尤金说："要讲政治条件，连半个指头都不行。"没办法，尤金只好给赫鲁晓夫拍电报，请他亲自来和毛泽东谈。7 月 31 日，赫鲁晓夫来到北京，然而 4 天的中国之行，赫鲁晓夫一无所获，他黯然离开了北京。中苏关系的阴影也浓浓地投下了。

1959 年 9 月 15 日至 28 日，赫鲁晓夫访问美国，与艾森豪威尔在戴维营谈判，双方发表了戴维营会谈公报。赫鲁晓夫与艾森豪威尔拥抱的照片出现在世界各大报刊的头版上。9 月 30 日，一架苏联专机降落在北京首都机场，前来欢迎的中国领导人、群众代表以及各国记者等候在那里。机舱门开了，赫鲁晓夫挥舞着礼帽，微笑着走下舷梯。赫鲁晓夫是结束在美国的访问后，匆忙赶到中国的，参加中华人民共和国 10 周年庆典，并进行国事访问。到达的当天晚上，赫鲁晓夫就与毛泽东开始了会谈。

一上来，双方就针锋相对。赫鲁晓夫说，通过对美国的访问，我认为美国人、艾森豪威尔总统是爱好和平的，而现在世界上却有一股势力是反对和平的。由于美国支持台湾的蒋介石政府，我们苏联是你们的盟友，我们的想法是缓和国际紧张局势，消除战争。可是你们去年却突然对金门进行炮击，这种行动只能加剧紧张气氛，并可能导致世界大战的爆发。毛泽东冷冷地说："您的意思是，我们允许台湾的分裂，承认它是独立在中国之外的一个国家？"赫鲁晓夫点点头："以后再让它回归中国嘛。"毛泽东坚决地说："办不到！"赫鲁晓夫见说不通，又换了个话题："艾森豪威尔总统请我转告你们，希望你们把扣押的 8 名美国人尽快放了。"并在 10 月 2 日的会谈中说："这 8 个美国人你们一定要释放，要释放！"毛泽东说："不行。中国是有法律的，他们就得受到中国法律的制裁。"赫鲁晓夫说："必须释放！我已经答应了艾森豪威尔让你们放人，你们必须释放！"毛泽东说："你不能替我们做这个决定。"赫鲁晓夫突然一拍桌子："如果你们有钱，那你们就养着他们吧！"赫鲁晓夫站了起来，拿起面前的礼帽，走了。这是赫鲁晓夫最后一次来中国。

这天晚上聂荣臻在场。赫鲁晓夫离开会场的时候，聂荣臻就意识到，苏联或许不会再给中国原子弹技术资料了，而且他们全面中止协定的时间不会长了。

1960 年 7 月 16 日，苏联政府正式照会中国政府，宣布召回全部在华工作的 1390 名专家和顾问，并于 9 月 1 日前全部离境。同时单方面撕毁了两国政府签订的 12 个协定，终止 343 项专家合同和 257 个科学技术合作项目，并要中国归还在朝鲜战争期间购买苏联武器装备所欠下的 350 亿元人民币债务。从此，中苏两个友好国家的关系分崩离析了。

苏联撕毁协定，停止援助，给中国的经济建设，尤其是涉及尖端技术的建设，造成了极大困难；同时"大跃进"等左倾思潮给国民经济带来了灾难，中央针对国民经济比例严重失调的状况，提出了"调整、巩固、充实、提高"的八字方针。说白了，就是国家没有钱，有些大项目要下马，有些项目要大力压缩，有的要调整。在这种情况下，在国防工业和国防科研部门，产生了"两弹"是"上马"还是"下马"的激烈争论。主张"下马"的理由是：一是强调苏联的援助没有了；二是导弹、原子弹技术高度复杂，仅仅依靠我国尚不发达的工业和落后的科技力量，是难以造出"两弹"的；三是"两弹"花钱太多，在国民经济大调整的情况下，会影响国民经济和其他部门的发展。当时气氛很紧张，坚持两弹"下马"的人，和坚持继续攻关的人，互不相让，各说各的理，有时开着会，就吵起来，桌子拍得叭叭响。陈毅就是在这个时期说了一句流传很广的话："就是把裤子当了，也要把原子弹搞出来！"大概也是在这个阶段，张爱萍也说了一句至今听来都荡气回肠的话："再穷，也要有一根打狗棒！"

就在中国两弹"上马"与"下马"之争尚无定论的时候，从1961年9月6日开始，美军举行了一次针对中国的核战争演习，代号"高跟行动"。"高跟行动"的内容为：全球美军进入三级戒备状态；陆基洲际导弹处于发射状态；"北极星"导弹核潜艇驶出港口，进入大洋深处；战略轰炸机飞赴各基地进入一级作战状态。1961年9月8日，位于太平洋的第七舰队，突然接到美军参谋长联席会议的命令，全体进入作战状态；9月9日，驻太平洋地区美军接到核攻击命令，6枚"斗牛士"核导弹从美军驻台湾基地飞向中国大陆的战略目标。第七舰队舰载攻击机以及核潜艇发射的导弹飞向中国机场、桥梁、通信设施等重要目标；进行持续4天的轰炸后，美军地面部队出动，进入中国大陆……

1961年11月14日，张爱萍、刘杰、刘西尧起草了《关于原子能工业建设的基本情况和急待解决的几个问题的报告》。这份绝密件于 1961 年 11 月 17 日送到毛泽东案头，一直存放到 1962 年 12 月 17 日。没人知道在一年多的时间里他看了多少遍，但从前一页半上那铅笔划下的一道又一道红色的、蓝色的标记上，足以看出毛泽东对这件事情是多么的关切和重视。最终，毛泽东指示：国防尖端技术，不但不应该下马，而且要抓紧进行。

第二节 "两弹一星"精神的历史作用

一、打破核大国的讹诈和封锁，极大地提升了我国的国际影响，保障了国家安全

1988 年 10 月，邓小平同志说："如果六十年代以来中国没有原子弹、氢弹，没有发射卫星，中国就不能叫有重要影响的大国，就没有现在这样的国际地位。这些东西反映一个民族的能力，也是一个民族、一个国家兴旺发达的标志。"陈毅元帅也曾风趣地说：我这个外交部长的腰杆还不太硬，你们把原子弹、导弹搞出来了，我的腰杆就硬了。确实，"两弹一星"的研制成功，显示了中华民族的创造能力，在国内外产生了巨大而深远的影响。打破了超级大国的核讹诈和核垄断，奠定了我国在国际事务中的重要地位。同时，把"两弹一星"的研制经历放到整个新中国的建设发展史中来看，我们更应当清醒地认识到：只有我们的战略核力量强大了，发生核战争的危险性才能降低。因此，"两弹一星"的研制成功，有效保障了我们的国家安全，也在很大程度上制止了世界战争的爆发，维护了世界和平。

二、促进国防事业建设的同时，带动科技事业的发展

聂荣臻元帅曾说过，我们必须搞出原子弹，以便在我国遭受敌人核武器袭击时，有起码的还击手段，同时还可以带动我国许多现代化科学技术向前发展。设想如果没有"两弹一星"的伟大成就，怎能有如今国防事业和科技事业的局面？我国的"四化"建设实际上是先从国防现代化入手的，为了保家卫国，先进的科技成果总是首先用于国防，然后转向民用，使战斗力转化成为生产力，从而促进和带动科技水平的快速发展。《聂荣臻回忆录》中记载，1949 年，全国只有 40 个科研机构，研究人员 650 余人；而到 1956 年时，科研机构达到 380 多个，研究人员超过了 9000人，是新中国成立时的 9 倍多。从中国国防现代化进程看，"两弹一星"不仅为国防提供了装备技术保障，增强了我军高科技条件下的防御和作战能力，而且带动了我国高新技术及其产业的发展，促进了经济建设和科技进步。

三、培养了一批吃苦耐劳、勇于创新的科技队伍

在研制"两弹一星"的伟大历程中，成千上万的科学技术人员、工程技术人员、团结协作，群策群力。广大研制工作者求真务实，大胆创新，用较少的投入和较短的时间，突破了原子弹、导弹和人造地球卫星等一系列关键尖端技术，使我国科研能力实现了质的飞跃。这些工作，很多是研制工作者在茫茫无际的戈壁荒原，在人烟稀少的深山峡谷中完成的；这些成就，很多是研制工作者风餐露宿、不辞辛劳，克服难以想象的艰难险阻、经受生命极限考验而换来的。他们将这种精神发扬光大，并一代代传承

下去，这支依靠科学、发奋图强、锐意创新的科技队伍，是取得"两弹一星"事业伟大胜利的重要基础，也是我国科技发展取得突破性进展的宝贵财富。

四、极大地增强了中国人民的信心，推动了社会主义事业的发展

"两弹一星"的研制成功令世界瞩目，极大地增强了中国人民的自信心和自豪感。从原子弹到氢弹，美国用了 7 年多，苏联用了 4 年，法国用了 8 年多，中国只用了 2 年 8 个月。"两弹一星"的成功研制，再一次证明了中华民族无限的聪明才智、勇于创造和团结进取的精神，使广大中华儿女看到了祖国繁荣富强的光明未来，振奋了国威、军威，极大地鼓舞了中国人民的志气，增强了中华民族的凝聚力。正是在"两弹一星"精神的激励和鼓舞下，亿万中华儿女始终保持昂扬向上的精神状态，奋发图强、齐心协力、锐意进取，取得一项又一项骄人的成绩，攀上一个又一个新的高峰，中国特色社会主义事业显示出旺盛的生机与活力。

第三节 "两弹一星"精神的内涵

1999 年 9 月，江泽民同志在表彰为研制"两弹一星"作出突出贡献的科技专家大会上，将"两弹一星"精神进一步概括为"热爱祖国、无私奉献，自力更生、艰苦奋斗，大力协同、勇于登攀"的伟大精神。

　　热爱祖国、无私奉献是"两弹一星"精神的核心。1948 年 5月，被西方誉为"中国的居里夫妇"钱三强和夫人何泽慧，怀抱刚满半岁的女儿回到随时可能遭战火覆灭的北平。新中国成立后，钱三强积极为原子能事业奔走，在异常困难的条件下拉起一支原子能科研队伍：赵忠尧、彭桓武、王淦昌、何泽慧、邓稼先……1955 年，为了换回被美国当局扣押的钱学森，经毛泽东同意，中国政府依照法律程序，提前释放阿诺德等 11 名被俘的美军飞行员。钱学森回国不久，著名空气动力学家郭永怀、著名核物理学家张文裕、王承书夫妇也相继回国。钱学森回国后，便开始描绘中国导弹火箭的宏伟蓝图。1956 年 2 月，钱学森根据周恩来的指示，写出了关于《建立我国国防航空工业的意见书》，提出了我国火箭、导弹事业的组织方案、发展计划和某些具体措施，同时开列了 21 名高级专家名单，其中包括任新民、罗沛霖、梁守槃、庄逢甘、林津、胡海昌等，后来这些人都成为中国航天事业的开路先锋。正是有了这样一批热爱祖国、无私奉献的知识分子，新中国的科研事业才奇迹般地迎头赶了上来。

　　自力更生、艰苦奋斗是"两弹一星"精神的品质。1956 年导弹研究院成立不久，聂荣臻将该院的工作方针归纳为："我们对导弹的研究制造，应采取自力更生为主，力争外援和利用资本主义国家已有的科学成果为辅的方针。"这一方针得到中央的批准。后来，这个方针成为我国国防科技事业，乃至整个科技事业的基本方针。"两弹一星"研制最初的一切都是困难的，一切白手起家，没有实验室，没有科研设备，甚至没有住房，科研人员有的住在帐篷里，有的住在大食堂里。寒冷的冬天里，北风呼啸，滴水成冰。但参与"两弹一星"研制工作的广大干部、工人、解放军指战员一起，在当时国家经济、技术基础薄弱和工作条件十分艰苦的情况下，用较少的投入和较短的时间，突破了原子弹、导弹和人造地球卫星等尖端技术，取得了举世瞩目的辉煌成就。从1956年研制导弹、原子弹被列入我国的12年科学技术发展规划起，仅用4年时间，到1960年，我国就成功发射了第一枚自主研制的导弹。在两弹一星的研制过程中，实现了高水平的技术跨越。从原子弹到氢弹，仅用2年8个月的时间，比美国、苏联、法国所用的时间要短得多。在导弹和卫星的研制中所采用的新技术、新材料、新工艺、新方案，许多方面跨越了传统的技术阶段。

大力协同、勇于登攀是"两弹一星"精神的特征。搞"两弹"，最困难的当属人才调集问题。当时，第一个五年计划刚刚开始，全国各地、各行各业都在加紧建设，科技人才极度匮乏，科学家、专家更是凤毛麟角，是每个单位的"心肝宝贝"，挖人家的"心肝宝贝"，就等于割人家的肉。但是，搞国防尖端技术，又必须集中大批技术骨干力量，是个顶个的，不能滥竽充数。1956年6月2日，聂荣臻邀请国务院秘书长习仲勋、副总参谋长兼军事工程学院院长陈赓、国防工业部部长赵尔陆、一机部部长黄敬、国家科学规划委员会副主任范长江、中国科学院副院长张劲夫、教育部副部长黄松龄、清华大学校长蒋南翔等国务院各部委领导33人开会，商量为导弹研究院选调科技骨干的问题。很快，蔡金涛、黄纬禄、吴朔平等数十位专家和中级科技人员到了导弹研究院，同时还接收了当年分配的156名大学毕业生，他们是中国导弹、火箭事业的第一批骨干力量，是最早的"班底"。为解决导弹研究院科技干部奇缺的困难，聂荣臻又建议在中国人民解放军军事工程学院、北京航空学院、北京工业学院、北京通信学院、北京邮电学院、交通大学、清华大学等高等学府，设置有关导弹的专业。建议得到中央批准。这为日后苏联毁约后，中国仍能坚持自己的"两弹"研制工作，奠定了技术力量基础。

第四节　"两弹一星"精神的现实意义

一、弘扬"两弹一星"精神，就必须牢固树立祖国利益高于一切的爱国情怀

爱国主义是中华民族的优良传统和高尚品德。在以"两弹一星"元勋为代表的老一辈科技专家身上，祖国利益高于一切、民族事业高于一切的坚定信念得到集中体现。他们中的许多人都在国外学有所成，拥有优越的科研和生活条件，为了投身于新中国的建设事业，冲破重重障碍和阻力，毅然回到祖国。几十年中，他们为了祖国和人民的最高利益，默默无闻，艰苦奋斗，以其惊人的智慧和高昂的爱国主义精神创造着人间奇迹。"中华民族不欺侮别人，也绝不受别人欺侮"，是他们的坚定信念，爱国主义是他们创造、开拓的动力，也是他们克服一切困难的精神支柱。几十年来，"两弹一星"精神所蕴含的爱国主义情怀始终在社会主义建设的各条战线被传承和发扬。今天，对于全体中华儿女来说，在中华民族伟大复兴的历史实践中，依然要学习老一辈科技工作者爱党爱国的崇高品质，将个人价值的实现融入祖国和人民事业的发展之中，为国防现

代化建设、为祖国的繁荣富强继续贡献力量。

二、弘扬"两弹一星"精神，就必须永远保持艰苦奋斗的政治本色

在"两弹一星"事业的起步阶段，国家经济基础薄弱，人才奇缺，物资匮乏。在极端艰苦的环境和条件下，科技人员和干部群众发扬艰苦奋斗精神，以昂扬的斗志战胜各种困难，创造出令世界瞩目的巨大成就。"两弹一星"的成功，进一步昭示了艰苦奋斗永远是我们战胜一切困难、夺取事业胜利的重要法宝。与研制"两弹一星"所处的时代相比，今天我国具有了较为雄厚的经济与科技实力，国防科研生产条件获得很大改善，艰苦奋斗也有了新的时代内涵。但要清醒地认识到，我国仍处于并将长期处于社会主义初级阶段，改革发展的任务依然十分艰巨。我们必须充分估计前进道路上可能遇到的种种挑战，牢固树立长期艰苦奋斗的思想，任何时候都不能丢掉这一宝贵的传统和精神。

三、弘扬"两弹一星"精神，就必须发扬勇于探索、勇于超越的创新精神

"两弹一星"的研制，是不断登攀、不断突破、不断创新的过程，是我国科技事业的历史性跨越。在当时的国际条件下，"两弹一星"事业只能依靠我们自己的力量来进行。广大研制工作者充分发挥聪明才智，知难而进，勇于创新，保证了我国独立掌握国防尖端技术。实践证明，自力更生、自主创新是我们在世界高科技领域占有一席之地的重要途径。在新的历史条件下，我

们依然要发扬勇于探索、勇于超越的精神，以不断增强科技发展与应用的首创能力为目标，切实推进先进的科技水平的发展。

四、弘扬"两弹一星"精神，就必须始终秉持科学精神和科学态度

"两弹一星"事业技术密集，系统复杂，综合性强。广大研制工作者秉持科学精神和科学态度，广泛运用现代管理理论与方法，建立协调、高效的组织指挥和调度系统，从而提高了整体效益，走出了一条投入少、效益高的发展尖端科技的路子。在国家大力提倡科学发展的今天，我们必须充分认识加快转变经济发展方式、推动产业结构优化升级的重要性、紧迫性和艰巨性，自觉坚持科学精神、树立科学观点、运用科学方法，加快转变经济发展方式，不断提高经济发展的质量和效益。

五、弘扬"两弹一星"精神，就必须充分发挥大力协同、相互支持的社会主义政治优势

"两弹一星"作为新中国高科技的宏大工程，在党中央的统一领导下，全国"一盘棋"，大力协同，集体攻关，把有限的人力、物力、财力集中起来，形成了干事创业的强大合力。"两弹一星"及后来的载人航天工程、探月工程等重大工程的组织实施表明，具有战略意义的国家重大经济、科技建设项目，必须加强党的统一领导，充分发挥我国社会主义制度能够集中力量办大事的政治优势。在建设先进的国防科技工业的过程中，仍然需要发挥大力协同、相互支持的社会主义政治优势，广泛凝聚各方面的

智慧和力量，最大限度地集中人力和社会资源，群策群力，众志成城，将方方面面的积极性、主动性、创造性激发出来，形成统一的决心、统一的意志、统一的目标和统一的行动。

相关链接

1. 原子弹研制

1939 年初，德国化学家 O. 哈恩和物理化学家 F. 斯特拉斯曼发表了铀原子核裂变现象的论文。1939 年 9 月初，丹麦物理学家 N. H. D. 玻尔和 J. A. 惠勒从理论上阐述了核裂变反应过程，并指出能引起这一反应的最好元素是同位素铀235。正当这一成果发表时，英、法两国向德国宣战。1940 年，德军占领法国。法国物理学家让·弗雷德里克·约里奥·居里领导的科学家被迫移居国外。英国由于战争影响，只能派科学家小组赴美参加由理论物理学家 J. R. 奥本海默领导的原子弹研制工作。

在美国，匈牙利物理学家齐拉德·莱奥考虑到一旦法西斯德国掌握原子弹技术可能带来严重后果。经积极奔走，1939 年 8 月，A. 爱因斯坦写信给美国总统罗斯福，建议研制原子弹，引起美国政府注意。到 1941 年日本袭击珍珠港后，美国扩大原子弹研制规模，到 1942 年 8 月发展成代号为"曼哈顿工程"的庞大计划，投资 20 多亿美元。"二战"即将结束时，美国成为第一个拥有原子弹的国家。1945 年 8 月 6 日和 9 日，美国先后在日本的广岛和长崎投下了仅有的两颗原子弹。

苏联在 1941 年遭受德军入侵前，也研制过原子弹。卫国战争爆发后，研制被迫中断，直到 1943 年初才逐渐恢复，并在战后加速进行。1949 年 8 月，苏联进行了原子弹试验。

中国 1955 年着手研制原子弹。1959 年 6 月，苏共致信中共中央，暂缓向中国提供原子弹的样品和技术资料，中国决心完全依靠自己的力量来实现这一任务。中国首次试验的原子弹代号"596"，就是以此激励做好这项工作。1964 年 10 月 16 日，首次原子弹试验成功。

2. 氢弹研制

氢弹的杀伤破坏因素与原子弹相同，但威力比原子弹大得多。原子弹的威力通常为几百至几万吨级 TNT 当量，氢弹的威力则可大至几千万吨级 TNT 当量。

1951 年 5 月，美国在太平洋上的恩尼威托克岛试验场进行氢弹试验，但不具备实战价值。1953 年 8 月，苏联宣布氢弹试验成功。苏联是第一个成功把氢弹实用化的国家。

1954 年 3 月 1 日，美国的第一颗实用型氢弹（也是真正意义上的氢弹）在比基尼岛试验成功。随后，在美国帮助下，英国于 1957 年 5 月 15 日进行了第一次氢弹实验。

中国于 1966 年 12 月 28 日成功地进行氢弹原理试验，TNT 当量 30 万吨。1967 年 6 月 17 日上午 8 时 20 分，由飞机空投的 330 万吨 TNT 当量的氢弹试验获得成功。

法国 1968 年 8 月也拥有氢弹。美国从爆炸第一颗原子弹到爆炸第一颗氢弹用了 7 年零 3 个月，英国用了 4 年零 7 个月，苏联用了不到 4 年，法国用了 8 年零 6 个月，中国用了 2 年零 8 个月。

迄今为止地球上引爆的威力最大的氢弹

3. 导弹研制

导弹的起源与火药和火箭的发明密切相关。火药与火箭是由中国发明的。南宋时期，出现了最早的军用火箭。约在 13 世纪，中国火箭技术传入阿拉伯地区及欧洲国家。

直到 1926 年，美国才第一次发射无控液体火箭。20 世纪 30 年代末，德国开始火箭、导弹技术的研究，1939 年发射 A－1、A－2、A－3 导弹，1944 年发射 V－1、V－2 导弹。"二战"后期，德国还研制了"莱茵女儿"等几种地空导弹，以及 X－7 反坦克导弹和 X－4 有线制导空空导弹，但均未投入作战使用。

从"二战"后到 20 世纪 50 年代初，各国从德国导弹在"二战"的使用中，意识到导弹对未来战争的作用。1953 年美国在朝鲜战场曾使用过电视遥控导弹。1957 年 8 月 21 日，苏联发射了世界第一枚 SS-6 洲际弹道导弹。

中国自 20 世纪 50 年代末开始研制导弹。经过 20 多年的努力，1980 年 5 月 18 日成功地发射了洲际弹道导弹，1982 年 10 月成功地发射了潜地导弹。

4. 各国首颗发射的卫星

1957 年 10 月 4 日，苏联发射了人类首颗人造地球卫星 Sputnik-1，揭开了人类向太空进军的序幕，这一事件具有划时代的意义，它宣告人类已经进入航天时代。

1958 年 1 月 31 日，美国成功发射了第一颗"探险者"-1 号人造卫星，运载火箭是"丘辟特"C 四级运载火箭。

1965 年 11 月 26 日，法国成功发射了第一颗"试验卫星"-1（A-1）号人造卫星，运载火箭为"钻石"A 号三级火箭。

1970 年 2 月 11 日，日本成功发射了第一颗人造卫星"大隅"号，运载火箭为"兰达"-45 四级固体火箭。

1970 年 4 月 24 日，中国成功发射了第一颗人造卫星"东方红"1 号。该星直径约 1 米，重 173 公斤，沿近地点 439 公里、远地点 2384 公里的椭圆轨道绕地球运行，轨道倾角 68.5 度，运行周期 114 分钟。发射"东方红"1 号卫星的运载火箭为"长征"1 号三级运载火箭，火箭全长 29.45 米，直径 2.25 米，起飞重量 81.6 吨，发射推力 112 吨。

1971 年 10 月 28 日，英国成功发射了第一颗人造卫星"普罗斯帕罗"号，运载火箭为英国的黑箭运载火箭。

2007 年，印度将首个返回式太空舱和 3 颗卫星用一枚极地卫星运载火箭送入太空，当地时间 2007 年 4 月 28 日，一枚

1970 年 4 月 24 日，中国成功发射第一颗人造卫星"东方红"1 号

图片来源：http：//news. xinhuanet. com/ziliao/2013－08/14/c_ 125162895. htm。

印度 PSLV－C9 火箭搭载 10 颗卫星升空。继美国、俄罗斯、欧洲航天局和中国之后第五个掌握了"一箭多星"的发射技术。

除上述国家外，加拿大、意大利、澳大利亚、德国、荷兰、西班牙和印度尼西亚等也在准备自行发射或已经委托别国发射了人造卫星。

参考资料

[1] 陶纯，陈怀国. 国家命运 [M]. 上海：上海文艺出版社，2011.

[2] 江泽民：在表彰为研制"两弹一星"作出突出贡献的科

技专家大会上的讲话［EB/OL］.（1999－09－18）. http：//news. xinhuanet. com/ ziliao/2000－12/31/content_ 488657. htm.

［3］中共国家国防科技工业局党组. 在新时期将"两弹一星"精神发扬光大［EB/OL］.（2011－06－03）. http：//theory. people. com. cn/ GB/ 14812582. html.

［4］中国共产党的伟大精神——江苏省大丰市委党校王河山对《精神的力量》解读［EB/OL］.（2012－01－10）. http：//www. dafeng. js. cn/zt2011/xq6dx/ xxlt/44456. shtml.

第十二章 | 华西精神

　　华西村位于长江三角洲中腹的江苏省江阴市华士镇。其区位优势得天独厚，交通优势方便快捷，沿江高速、澄杨公路穿村全境，无锡、苏州、上海等周边大中城市，在 1 小时车程之内到达。华西村，一个令人神往的地方。这里有极具民族特色的华西金塔，有横贯千米的世界第一巨龙，有气势恢宏的万米长廊，有独特的精神文明开发公司。还有一串令全中国农民羡慕的数字：村民家家住 400～600 多平方米的别墅，有 100～1000 多万元的资产，有 1～3 辆轿车；每户村民存款 600 万～2000 万元。华西人的收入是全国农民的 40 多倍、城镇居民的近15 倍。华西村走出了一条独特的共同富裕惠民、基层有效管理之路。华西村在多年发展的历程中，积累并形成了独特的华西文化，并孕育了华西精神。

第一节　华西村发展的历史沿革

　　华西村，在 20 世纪七八十年代，就以农业、农村文化、科技、旅游工作成就，成为全国闻名的一个"样板村"，吸引了来自五湖四海的人们前来参观、学习。在改革开放政策的指引下，华西的各个产业更是发生了历史性巨变。

　　1957 年，原属瓠岱乡的华西村，在撤区并乡后，改属华墅乡，取名华墅乡第 23 高级社，吴仁宝任高级社党支部书记。1958年 8 月，23 社与附近的泰清、马桥、立新三个高级社合并，称跃进社，吴仁宝改任跃进社党支部书记。1961 年 10 月 15 日，华墅

20 世纪 70 年代华西村

图片来源：http://money.163.com/09/0829/18/5HTER0LU00253JPD.html。

人民公社 17 大队，因在华墅人民公社最西边，故名华西大队。吴仁宝任华西大队党支部书记。初建时，华西大队人口 667 人，集体资产 2.5 万元，欠债 1.5 万元，人均分配 53 元。

1964 年冬，华西大队制定了"五个一"的《华西十五年远景规划》。20 世纪 60 年代，华西大队就是农村的先进典型，实行以队为基础的核算方式，公社、大队、生产队三级所有，以生产队为基本核算单位，华西大队实行大队统一核算。20 世纪 70 年代末农村推行"家庭联产承包责任制"的改革，华西大队顶着很大的压力还是实行大队核算。在农村取消人民公社之后，华西大队改为华西村。2001 年 6 月，华西村周边的三个行政村加盟华西村，合并成为华西一村。华西村周边的 20 个经济薄弱村先后加入华西村大家庭。面积由原来的 0.96 平方公里扩大到 30 平方公里，人口由原来的 2000 多人增加到 5 万多人。

第二节　华西精神的历史作用

一、以卓越的实践论证了"贫穷不是社会主义"的真理

贫穷不是社会主义。华西村始终把带领全体村民致富作为首要任务，其卓越实践再次向世人证明了社会主义农村建设的重点方向。华西村奉行"少分配、多积累、少拿现金、多入股"的积累与分配原则。凡村办企业的工人，每人每月只领取 30% 的工资，其余的 70% 存在企业作为流动资金，到年底一次性兑现。奖金通常是工资的 3 倍，但并不发给职工，而作为股金投入企业，第二年开始按股分红。这种将主要收入用于积累和再生产的模式

也是不断发展和实现富裕的重要因素。

二、以独特的发展模式和分配模式证明了共同富裕的可行性

改革开放以来，人们在实践中对社会主义市场经济的发展理论和发展规律有了进一步的认识。从"贫穷不是社会主义"到"共同富裕不是同步富裕、同等富裕"……人们的认识不断深化。但是，对于如何实现共同富裕，对于在发展的过程中，是否必须通过"让一部分人先富起来"的过程来实现共同富裕，还需要很多理论和实践方面的探索。因此，华西村以其独特的发展模式和分配模式，证明了在发展过程中即可同步实现共同富裕。"二八"分成、"一分五统"等模式都是华西村的卓越探索，是具有华西特色的发展模式。这种发展和分配模式避免了收入分配差距过大

华西村干部合影

图片来源：http://money.163.com/09/0829/18/5HTER0LU00253JPD.html。

等不稳定隐患，具有积极的现实意义。

三、丰富了科学发展和社会主义新农村建设的理论

实践科学发展，不仅要注重通过发展来解决前进道路中遇到的各种问题，更要注重发展速度和质量并重。华西村的实践证明，在坚持科学发展的思路和理念的基础上，可以实现具体发展模式和路径的多元化。"华西模式"与"南街模式"等模式一道，成为我国基层组织和广大人民群众探索科学发展的重要尝试，丰富了科学发展和社会主义新农村建设的理论。

四、探索了基层党组织建设和基层民主的新模式

华西村级组织构架，并不是传统科层制范式的复制。华西村领导体制的总体组织构架是：党委领导制、村民自治制和现代企业制度的有效融合。村党委在整个村级组织中处于领导核心地位，全面领导、总体负责。这种具有"草根"特点的领导体制，较好地化解了我国基层农村管理体制中的大权与小权、宏观管住与微观放活的矛盾。华西村的村民对村党委有着高度认同，党组织权威高于其他任何村级组织和个人。这是华西村多年积聚的政治资源与独有的政治优势。实践证明，通过村级党组织聚集优化农村基层组织和基层社会中稀缺的领导资源，能够降低领导成本，提高工作绩效。

第三节　华西精神的内涵

华西成就鼓舞人心，华西经验弥足珍贵，华西精神是我们

宝贵的精神财富。华西精神是与时俱进、率先发展的精神。无论在什么时候，华西都始终坚持高举旗帜，坚定正确方向；无论在什么情况下，都能坚持加快发展不动摇，率先发展不停步；无论在什么环境中，都能坚持谦虚谨慎，艰苦奋斗，永不自满，勇攀高峰；在各个发展阶段，华西人都善于把握机遇，抢抓先机，始终走在前列。华西精神是解放思想、实事求是的精神。作决策、办事情，坚持实事求是，善于从实际出发，既符合中央精神，又符合群众意愿。华西精神是求真务实、改革创新的精神。华西村以改革求突破，以创新求发展，始终把握发展的主动权，不断开创改革发展的新局面。华西精神是以人为本、

吴仁宝在田间劳作

图片来源：http：//news. ifeng. com/mainland/special/wurenbaoshishi/content - 3/detail _ 2013_ 03/19/23270229_ 0. shtml？ _ from_ ralated。

共同富裕的精神。吴仁宝提出的"有福民享、有难官当"，充分体现了执政为民的宗旨。华西人不仅自己富，而且富裕不忘国家、不忘集体、不忘左邻右舍和经济欠发达地区，先后在省内外帮助多个贫困村脱贫致富。华西精神是协调发展、团结和谐的精神。华西村始终坚持两手齐抓、协调发展，加强农村精神文明建设和先进文化建设，形成了热爱科学、崇尚文明、尊老爱幼、家庭和睦、邻里团结的良好村风，社会安全，生活安定，百姓安宁，在建设和谐社会方面进行了成功实践，创造了新鲜经验。

第四节　华西精神的现实意义

一、弘扬华西精神，就是要始终把老百姓的利益放在心上，真正让改革发展的成果惠及广大农民

多年来，华西村始终坚持把老百姓的利益作为一切工作的出发点，坚持有福民先享，有难官先当。始终坚持促进共同富裕。"人民脸上的笑容，就是构建和谐社会乐章的音符"。"造福人民"是发展的终极目的，是各级党组织和党员干部最大的责任。不论是在"文革"期间，还是和谐发展、深化改革的新时期，华西精神中这种一以贯之地为人民创造幸福的理念都值得赞扬和坚持。华西精神中"使劳苦的人健壮，不幸的人幸福，苦恼的人微笑"的发展理念已和"美丽华西、幸福华西"一道，成为了新时代一道亮丽的风景线。

二、弘扬华西精神，就是要始终把发展作为第一要务，努力为社会主义新农村建设奠定坚实的物质基础

要造福人民，经济是基础，发展是关键，实现率先科学发展是第一要务。有了经济效益，有了经济实力，才能更好地增加人民幸福的"经济资本""政治资本""文化资本"和"社会资本"。经济搞不上去，不论说什么、干什么都是一句空话。在当前，全体党员干部要树立带领人民艰苦创业，科学发展的理念，实事求是地探索科学发展道路，实践科学发展观、建设循环经济，加快经济转型升级，敢抓机遇、善抓机遇、用好机遇，坚持加快发展、科学发展、协调发展。

2011 年的华西村

图片来源：http://roll.sohu.com/20111010/n321663818.shtml。

三、弘扬华西精神，就是要始终发扬艰苦奋斗、艰苦创业的精神

任何事都是干出来的。在发展过程中，一方面要坚持登高望远、谋划未来；另一方面要注重脚踏实地、真抓实干，体现求真务实的精神。幸福不会从天上掉下来！幸福是从踏实的劳动、工作和创业中产生的。当前，全体党员干部要学习华西村党员干部"只愿创大业，不愿做大官"的精神，把为人民幸福而艰苦创业当作人生最大的快乐、最大的幸福、最大的力量，当作人生幸福的最主要的源泉。建设社会主义新农村是中国农民伟大而艰苦的长征，先行的探索者更是困难接着险阻。要力求做到忍一般人忍不了的痛，吃一般人吃不了的苦，受一般人受不了的罪，想一般人想不到的事，坚持一般人坚持不下去的信念，始终坚守建设社会主义新农村的规划，艰苦创业，将规划憧憬变成幸福的现实。

四、弘扬华西精神，就是要始终坚持在发展经济的同时丰富村民精神生活，提高村民素质，形成良好村风

华西村做到了全村处处都有好环境。以民安为基，村民做到了天天都有好心情；以民健为重，村民做到了个个都有好身体。以思想教育为导向，以科技文化教育为基础，以村民幸福为终极目标，时时心系人民群众，周到细致，倾心倾情服务人民群众，建设了一个真正的"人民幸福工程"。这种发展模式避免了以牺牲环境为代价的"粗暴"式发展增长，从思想和精神层面建立了关心服务群众、造福人民的机制，使华西村成为无黄、赌、毒的一方净土。

五、弘扬华西精神，就是要始终坚持发展基层民主，推动制度创新，广泛调动村民建设新农村的积极性和创造性

在发展的过程中，如何广泛地调动老百姓的积极性，是一个战略性课题。华西精神中始终强调"共建共享"，强调对老百姓不能只要求"建"、没有"享"，强调发动和保护好广大村民的积极性。弘扬华西精神，要坚持用党的方针政策调动人民群众的积极性，要坚持广大干部以身作则来调动人民群众的积极性。要和群众同甘共苦，坚持老百姓苦的时候，干部要同样苦；老百姓乐的时候，干部心里乐。从而不断发展基层民主，推动制度创新，广泛调动村民建设新农村的积极性和创造性。

相关链接 │ 党的主要领导人对华西村的评价

1. 毛泽东评价华西村："希望"之地

毛泽东同志早在 20 世纪 60 年代末，看了中央研究室有关华西社队企业的调查报告后，就有了批示，说："这是农村光明灿烂的希望！"

2. 邓小平评价华西村："共富"之地

20 世纪 80 年代末，邓小平同志听了江苏省委、无锡地委领导关于"华西村道路"的汇报后，对其共同富裕给予了充分肯定。在大型电视记录片《邓小平》第 7 集中，专门介绍了华西的共富之路。

3. 江泽民评价华西村："幸福"之地

1998 年 4 月 20 日，江泽民同志来华西村视察时，在 98 米高的华西金塔上，江泽民兴致勃勃地听着华西村党委书记吴仁宝的汇报，不时对吴仁宝富有农民特色和哲理的话大加赞赏。江泽民称赞："华西人民幸福！幸福！真幸福！"听了吴仁宝"两手抓"的汇报后，连声说："好！好！好！"并称赞：允许"一村两制"，不允许"一家两制"，这样做正确处理了权与钱的关系。

4. 胡锦涛评价华西村："不简单"之地

新世纪，胡锦涛同志看了介绍吴仁宝事迹的材料后，对华西称赞道："华西村不简单，吴仁宝不简单！"

2006年"七一"期间，胡锦涛同志在接见吴仁宝时说："你为社会主义新农村建设作出了贡献，谢谢你！谢谢你！"

2007年，党的十七大期间，胡锦涛同志听了吴仁宝的"三个好"（会议好、共产党好、中国特色社会主义好）为主题的发言后，笑着说："好，我们为你鼓掌！"

2012年12月，胡锦涛专程前往华西村，胡锦涛察看了村容村貌，参观了华西之路展厅，还来到华西农林科技示范园了解华西村发展现代农业情况。看到华西村经济发展、环境优美，家家户户过上了小康生活，胡锦涛非常高兴。他握着老书记吴仁宝的手说："华西村不愧是农村社会主义现代化建设的一面旗帜。你们的实践有力地证明，中国特色社会主义道路是强国富民的正确道路。"他希望华西村以党的十八大精神为指针，继续创新发展思路，深化改革开放，加快转型步伐，为促进城乡共同繁荣探索新经验、作出新贡献。

参考资料

［1］贺耀敏. 扩权让利：国有企业改革的突破口——访袁宝华同志［J］. 百年潮，2003（8）.

［2］各级领导评价吴宝仁［EB/OL］.（2006－01－12）. http：// www. gmw. cn/content/2006－01/12/content_ 360738. htm.

［3］冯怡. 解析华西精神［EB/OL］.（2012－02－27）. http：//www. xzbu. com/1/view－309741. htm.

第十三章 | 小岗精神

小岗村，是中国农村改革的发源地。1978 年，18 位农民以"托孤"的方式，冒着极大的风险，立下生死状，在土地承包责任书上按下了红手印，创造了小岗精神，拉开了中国改革开放的序幕。

第一节　小岗精神产生的历史背景

小岗村，一个位于安徽省滁州市（当时叫滁县地区）凤阳县城东南 40 里一个海拔 50 米左右的丘陵岗地之上的村庄。说它小，一是因为地图上绝对找不到它的坐标，二是因为 30 年前村上只有 20 户 115 口人。县城凤阳史称"钟离"和"濠州"，洪武七年由朱元璋易名为凤阳府。意思是，凤凰不落无宝之地，此乃宝地。然而，凤阳县和小岗村一样，也是因为穷才出了大名的。正如那首《凤阳歌》中唱道的那样："说凤阳，道凤阳，凤阳本是好地方，自从出了朱皇帝，十年倒有九年荒。大户人家卖骡马，小户人家卖儿郎，奴家没有儿郎卖，身背花鼓走四方。"

小岗的穷，全国少见。刚解放土改划成分时，按照政策，小岗竟划不出一家地主、一家富农。当时 24 户人家，划来划去，只划出一户中农、一户贫农、一户雇农和两户佃中农，其余的全是下中农。按照规定，贫农、雇农、佃农都是从地主、富农那儿分得田地的，小岗村的贫雇农就只能从别村的地主、富农那儿去分。有了土地的小岗人，尝到了当家做主的幸福滋味。因此，家家户户，欢天喜地，放声歌唱："土地证，拿到手，快活得屁股扭三扭。分到了田，分到了屋，又分犁耙又分牛。地主地主你别气，你看看，县长的大印盖上头！……"然而，土地改革刚刚过去，各地互助组就开始陆续出现了。时间不长，在对"小脚女人"的一片大批判声中，中国农业合作社运动的高潮便扑面而至。先是互助组并成低级农业合作社，很快就转成了高级社。1956 年，小岗人也无一例外地全成了高级农业合作社的社员。后来，成立了人民公社，喇叭里天天唱着："共产主义是天堂，人民公社是桥梁……"

严宏昌，中学毕业，当时小岗生产队屈指可数的有文化的农民。他对人民公社干活搞"大呼隆"，分配上吃"大锅饭"，看不惯，也受不了。1973 年，他背井离乡，外出闯荡。在他的影响下，小岗人有的悄悄搞起了家庭副业。大多数人家喂不起猪，只能喂几只鸡，指望能到集市上卖几个鸡蛋，换回点油盐酱醋的零用钱。谁知不久，喂鸡也被严格规定。当时的政治口号是："宁要社会主义的草，不要资本主义的苗。"房前屋后可以长荒草，绝不允许种出一葱一蒜来。对此，小岗人抵触情绪特别大。他们清楚地记得，风调雨顺的 1960 年和 1961 年，当时已有 34 户 176 口人的小岗生产队，就饿死 69 人，死绝 6 户，最后只剩下了 10 户 39 人。1978 年，随着对极"左"一套的清算，严宏昌回到了小岗村。在小岗人的期盼下，严宏昌当选为队长，这年他 29 岁。小岗人满怀热望地对他说："这下就指望你宏昌给咱们弄碗稀饭喝喝了！"有人问严宏昌："新官上任三把火，你准备烧哪三把？"严宏昌想都没有想，就说：其实只需烧好一把火就够了，就是打破"大锅饭"。说干就干！他瞒着公社，偷偷地把全队由 4 个组划成了 8 个组。一组：严立付、严立华（兄弟两家）；二组：严国昌、严立坤、严立学（父子三家）；三组：严家芝、严金昌、关友江（父子、女婿三家）；四组：关友申、关友章、关友德（兄弟三家）；五组：严宏昌、严付昌（兄弟两家）；六组：严家其、严俊昌、严美昌（父子三家）；七组：韩国云、严学昌（两家邻居）；八组：关友坤、严国品（两家邻居）。大家发现，这些"作业组"成了"父子组""兄弟组"或是"邻居组"。起初，这样一分，大家很满意。可好景不长，因分配问题相互间的矛盾越来越尖锐，大家坚决要求再分开，不愿再捆在一起了。一天晚上，严宏昌摸着黑，登门去请教关庭珠老人。他说："大爷，我年轻，对庄稼活不在行，你看这队里的生产怎么弄才会好呢？"关庭珠沉吟了一会，说："我说出来很容易。这事，不在你会不会干，而是敢不敢干。"严宏昌越听越发急，就说："大爷，只要大家不饿肚子，杀头我也认！"关庭珠说："办法有一个，我只给你三个字：'责任田'"。

小岗村 18 户村民

图片来源：http://finance.ifeng.com/opinion/jjsh/20090924/1279636.shtml。

1978 年 11 月 24 日，晚饭过后，没有电灯更没有路灯的小岗村已寂然无声，很多社员早早就上了床。忽然，一阵此起彼伏的狗吠声响起，小岗生产队的 18 条汉子先后出了门，陆陆续续向严立华家摸去。严宏昌见人到齐了，有些激动地说："今天把各位找来开个会，看看搞好明春队里的生产，都有些什么好办法？"其实，大家对今晚的会都已心知肚明，所以严宏昌开场白的话音落后，好一阵鸦雀无声。严家芝老人见大家不言语，就快人快语地说："啥好办法？要想叫大家不吵不闹，都有碗饱饭吃，只有分开一家一户地干！"严家芝将这层窗户纸一捅破，小小的茅屋里，顿时变得热闹起来。见火候已到，关庭珠亮开嗓门说："要搞过去那样的'责任田'，我保证就凭锹挖钩刨，收的粮食也吃不了。可这千将有头，万将有尾，问题是，谁又敢带这个头呢？"不出关庭珠所料，紧接着大家便七嘴八舌地喊起来了："哪个敢带头，咱们就干！"严宏昌在大伙的期待中往前一站，说道："既然大家都希望分田到户，只要保证做到两点，我就敢带这个头。第一，小岗人过去年年都吃国家的救济，从明年夏秋两季开始，打的头场粮食，要先尽着国家公粮和集体提留交齐，谁也不能装孬种。第二，我们是明组暗户，瞒上不瞒下，这事不准对上级和外面任何人讲，谁讲谁就是与全队人为敌。如果大家答应这两条，我就敢干，我就敢捅破这个天！"关庭珠接过话，"我看再加上一条，今后队长因为让我们包干到户坐了班房，他家的农活就由我们全队包下来，小孩也由全队养活到18岁！"一个个村民激动地跳起来，纷纷表态。最后严学昌提议："空口无凭，我看大家还是立个'军令状'"。"对，留个字据。""写上几条，大家都捺上手印！"就这样，他们在纸上写道：我们分田到户，每户户主签字盖章，如以后能干，保证完成每户的全年上缴和公粮，不再伸手向国家要钱要粮；如不成，我们干部坐牢杀头也甘心。大家社员也保证，把干部的小孩养活到18岁。写好后，严宏昌在牵头人的落款处，毫不犹豫地签上了自己的名字，并顺手把小岗生产队20户人家的代表悉数写出：关庭珠、关友德、严立付、严立华、严国品、严立坤、严金昌、严家芝、关友章、严学昌、韩国云、关友江、严立学、严俊昌、严宏昌、严美昌、严付昌、严家其、严国品、关友申。名单写齐后，严立学也把红印泥找来了，大家一窝蜂地围上去，一个接着一个地在自己的名字上捺上血红的手印。缺席在外地要饭的关友德和严国昌一老一少，也分别由关庭珠和严立坤代补了手印。最后，严宏昌落上日期。

小岗人做梦也不会想到，这个日子后来会变得那样重要。谁又能想到，在没有一个是中共党员的小岗生产队，1978 年 11 月24 日这天的晚上，小岗人以最古老的"歃血为盟"的形式召开的那个"秘密会议"，将会载入中国的历史，乃至中共党史呢？谁又能料想得到，轰然撬动中国并引发了一场惊天动地的伟大变革的杠杆的支点，会是在江淮大地这个最不起眼的小小村落呢？当时，严宏昌和小岗人更没意识到，他们的这种破釜沉舟、义无反顾，是在"改革"。在他们的意识里，只是不愿再去流浪、再去乞讨、再被饿死。

第二节　小岗精神的历史作用

一、催生了中国农村的一轮大变革，孕育了后来改变亿万农民命运的家庭联产承包制

从 1978 年年底安徽省凤阳县小岗村生产队 18 户农民签订全国第一份包干到户合同起，以包产到户、包干到户等为主的责任制迅速在中国得以推广。1982 年中央一号文件中指出：目前实行的各种责任制，包括小段包工定额计酬，专业承包联产计酬，联产到劳，包产到户、到组，包干到户、到组等，都是社会主义集体经济的生产责任制。不论采取什么形式，只要群众不要求改变，就不要变动。这个文件对包产到户、包干到户是社会主义经济的界定，彻底地解决了人们对包产到户、包干到户的后顾之忧，促进了"双包"制在全国的广泛推行。1987

年，全国有 1.8 亿农户实行了家庭联产承包为主的责任制，占全国农户总数的 98%。

1984 年 1 月 1 日，中共中央发出《关于 1984 年农村工作的通知》（即 1984 年中央一号文件）。该《通知》指出：1983 年 1 月发出的《当前农村经济政策的若干问题》，经过一年的试行，取得明显的成效，证明所提出的基本目标、方针、政策是正确的；中央决定作为今后一个时期内指导农村工作的正式文件，继续贯彻执行。1984 年农村工作的重点是：在稳定和完善生产责任制的基础上，提高生产水平，梳理流通渠道，发展商品生产。《通知》

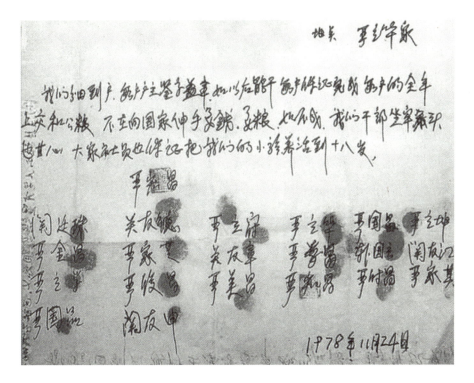

具有历史标志意义的小岗村"包产到户"红手印

图片来源：http://www.haijiangzx.com/2013/mingjiazl_0322/1829.html。

要求：土地承包期一般延长到 15 年以上，以鼓励农民增加投资，培养地力，实行集约经营；生产周期长的和开发性的项目，如果树、林木、荒山、荒地等，承包期应当更长一些。农牧渔业部在全国农业工作会议上明确表示，要用大胆探索、勇于改革的精神，巩固和完善联产承包责任制，迅速把主要精力转到抓好商品生产上来，使广大农民尽快富裕起来。

二、直接推动了"农村包围城市"的全国改革态势

家庭联产承包制度，最终上升为我国农村的基本经营制度，彻底打破了"一大二公"的人民公社体制。这一重大改革，不仅解放了农村生产力，使中国农业发展越过长期短缺阶段，解决了亿万人民的温饱问题，而且后来被普遍移植到企业改革中，直接推动了"农村包围城市"的全国改革态势。在城镇化、工业化加速的新形势下，无论是保障农产品供应和市场价格稳定，还是扩大消费，都需要在统筹城乡发展中稳农富农。更重要的是，家庭联产承包责任制使中国改革确立了一条基本原则，即尊重人民群众的主体地位和首创精神，把发展生产力和实现好维护好发展好人民群众的切身利益，视为判断改革成败的根本标准。

三、大大解放了思想，促使人们重新认识和理解什么是社会主义

小岗村模式的出现和推广，使人们逐渐开始认识到在资本主义发展过程中逐渐发展起来的、产权分离的公有制形式，社会主

义也应该加以改造和使用，从而开始从旧的还在社会主义边缘的初级阶段模式中脱离出来，为集体化向社会化过渡打开了大门，进而促使人们更加深入地去认识和理解什么是马克思主义、什么是社会主义。不只是公有制，按劳分配也是如此。小岗村模式将过去按潜在劳动的分配形式改变为按凝固劳动或者物化劳动的分配形式，有力地向前推进了一步。小岗村模式是社会主义的进步。小岗村改革开启了社会主义事业的新篇章！

第三节　小岗精神的内涵

小岗精神，俗称"大包干"精神，基本内容是：敢为人先、实事求是、锐意改革、与时俱进。敢为人先，是小岗精神的起源。"大包干"以前的小岗村，是全县有名的"吃粮靠返销，用钱靠救济，生产靠贷款"的"三靠村"，每年秋收后几乎家家外出讨饭。1978 年，18 位农民以"托孤"的方式，冒着"坐牢""杀头"的风险，立下生死状，在土地承包责任书上捺下鲜红的手印，成为中国农村改革的第一份宣言，拉开了农村改革开放的序幕。实事求是，是小岗精神的内核。2008 年，当记者问"大包干"带头人严宏昌中国改革为什么从农村开始、农村改革又为什么从小岗村突破时，老人家对两个问题的答案就一个字：穷。1978 年，小岗村适逢大旱荒，生存的本能使小岗村农民将个人安危和政治风险置之度外，签下分田到户的"秘密协议"。结果小岗村一年就越过温饱线，还首次向国家交售了余粮。锐意改革，是小岗精神的本质。"大包干"打破了当时经济政策上的"禁区", 以致时任安徽省委第一书记的万里在小岗村调研后批准再让试验两年, "大包干"带头人追着万里讨要"红头文件"。万里说: 红头文件没有, 如果有人不让你们这样干, 你就问他有没有更好的办法使农民的收入比现在多, 作出的贡献大? 他要是说不出办法, 他还得跟你学。与时俱进, 是小岗精神的真髓。"大包干"顺应市场经济体制改革需求, 带动中国亿万农民解决了温饱问题, 促进了农村的复苏和繁荣。面对时代的快速发展, 小岗村与时俱进, 大刀阔斧地进行着税费改革、农村土地流转、农村金融体制建设等农村深层问题的改革。几年前, 小岗村又把分掉的田重新"合"起来连片开发, 在螺旋式的进步中书写着新的历史。

"大包干"纪念馆中18位农民捺手印的雕像

图片来源: http://news.china.com.cn/zhuanti/zgztk/2008-11/21/content_16804724.htm。

第四节　小岗精神的启示

一、土地流转规模经营是农民致富的桥梁

小岗村的"大包干"责任制，解决了农民的生存问题，却没有解决农村的发展问题。曾凭一纸鲜红手印率先告别饥饿、贫困的小岗村，到 2004 年时人均收入才刚过 2000 元。在探索致富路上，小岗村人体会到：单干只能解决温饱，要发展致富就必须突破土地分散经营的瓶颈，盘活农村的土地、劳动力、人才和资金等生产要素，尤其要让土地成为农民手中可以流转的生产要素。为此，沈浩顶着被怀疑和谩骂的压力，冒着风险苦口婆心与村民促膝交谈，带领群众转变观念，劝导当年秘密在"生死契约"上捺手印分土地的农民，率先将承包的土地集中起来流转出去。小岗村进行土地流转的第一个项目，就是建起了一座占地 200 亩的现代养猪场，饲养高山特色风味猪，直销上海等地的大超市，价格是普通猪肉的 2 倍。土地流转户除去每年每亩地 500 元的租金外，还在养猪场干活挣劳务工资，再加上年终分红，一年的收入比过去单干翻了好几倍。得到土地流转实惠的农民，不断盘活了土地资产，增强了走规模化、集约化经营的决心，发展现代农业，兴办新型合作经济组织的信心也更足了。2008 年年底，小岗村 1800 亩耕地，已有千余亩实现了流转，每亩土地收益少的上升了 5~10 倍，多的甚至达 20~30 倍。

2008 年，胡锦涛总书记视察小岗村，看到小岗村的巨大变化后，高兴地对农民说：不仅现有土地承包关系保持稳定并长久不

2008 年的小岗村

图片来源：http：//life. chuzhou. cn/vote/xuanshou_ 594. html。

变，还要赋予农民更加充分而有保障的土地承包经营权。同时根
据农民的意愿，允许农民以多种形式流转土地承包经营权，发展
适度规模经营。《农村土地承包法》也规定：国家保护承包方依
法、自愿、有偿地进行土地承包经营权流转；土地承包经营权可
以依法采取转包、出租、互换、转让或者其他方式流转。党的政
策和国家的法律，为农民流转土地承包经营权盘活生产要素提供
了保障，奠定了农村经济社会发展长治久安的基石。

二、发展现代农业是农民奔小康的必由之路

2004 年春天，小岗村人在沈浩的带领下，进行了一次重要的
变革——土地流转经营、发展现代农业、兴办新型合作经济组织。

从集中 200 亩土地办起养猪场开始，村里先后发展起了优质高产高效粮油、葡萄及双孢菇、甜叶菊等一系列现代农业产业。从规模种养殖业中尝到甜头的小岗村人感叹："大包干是小岗人的救星，现代农业是小岗人的福星。"实践是检验真理的唯一标准。小岗村人的实践证明，在推进新农村建设过程中，一定要把党的主张与当地的实际情况有机结合起来，因地制宜，典型示范，分类指导，坚持依法、自愿、有偿的原则，推进土地流转。针对不同区域的特色资源和独特优势，发展特色产业，打造特色品牌，达到规模经营一片土地，培育壮大一项产业，扶持一个龙头企业，富裕一方百姓的目的。

三、好的带头人是农民奔向富裕的关键

小岗村一夜越过温饱线，但 20 年没有跨上富裕路。究其原因有多种，但选好带头人是关键。"大包干"带头人严金昌形象地说："小岗村人起了个大早，却赶了个晚集。"2004 年，沈浩从安徽省财政厅下派到小岗村任党支部书记。他把农民要求致富的呼声作为工作第一信号，及时掌握了群众的所思、所想、所盼，激发群众的创造活力，尊重群众的首创精神，重视群众的合理诉求，办了大量顺民意、解民忧、增民利的实事好事。团结带领小岗村108 户人家，先后开通了有线电视，解决了村用自来水，修起了小岗村农贸市场，建起了村卫生院和困难群众住房，还成立了资金互助合作社。新建的"大包干纪念馆"成为凤阳县乃至安徽省重要的"红色旅游基地"。在他多方协调和不懈努力下，村里还招商引资，办起了钢构厂、装饰材料厂、节能电器公司等工业企

业。同时多家大型现代化企业也看好这方改革热土，入驻小岗村。其中有美国 GLG 集团农产品深加工高科技产业园、深圳普朗特集团生态农业园等。到 2008 年，小岗村人均纯收入达 6600 元，实现了增收致富梦，奔上了小康之路。

| 相关链接 |

1. 小岗村党支部书记沈浩

沈浩

图片来源：http://news. cnhubei. com/ctdsb/ctdsbsgk/ctdsb18/200911/t857861. shtml。

沈浩，1963 年生于安徽省淮北市萧县圣泉乡孙秦庄行政村，铜陵学院（原铜陵财经专科学校）84 届会计专业毕业。2004 年，沈浩从安徽省财政厅下派到小岗村任党支部书记。就任以来，一直为小岗村的发展殚精竭业业，处处为村里谋规划、办实事，先后为村里修了公路、为散居的 26 户村民集中盖了住宅楼并在村里建起了"大包干"纪念馆，自己却一直租住在村民家中。2006 年年底，沈浩在小岗村任职三年届满，村民强烈要求把沈浩留下来，20 多年前集体捺下手印的故事再次在小岗村上演。"大包干"带头人严立坤说，农村改革 30 年，小岗人自发捺过两次手印，第一次是 1978 年为搞"大包干"，第二次就是 2006 年为了留下挂职将到期的沈浩。面对 98 名小岗村民的签名信，安徽省有关部门领导感慨地说："这么多农民主动要求将挂职干部留下，这在全省还是首例。"

为促进小岗村振兴发展，沈浩带领着小岗村办工业、兴商贸、科学种田、生态旅游，以市场经济的头脑发展种植、养殖和高效农业……2006 年，小岗村跻身 2005 年度"全国十大名村"，2007 年年初，小岗村被授予"安徽省乡村旅游示范点"称号，一个美丽、和谐、富裕、文明的社会主义新小岗重新向世人展示着它独有的魅力。

2009 年 11 月 6 日凌晨，安徽省滁州市凤阳县小岗村党支部第一书记沈浩在小岗村临时租住的房子内去世，年仅 46 岁。胡锦涛总书记在批示中对沈浩的去世表示沉痛悼念，对沈浩的亲属和小岗村村民表示亲切慰问。2009 年 11 月 8 日，安徽省委书记王金山、省长王三运等领导同志看望沈浩同志亲属，并转达胡锦涛总书记的重要批示和亲切慰问。应小岗村村民强烈请求，沈浩同志亲属同意，沈浩同志骨灰被安葬在小岗村公墓。

2. 特区精神

20 世纪 70 年代末，刚走出"文革"的中国，开启了改革开放和社会主义现代化建设的伟大征程，开始了一场前所未有的伟大转折。兴办经济特区就是那个年代最富代表性的杰作之一。

1978 年，国务院组织的港澳经济考察组回京后建议：把广东宝安、珠海两县改为省辖市，建成具有相当水平的对外生产基地、加工基地和吸引港澳游客的游览区。这一设想得到党中央支持。1979 年 3 月，国务院批准分设深圳市、珠海市。1979 年 4 月，中央工作会议召开，广东省委负责同志建议中央下放若干权力，允许在深圳、珠海、汕头开办出口加工区。邓小平支持这一建议，并表示："还是叫特区好，陕甘宁开始就叫特区嘛！""中央没有钱，可以给些政策，你们自己去搞，杀出一条血路来！"

1979 年 7 月，党中央、国务院批转了广东、福建两省省委关于在对外经济活动中实行特殊政策和灵活措施的报告，并同时决定，先在深圳、珠海两市划出部分地区试办出口特区，待取得经验后再考虑在汕头、厦门设置特区。1980 年 5 月 16 日，党中央、国务院批准《广东、福建两省会议纪要》，将"出口特区"正式改名为"经济特区"。8 月 21 日，时任国家进出口管理委员会、国家外国投资管理委员会副主任的江泽民向第五届全国人大常委会第十五次会议作关于在广东、福建两省设置经济特区和《广东省经济特区条例》的说明。8 月 26 日，会议批准在深圳、珠海、汕头、厦门设置经济特区，并通过了《广东省经济特区条例》。自那时起，经济特区就以敢为天下先的姿态，挺立在改革开放和社会主义现代化建设的潮头，发挥了开路先锋的重要作用。之后，中国又于 1988 年 4 月成立了海南经济特区，2010 年 5 月成立了新疆喀什经济特区。

深圳作为中国第一个经济特区，是中国改革开放的窗口和中国对外交往的重要国际门户，自成立伊始就受到了全世界人民的关注。1980 年时的深圳还只是个只有 3 万多人口、两三条小街道，贫穷落后的边陲小渔村。来自全国各地的建设大军在改革开放政策的吸引下汇集到这里，开始了艰辛拓荒。经过 30 多年的改革探索，深圳已发展为有相当影响力的国际化城市，创造了举世瞩目的"深圳速度"。2005 年，深圳成为内地第一个没有农村建

制的大城市；2007 年，深圳人均 GDP 在内地大城市中率先突破
1 万美元大关，居民人均可支配收入居全国内地城市首位；
2012 年，出口规模连续 20 年居全国内地城市首位。

以深圳为代表的经济特区不仅创造了举世惊叹的物质文明奇
迹，也创造了支撑特区经济迅速崛起的"特区精神"。2010 年
5 月23 日，深圳市第五次党代会报告将"特区精神"归纳为 7 个
方面：特区精神，就是敢闯敢试、敢为天下先的改革精神，就是
海纳百川、兼容并蓄的开放精神，就是追求卓越、崇尚成功、宽
容失败的创新精神，就是"时间就是金钱、效率就是生命""空
谈误国、实干兴邦"的创业精神，就是不畏艰险、勇于牺牲的拼
搏精神，就是团结互助、扶贫济困的关爱精神，就是顾全大局、
对国家和人民高度负责的奉献精神。

3. 大寨精神

大寨精神产生形成于 20 世纪50 年代末到 60 年代初，当时中
国处于极端困难的境地。国际上，帝国主义敌对势力对我国进行
经济封锁和军事威胁，苏联领导人背信弃义向我国逼债。国内遭
受十分严重的自然灾害。在严峻的现实面前，周恩来总理决心力
挽狂澜，扭转局势，费尽苦心在千万个先进典型中选中了大寨。
周总理在 1963 年全国计划工作会议上，听取了时任中南局书记处
书记、昔阳籍老干部李一清关于昔阳县大寨村遭受百年不遇洪灾
的汇报。李一清说，虽然大寨遭了大灾，但大寨决心在毛主席、
党中央的领导下，做到"三不要""三不少"。"三不要"就是一
不要国家的救济款，二不要国家的救济粮，三不要国家的救济物
资；"三不少"就是社员的口粮不少，集体的库存粮不少，向国

家上交的征购粮不少。周总理听后为之一振，随后派农业部长廖鲁言带领一批农业专家到大寨进行了为期20天的详细考察。与此同时，毛主席乘专列到南方各省视察，中途停留在邯郸火车站，要山西省委书记陶鲁笳在车上作了2天的汇报。从此，大寨走进了中南海。1964年第三届全国人大会议期间，周总理在和陈永贵进行了广泛的接触之后，慎重地向大会宣布了大寨这个依靠自力更生进行农业建设、发展农业生产的先进典型，并对大寨精神作了精辟的概括："大寨大队所坚持的政治挂帅、思想领先的原则，自力更生、艰苦奋斗的精神，爱国家、爱集体的共产主义风格，都是值得大大提倡的。"大寨精神，由此享誉全国。

今天，当你走进大寨，仰望虎头山，山顶是森林公园，松柏苍翠，绿树葱葱；山腰是海绵梯田，层层叠叠，美不胜收。大寨展览馆建在其间，这里浓缩着大寨人半个世纪以来的风雨沉浮。大搞农田基本建设是艰苦的，但是大寨人感到非常豪迈，非常光荣。他们从旧社会的苦熬中提升出生命的价值和生存的哲学："苦熬不如苦干！"这不仅道出了大寨人对社会主义的热爱，也道出了大寨人对共同富裕的追求。他们在大搞农田基本建设中迸发出来的热情和干劲，为世人震撼。联合国前秘书长瓦尔德海姆参观大寨以后说："大寨是中国人的骄傲。"墨西哥前总统埃切维利亚参观大寨后说："大寨的有机农业战略，对我国有很大启示。"日本的两位学者在对海绵田考察后十分感慨："海绵田对日本的农业变革是有意义的。"当年的大寨党支部书记陈永贵，一生牢记六个字："听党话，跟党走"，表现了一个共产党员的高尚情操。如今，人去精神在，光照后来人。

山西省晋中市昔阳县大寨村

图片来源：http：//almxl. blog. 163. com/blog/static/11347562013011912852/。

参考资料

［1］陈桂棣，春桃 . 小岗村的故事 ［M］. 北京：华文出版社，2009.

［2］王峰 . 特区发展呼唤特区精神 ［N］. 深圳特区报，2010－08－05 （A10）.

［3］中共山西省委党校理论研究中心 . 大寨精神的实质内涵、丰富发展和现实意义 ［EB/OL］. （2011－12－23）. http：//old. sxgov. cn/qj/nr/ 624715. shtml.

第十四章 | 女排精神

女排精神是中国女排的历史遗产，是 20 世纪 80 年代中国女排夺得五连冠之后的经验总结。它曾被运动员们视为艰苦奋斗的标杆和座右铭，鼓舞着他们的士气和热情。更关键的是，它因契合时代需要，不仅成为体育领域的品牌意志，更被强烈地升华为民族面貌的代名词，演化成指代社会文化的一种符号。它一直与女排的得失、沉浮紧紧联系在一起，并成为评价中国女排的最难以割舍的标准。

第一节　女排精神的产生与提出

20 世纪 60 年代，有"魔鬼教练"之称的日本著名排球教练大松博文带领日本女排创下 157 场连胜的奇迹，使日本女排赢得了"东洋魔女"的美誉。60 年代，我国乒乓球运动已经开展得很好，而作为集体项目的排球却还没有起色。大松博文在北京访问时，其新颖的训练方法引起了周恩来总理的高度重视。时任国家体委主任的贺龙元帅在看过大松博文的训练后，也提倡要脚踏实地地进行排球训练。当时，中国正处于三年自然灾害后的恢复期，浮夸风较严重，工作不踏实。正好排球界出现了这样的机会，总理就非常明智地抓住了。1964 年至 1965 年，大松博文应周恩来总理邀请，3 次来华帮助训练中国女排。由此，中国女排引入"魔鬼式"训练法，大运动量和多球训练也被引入到其他项目中。日本教练在训练中很注重严格要求、团结协作、顽强拼搏，这也是"女排精神"最初的源头。大松博文开创了外教来华执教的先河，从此，吸收了先进技战术理念的中国女排逐渐崛起。

周恩来总理与中国女排

图片来源：http：//read. sportpaper. cn/zgtyb/html/2011 − 06/20/content_ 214998. htm。

　　"文革"后期的 1972 年 4 月，国家体委要求各省运动队恢复正常训练。1976 年 6 月，袁伟民走马上任重新组建中国女排。袁伟民出任中国女排主帅后，积极吸取大松博文的"魔鬼训练"之精髓，从基本功抓起，不断加大球员的训练强度。在袁伟民的努力下，中国女排逐渐建立起一支有灵活性、能攻能守、能高能快的全面型球队。

　　1979 年 10 月 25 日，国际奥委会恢复了中国的合法席位，这样中国女排就有机会在更多的国际大赛中露面。当时，中国男排战绩有所滑坡，而中国女排却不断取得好成绩，逐渐成为当时国人最为关注的项目之一。改革开放初期，整个社会百废待兴、充满生机，也弥漫着迷茫的情绪，迫切需要给迷茫中的国人寻求一个精神支柱。1979 年 12 月，中国女排战胜日本队，首夺亚锦赛冠军，并成为三大球中率先"冲出亚洲"的队伍。

　　1981 年 11 月 16 日，北京时间 17 时，东京时间 18 时，第三届女排世界杯的最后一场比赛在日本大阪打响。中国女排的对手是东道主日本队。当时国内的电视机还不算普及，但几乎每台电视机都将频道锁定在女排比赛上，荧屏前往往挤着一家乃至几家人。更多的人则守在收音机前收听着赛事直播。那一届世界杯，共有 8 支球队参加。比赛采用单循环制，每支队伍要和 7 个对手分别打一场比赛，获胜场次最多的队伍夺冠。如果获胜场次相同，则计算局分。

　　日本作为主办方，除占尽天时、地利、人和外，还处心积虑地安排了对日本队最为有利的赛程：最后两场比赛分别对阵日本队卫冕的最大对手美国队和中国队，以挟前几轮比赛胜利之威而占据心理优势。而且，比赛的时间安排是日本与美国提前进行倒数第二轮比赛。这样，在中国队与美国队鏖战之时，日本队可以坐山观虎斗，而且以逸待劳地等待最后一个对手——中国女排。然而，被日本队视作最大对手的中国女排和美国女排，却"联手"促成了一个日本队哭笑不得的局面：先是美国队3∶2战胜了日本队，而后中国队又经过两个半小时的鏖战战胜了美国队。这样，最后一轮的比赛，局面变得微妙起来。若中国队战胜日本队，则冠军实至名归。即便中国队败了，只要能在五局三胜的比赛中胜两局，同样能得冠军。而日本队想夺冠，必须大比分战胜中国队，而且要寄希望于美国队最后一轮告负。

1981 年 11 月 16 日，中国女排首次荣获世界冠军

图片来源：http：//news. 163. com/11/0331/03/70EMJBJG00014AED. html。

中国女排面对的是背水一战、困兽犹斗的日本队，这注定了是一场要刺刀见红的对决。为了祖国的荣誉，中国女排士气旺，放得开，打得凶狠，拦得成功，吊得轻巧，每个运动员的水平都得到较好的发挥。第一局，15∶8拿下。第二局，15∶7。最后一球落地，中国女排的姑娘们已经蹦跳着抱成一团，欢庆胜利了。在报道席上的许多记者纷纷离席去抢占专线，向世界发出快讯：中国女排获得世界杯冠军！这是三大球在我国历史上第一次获得世界冠军！

冠军已经产生，但比赛还没有结束，虽然2∶0的比赛结果已经不影响冠军的归属。中国女排被从天而降的幸福感击晕了，冠军提前到来，她们失去了目标。而日本女排反而放开了手脚。中国女排连丢两局，2∶2，双方战平。最后一局，14∶15，日本队拿到了赛点。首个冠军，已经足够成就女排的荣耀，但这个冠军很可能要有一块瑕疵。袁伟民用了他的最后一个暂停，他发火了。尽管一向以严著称，但在赛场上，袁伟民还从没有向队员们发过火。这是第一次。"这是在什么地方打球？你们在为谁打球？全国人民都看着你们，盼着你们拼，盼着你们赢。这场球拿不下来，你们要后悔一辈子！"千钧一发之际，中国女排的牙关咬紧了，"铁榔头"发威了，郎平的一记重扣，夺回了发球权。随后，"天安门城墙"周晓兰的拦网连得两分。3∶2！中国赢了！中国女排以七战七胜的完美战绩夺得了冠军。最后一个球落地，姑娘们抱头痛哭。守在收音机和电视机前的中国人更是血脉贲张。北京的天安门广场人山人海，人们彻夜高呼"中国万岁！女排万岁！"那一届世界杯上，中国队不但拿到了冠军，还同时捧回了最佳教练员、最佳运动员、最佳二传手等6个单项奖。"在那个年代，再没有比女排酣畅淋漓的扣球更能让中国人感到扬眉吐气的事了。"当时正主管女排的魏纪中在他的回忆录《我的体育生涯》中写道。

比赛颁奖典礼未毕，国家体委、中华全国体育总会、中华全国总工会、全国妇联等单位的贺电已至球队。贺电还转达了高层将授予女排为"全国新长征突击队标兵"和"全国'三八'红旗集体标兵"光荣称号的决定。在20世纪80年代初，这两个荣誉的分量是今天难以想象的。它意味着中国女排被视为民族英雄。当中国女排姑娘们从日本凯旋时，当时的国家领导人万里、习仲勋、杨静仁亲自到机场迎接，荣高棠等体委领导都只能挤在接机队伍后排。

女排夺冠的第二天，《人民日报》的头版头条启用了鲜红色的大标题：《刻苦锻炼 顽强战斗 七战七捷 为国争光——中国女排首次荣获世界冠军》。文章旁边还配发了人民日报评论员文章：《学习女排 振兴中华》，开篇第一句话用了这样四个字："我们赢了！"而在同天的《体育报》上，时任全国妇联主席的邓颖超发表了题为"各行各业都来学习女排精神"的文章："各行各业的人民群众都要学习中国女排精神，树立远大的志向，发扬脚踏实地、苦干实干的作风，把自己的工作做好，更快地将我们的社会主义事业推向前进！"体育比赛的胜利，上升到了激励整个民族精神的高度。从此，女排精神响彻在华夏大地，成为鼓舞民族精神的一面旗帜。

女排精神的广为传颂，向国人和全世界庄严宣告了中华民族崛起的信心和能力。此后 5 年，中国女排创造了世界女排史上首个"五连冠"的神话与传奇，中国社会对于她们的崇拜也一次甚于一次。"我扣球的形象都上了邮票，女排的集体照做在了日历上，还有纪念币、纪念章，像民族英雄一样。""逼着你只能上不能下，打球已经完全不是我们自己个人的事情、个人的行为，而是国家大事。我自己都不属于自己，女排是一面旗帜。女排的气势，振兴了一个时代，她是 80 年代的象征。"郎平在自传《激情岁月》中这样描述。"团结起来 振兴中华"这一北大学子喊出的时代最强音，在 1984 年的国庆典礼上，刚刚夺得奥运冠军的中国女排殊荣独享，她们专乘一辆花车，穿过天安门广场欢庆的海洋，接受人们的欢呼乃至膜拜。广场上的花坛，有一个专为女排而设，上面摆着 8 个大字"团结起来 振兴中华"。女排成了这种昂扬的民族情感的象征。

创造历史的女排团队，也永远载入了中国体育的史册。他们是：球队领队张一沛；教练袁伟民、邓若曾；运动员孙晋芳、郎平、张蓉芳、周晓兰、陈亚琼、陈招娣、曹慧英、杨希、朱玲、梁艳、张洁云、周鹿敏。

第二节　女排精神的历史作用

一、女排精神是 20 世纪 80 年代中国社会奋斗激情的集中体现

中国女排夺冠后，几乎所有中国人都沉浸在女排胜利的狂喜中，各大媒体俨然成了排球专刊。女排姑娘和教练员的肖像照铺满了头版，标题套红刊登着口号"向为祖国荣誉拼搏的女排英雄

致敬"。女排姑娘们在人民大会堂开了庆功会，随后不停地到各部委机关作报告。一个月里，女排共收到了3万多封来信。一位参加对越自卫反击战的战士寄来了一个满是弹洞的钢盔；一位青年则寄来了他的血书。女排夺冠时已是初冬，湖北的渔民冒着严寒，从池塘里捞了一条体形罕见的武昌鱼，空军破例为其空运到北京送给女排。到了后期，媒体开始大力宣传"学习女排要落到行动上来"。为此，《人民日报》还开辟了"学女排，见行动"的专栏。诸如"某工厂女工看了女排的事迹之后，每天早来晚走，精心操作，班产量天天超额完成计划"；"某煤矿工人看完女排比赛之后，自觉加义务班，日日超产"等。更多的国人通过女排，真实地体会到一种从未有过的国家自豪感。女排精神已成为时代的主旋律，成为中华民族精神的象征，并在一代代的中国人心中继承和发扬。

2004 年，中国女排在雅典再次夺得奥运会冠军

图片来源：http：//www.gmw.com.cn/01gmrb/2005－09/11/content_302993.htm。

二、女排精神让外国人看到了改革开放的中国，认清了振兴中华的中国人

在 1981 年女排世界杯赛上，中国女排和巴西、保加利亚、古巴、美国、日本等七国世界劲旅进行了 11 天的角逐，中国女排过五关斩六将，七战七捷，首次获得世界冠军，为国家赢得了荣誉。当天，国务院电贺中国女排。这是我国体育健儿在三大球赛中第一次获得世界冠军，使得中国人的自尊、自强在排球赛场酣畅淋漓的扣杀中得以体现，象征着中国这头沉睡的东方雄狮已经慢慢苏醒，正以全新的姿态迎接世界的挑战。社会学家、中国社科院社会学研究所研究员、博士生导师王春光说，当时的国家太需要一个"世界级的胜利"来证明和鼓舞自己了。女排精神不仅成为了中国体育的一面旗帜，更成为整个民族锐意进取、昂首前进的精神动力，成为中华民族精神文化的一份极其宝贵的文化遗产。

三、女排精神让中国人激发强烈的爱国热情，凝聚了炎黄子孙振兴中华的力量

通过女排，国人真实地体会到一种从未有过的国家自豪感。一位年轻的教师在信中说："国家兴亡，匹夫有责。你们的胜利，为国家民族争得了荣誉，唤起了全国人民，特别是青年学生的爱国热情，也唤起了我对国家前途的信心，使我心灵深处的一潭死水重新荡漾起希望之波。我以前看不到出路，只是徘徊，现在我看到了，为了民族，为了中华之觉醒，我们这一代不能徘徊，要奋斗，奋斗！"2004 年，中国女排在雅典再次夺得奥运会冠军，

何振梁曾泪眼蒙眬地说："只要所有的中国人都有女排这样的精神，不服输，不放弃，我们的国家会更加强大，女排精神是我们民族的自豪。"

第三节　女排精神的内涵

女排精神的基本内容是：无私奉献、团结协作、艰苦训练、自强不息。女排精神很好地诠释了"为国争光、无私奉献、科学求实、遵纪遵法、团结友好、坚强拼搏"的中华体育精神。无私奉献是女排精神的灵魂。随着社会物质生产的提高和市场经济的确立，人们对物质利益的追求成为社会的主要价值取向，大量的物质财富给人们带来丰富的物质享受的同时，精神文明却呈现出相对贫乏的状况，与高度发展的物质文明不协调。在一部分人中，物欲之门敞开的同时也开启了"潘多拉之匣"，贪污、腐化、道德观念的弱化与价值观念的多元化在中国并行不悖，前进方向的迷失感即便在中国体坛也不难见到，竞技体育"异化"，出现了假球、黑哨、服用兴奋剂等违反体

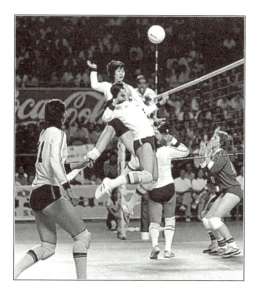

女排姑娘奋力扣杀

图片来源：http：//www. sygz. dqt. com. cn/pqxh/brow2. asp？ id = 1013。

育道德的现象。倡导无私奉献的"女排精神"，不仅对运动员有着激励意义，而且对每一个人都有深远的教育意义。团结协作是女排精神的品质。在现代社会里，任何一项技术或经济成就的取得，都是一个集体合作的结果。"学会合作，学会共处"是现代教育基本理念之一。老女排能够取得五连冠的佳绩，不仅仅是场上6个人的功劳，还包括教练、陪练、医护人员等专业人员的辛勤工作。现代体育精神所表现出的团队协作意识，也是现时代社会的发展对人格素质要求的一个缩影。艰苦训练是女排精神的特征。1979年10月5日，中国女排在主帅袁伟民的率领下开赴郴州，展开为了年底的亚洲锦标赛进行为期60天的封闭集训。面对连训练场馆都没有的艰难困苦，工作人员因地制宜，仅用43天就用当地特有的毛竹搭起一座供中国女排训练的竹棚训练馆，创造了难以想象的"竹棚精神"。他们叫响"只争朝夕"的口号，训练不分昼夜，就连出国比赛在飞机上，袁伟民都不放过球员，让大家到机舱后面练蹲。大强度的训练，女排队员个个都是"伤痕累累"，但谁都不埋怨。自强不息是女排精神的真谛。"吃常人所不能吃的苦，忍常人所不能忍的气，做常人所不能做的事"，这是20世纪80年代中国女排的名言。1980年5月14日，中国女排在上海体育馆，以3:0战胜日本队。其中第三局比赛是在9:14落后的情况下，顽强奋战，以16:14反败为胜。赛后，队员们没顾得上休息，又被集合在球场上。袁伟民说："今天你们在落后的情况下拿下这场比赛，比在领先的情况下取胜更有意义，但不能因此就原谅你们。你们在比赛场上不活跃，有骄娇二气，什么时候把情绪练上来，什么时候训练结束。"郎平为了练就过硬的扣球本领，天刚蒙蒙亮就起床练习扣球，一扣就是 300 次；中午别人休息时，她顶着阳光连续扣球 300 次；傍晚，她已经累得手发软，但还是要咬着牙关再扣上 300 次；晚上别人睡了，偷偷爬起来一个人跑到练球场继续扣……

第四节　女排精神的现实意义

一、弘扬女排精神，有利于凝聚实现中国梦的强大力量

女排精神体现了祖国至上、振兴中华的强烈使命感责任感。这种崇高的爱国主义精神，正是建设中国特色社会主义、实现中华民族伟大复兴的中国梦所不可缺少的精神食粮。历史证明，不讲爱国主义，缺少爱国主义，中国就会成为一盘散沙，就什么事情也做不了、做不成。只有各民族、各党派、各团体都紧紧地团结在五星红旗下，携手并肩，相向前行，一切的美好愿望才能真正实现。

二、弘扬女排精神，有利于培育社会主义核心价值体系

人们的民族自觉意识，民族尊严和荣誉感以及民族兴旺的责任感都在女排精神中得以诠释。国家兴亡，匹夫有责。20 世纪 80 年代，正是"女排精神"把失落的民族精神凝聚起来，激发国人的爱国情感，驱使华夏儿女团结一心，众志成城，极大地汇聚起中国人民的民族凝聚力。当前，要把弘扬女排精神与"三个倡导"紧密结合起来，积极培育和践行社会主义核心价值观，集聚正能量，树立新风尚，引领社会全面进步。

学习宣传女排精神

图片来源：http：//zhpan．com．cn/w/？l＝cn&query＝%D5%C4%D6%DD%C5%AE%C5%C5%CC%DA%B7%C9%B9%DD%CD%BC%C6%AC。

三、弘扬女排精神，有利于战胜前进道路上的困难

女排姑娘自强不息的拼搏精神，体现在训练时的不畏艰辛，坚持从难从严从实战出发，坚持大运动量训练的原则，比赛中面对对手不胆怯、不畏惧，敢打敢拼，不到最后不放弃，总是竭力争取每一次机会。女排的拼搏不仅仅是一种超越对手的精神，更是一种超越自我的精神。在建设中国特色社会主义的征程上，只有顽强拼搏，敢于超越，才能在各种艰难困境中创造出胜利的奇迹。

四、弘扬女排精神，有利于推进全面深化改革

与时俱进、不断创新是女排精神仍保持生命力和感染力的重要法宝。在社会主义社会，解决社会基本矛盾，即生产力与生产关系、经济基础与上层建筑矛盾的必由之路和根本方法只能是改革。只有锐意推进经济体制、政治体制、文化体制、社会体制、生态文明体制和党的建设体制制度改革，不断扩大开放，才能使一个面向现代化、面向世界、面向未来的社会主义中国巍然屹立在世界东方。

| 相关链接 | 首次夺得世界冠军的女排团队

张一沛 男，湖南溆浦人。1960 年 8 月由北京体育学院毕业参加工作。先后任国家体委科研所室负责人、国家体委主任李梦华秘书、国家体委训练局落实政策办公室负责人、湖南省体委办公室负责人。1978 年 9 月 26 日后，任中国男女排球队政治指导员、中国女子排球队领队、国家体委训练局副局长、纪检书记、机关党委书记等职务。于 1993 年退休。1981 年 11 月 16 日，第三届世界杯女子排球在日本东京举行，中国女子排球队在领队张一沛的率领下参加了本届世界杯的比赛，中国女子排球队和来自巴西、苏联、保加利亚、古巴、韩国、美国、日本等 7 国世界女子排球劲旅进行了 11 天的角逐。在先后战胜巴西、苏联、韩国、美国和古巴后，中国女排经过激烈争夺，最后以 3∶2 战胜了上届冠军日本队，以七战七捷的成绩首次获得世界冠军。

袁伟民 男，江苏苏州人。毕业于南京体育学院。从 1981 年

到 1984 年，袁伟民带领中国女排夺得了从世界杯到世界锦标赛再到奥运会的三项冠军，完成了三连冠的伟业。他不仅是当时第一个获得集体项目世界冠军的中国教练，而且至今仍然是唯一获得过集体项目"三连冠"的中国教练。袁伟民带领中国女排取得了辉煌的成就，其影响力超出了体育本身，中国女排的胜利鼓舞和激励了刚刚打开国门的中国人，走向世界，追寻辉煌。从担任中国女排主教练到担任国家体育总局局长期间，袁伟民为中国体育创造了女排实现"三连冠"、奥运军团实现"悉尼突破"、北京申奥成功、中国足球首进世界杯、雅典奥运会再创佳绩等很多辉煌时刻。袁伟民是我国体育史上第一位由运动员、教练员出身的体育最高级官员。1984 年起，历任国家体委副主任、全国体总副主席、中国奥委会副主席、国家体育总局局长、中国奥委会主席、中国排协主席、中国奥委会反兴奋剂委员会主任等职。1992 年 6 月当选为中国足球协会主席。他还是中共第十二届、第十五届中央候补委员，第十三届、第十四届、第十六届中央委员。

邓若曾 男，重庆江津人。1955 年入四川排球队。1959 年入选国家排球集训队，1960 年出任中国男排队长。历任国家青年排球队教练，国家女子排球队教练、总教练。任国家女子排球队教练后，协助袁伟民指导该队获第三届世界杯女子排球赛、第九届世界女子排球锦标赛、第九届亚运会女子排球比赛和第二十三届奥运会女子排球比赛冠军。任总教练后，指导该队获第四届世界杯女子排球赛冠军，本人获最佳教练员奖。四次获国家体育运动荣誉奖章。

孙晋芳 女，安徽宿县（今宿州）人。1955 年 4 月生于江苏

270

苏州，女排主力二传手，曾任队长。她在赛场上反应灵敏，应变力强，能根据场上的变化、队友的特点和要求，准确地传出不同高度、位置和时差的球，不失时机地组织进攻和防守，是中国女排"场上的灵魂"，世界最佳二传手之一。

郎　平　女，北京人。中国排球队著名运动员、教练员，凭借强劲而精确的扣杀而赢得"铁榔头"绰号。1978 年，郎平参加全国排球甲级队联赛，表现突出，后来被袁伟民教练看中，进了国家队。经过刻苦磨炼，她成为"世界三大扣球手之一"。出色的高位拦网和落地开花的扣杀技术，让世人为之惊讶。1980 年入选第二届中国体育劳伦斯奖十佳名单。1984 年获"全国三八红旗手"。2013 年 4 月 25 日，郎平出任中国女排主教练。之前，曾分别出任过新墨西哥州大学女子排球队、世界超级明星联队、意大利摩迪纳队、美国国家女子排球队、广东恒大女排等队伍的主教练。

张蓉芳　女，河南新蔡人。1970 年入四川队。1976 年被选入国家队。以"三快一刁"（眼快、手快、脚快、球路刁）著称，是女排的主力队员。历任中国女子排球队队长、四川省体委副主任、中国女子排球队主教练等职。任主教练期间，中国女排获第十届世界女子排球锦标赛和第十届亚运会女子排球比赛冠军。四次获国家体育运动荣誉奖章。当选第六届、第七届全国政协委员。

周晓兰　女，江苏南京人。在第二十三届奥运会上，协助女排赢得冠军。红极一时的杂志《大众电影》，1982 年 3 月的封面，就是周晓兰和演员龚雪的合影。那是该杂志创刊以来首次用非电影人物做封面。由于有一身过硬的拦网功夫，周晓兰有"天安门城墙"的美誉。

陈亚琼 女，福建永春人。1972 年入福建队。1978 年被选入国家队。弹跳好，滞空能力强，尤善拦网。在第三届世界杯女子排球赛中被评为个人拦网第三名。两次获国家体育运动荣誉奖章。

陈招娣 女，浙江杭州人。解放军总政治部宣传部原副部长，中国排球协会原顾问，第六届全国人大代表。1973 年毕业于北京体育学院青年训练队，同年参加中国人民解放军，并入选八一女子排球队，1976 年入选由袁伟民执教的中国女排，担任二传和接应，是中国女排主力队员。2013 年 4 月 1 日下午，陈招娣同志因病医治无效在北京去世，享年 58 岁。曾立一等功，两次获国家体育运动荣誉奖章。

曹慧英 女，河北唐山人。1972 年入选北京体育学院接受排球训练，1973 年参加中国人民解放军并入八一排球队，1976 年被选入国家队，是建立女排队伍后的首任队长和主攻手。技术全面，拦网好，善打 3 号位快球。

杨 希 女，河北保定人。中国女排建队之初的元老，当时她还只有 19 岁，凭借出色的弹跳和强攻能力进入中国女排，而且一进队就是主力，在 1977 年第二届世界杯上，杨希一炮而红，出色的进攻令世界女排为之侧目。因为酷似日本 20 世纪 70 年代的明星山口百惠而被日本影迷和球迷疯狂追捧，在日本享有很高的知名度。

朱 玲 女，山东莱芜人。1970 年开始在重庆接受排球训练，1975 年进入四川省队，1979 年进入国家队，女排副攻。先后随队获得了 1981 年世界杯和 1984 年洛杉矶奥运会冠军。退役后进入四川大学中文系学习，毕业后进入四川省体育局工作，现任四川省体育局局长。

梁　艳　女，山西孝义人。1961 年生于成都，13 岁入成都市业余体校排球队。1976 年参加成都市女排集训，次年加入四川女子排球队，两年后被选入国家女子排球队，是主攻队员。她身高 1.77 米，弹跳力高，擅长拦网。扣球快而有力，攻防有术，是中国女排"五连冠"中唯一连续参战的主力队员。曾获国家体育运动荣誉奖章。

张洁云　女，江苏南通人。1971 年入江苏队，1976 年被选入国家队，是能攻善守的二传手。曾获国家体育运动荣誉奖章。

周鹿敏　女，浙江海宁人。1972 年初中毕业被选进上海市青年排球队练习二传，1975 年入选上海市队。1979 年入选国家排球集训队，担任二传手。反应灵敏，善于组织多变快攻战术，在 1979 年第四届全运会上获最佳二传手称号。曾获国家体育运动荣誉奖章。

参考资料

［1］舒胜芳：女排精神产生的五大背景和精神［EB/OL］.（2008-12-28）. http：//sports. qq. com/a/20081229/000243. htm.

［2］董少东. 燃情女排［EB/OL］.（2008-12-12）. http：//www. bjd. com. cn/ggkf30years/jbwbjzg/200812/t20081212_495157. htm.

［3］陈静，梁建平. 再谈中国"女排精神"的现实意义［J］. 体育科技文献通报，2006（6）.

第十五章 │ 抗洪精神

中华民族自古与水有着特殊的渊源，一条黄河养育了 5000 年的子子孙孙，而几千年来与水患斗争的故事也写满了历史。1998年，中华大地上再一次发生了特大洪涝灾害，区域受灾范围之广，洪灾情形之险峻，抢险斗争之激烈，空前绝后，历史罕见。"为有牺牲多壮志，敢教日月换新天。"在整个抗洪抢险过程中，全国上下与这场罕见的洪灾进行了一次惊心动魄的大较量，抗洪军民把几千年来的抗洪精神发挥得淋漓尽致。从此，抗洪精神深深地镌刻在中国精神里，与日月同辉，与天地长存。

第一节　1998 年特大洪水灾害

1998 年入汛以来，由于气候异常，全国大部分地区降雨明显偏多，部分地区出现持续性的强降雨，雨量成倍增加，致使一些地方遭受严重的洪涝灾害。

长江发生继 1954 年以来又一次全流域性大洪水，先后出现 8 次洪峰，宜昌以下 360 公里江段和洞庭湖、鄱阳湖的水位，长时间超过历史最高记录。1998 年 6 月 12 日至 27 日，受暴雨影响，鄱阳湖水系暴发洪水，抚河、信江、昌江水位先后超过历史最高记录；洞庭湖水系的资水、沅江和湘江也发生了洪水。两湖洪水汇入长江，致使长江中下游干流监利以下水位迅速上涨，从 6 月 24 日起相继超过警戒水位。6 月 28 日至 7 月 20 日，主要雨区移至长江上游。7 月 2 日宜昌出现第一次洪峰，流量为 54 500 立方米/秒。监利、武穴、九江等水文站水位于 7 月 4 日超过历史最高水位。7 月 18 日宜昌出现第二次洪峰，流量为 55 900 立方米/秒。在此期间，由于洞庭湖水系和鄱阳湖水系的来水不大，长江中下游干流水位一度回落。7 月 21 日至 31 日，长江中游地区再度出现大范围强降雨过程。7 月 21 日至 23 日，湖北省武汉市及其周边地区连降特大暴雨；7 月 24 日，洞庭湖水系的沅江和澧水发生大洪水，其中澧水石门水文站洪峰流量 19 900 立方米/秒，为 20 世纪第二位大洪水。与此同时，鄱阳湖水系的信江、乐安河也发生大洪水；7 月 24 日宜昌出现第三次洪峰，流量为 51 700 立方米/秒。长江中下游水位迅速回涨，7 月 26 日之后，石首、监利、莲花塘、螺山、城陵机、湖口等水文站水位再次超过历史最高水位。8 月，长江中下游及两湖地区水位居高不下，长江上游又接连出现 5 次洪峰，其中 8 月 7 日至 17 日的 10 天内，连续出现 3 次洪峰，致使中游水位不断升高。8 月 7 日宜昌出现第四次洪峰，流量为 63 200 立方米/秒。8 月 8 日 4 时沙市水位达到 44.95 米，超过 1954 年分洪水位 0.28 米。8 月 12 日，长江上游出现第五次洪峰。15 时宜昌洪峰流量 62 800 立方米/秒。8 月 16 日宜昌出现第六次洪峰，流量 63 300 立方米/秒，为 1998 年的最大洪峰。这次洪峰在向中下游推进过程中，与清江、洞庭湖以及汉江的洪水遭遇，中游各水文站于 8 月中旬相继达到最高水位。干流沙市、监利、莲花塘、螺山等水文站洪峰水位分别为 45. 22 米、38. 31 米、35. 80 米和 34. 95 米，分别超过历史实测量高水位 0. 55 米、1. 25 米、0. 79 米和 0. 77 米；汉口水文站 20 日出现了 1998 年最高水位 29. 43 米，为历史实测记录的第二位，比 1954 年水位仅低 0. 30 米。随后宜昌出现的第七次和第八次洪峰均小于第六次洪峰。

抗洪部队与洪魔搏斗

图片来源：http：//www.people.com.cn/GB/tupian/31655/2801310.html。

1998 年入汛之后，松花江上游嫩江流域降水量明显偏多，先后发生三次大洪水。第一次洪水发生在 6 月底至 7 月初，洪水主要来自嫩江上游及支流甘河、诺敏河。第二次洪水发生在 7 月底至 8 月初，洪水以嫩江中下游来水为主，支流诺敏河、阿伦河、雅鲁河、绰尔河、洮儿河发生了大洪水。第三次洪水发生在 8 月上中旬，为嫩江全流域型大洪水。支流诺敏河古城子水文站、雅鲁河碾子山水文站、洮儿河洮南水文站水位均超过历史记录，洪水重现期为 100～1000 年。受各支流来水影响，嫩江干流水位迅速上涨，同盟、齐齐哈尔、江桥和大赉水文站最高水位分别为 170.69 米、149.30 米、142.37 米、131.47 米，分别超过历史实测最高水位 0.25 米、0.69 米、1.61 米、1.27 米。在嫩江堤防 6 处漫堤决口的情况下，齐齐哈尔、江桥、大赉站的洪峰流量都超过了 1932 年。松花江干流哈尔滨 8 月 22 日出现最高水位 120.89 米，超过历史实测最高水位 0.84 米，流量 16 600 立方米/秒，洪水重现期约为 150 年，大于 1932 年（还原洪峰流量 16 200 立方米/秒）和 1957 年（还原洪峰流量 14 800 立方米/秒）洪水，为 20 世纪第一位大洪水。

珠江流域的西江和福建闽江也一度发生大洪水。1998 年 6 月份，珠江流域的西江发生了百年一遇的大洪水。西江支流桂江上游桂林水文站 6 月份连续出现 4 次洪峰，最高水位达 147.70 米，为历史实测最高值。受上游干支流来水和区间降雨的共同影响，西江干流梧州最大流量 52 900 立方米/秒，水位 26.51 米，为 20 世纪第二位大洪水。1998 年 6 月中下旬，福建闽江支流建溪、富屯溪流域出现持续性暴雨，致使闽江干流发生大洪水。闽江干流水口电站最大入库流量 37 000 立方米/秒，洪水经水库调蓄后，干流竹岐水文站最高水位 16.95 米，最大流量 33 800 立方米/秒，为 20 世纪最大洪水，洪水重现期约为 100 年。

据统计，全国共有 29 个省（自治区、直辖市）的 2.3 亿多居民和 2229 万公顷农田受灾，倒塌房屋 685 万间，近 2000 万人痛失家园，伤病、失踪、死亡的人数达 80 多万，估计造成直接经济损失 2551 亿元人民币。

第二节　1998 年抗洪斗争主要事件

4 月 9 日，温家宝副总理主持召开国家防总 1998 年第一次全体会议。会议分析了 1998 年汛期全国旱涝趋势，同意水利、气象部门对今年有长江和北方地区两条多雨带的预测和长江 1998 年可能会发生 1954 年型大洪水的判断。会议部署了全国的防汛抗旱工作。

4 月 20 日，国家防总、水利部开始对七大江河进行汛前检查。

5 月 29 日至 31 日，温家宝副总理检查湖北、湖南、江西三省的长江防汛工作，并在江西九江召开长江中下游防汛工作会议。

6 月 27 日，嫩江发生第一次洪峰。

6 月 30 日，国家防总发出《关于长江、淮河防汛抗洪工作的紧急通知》，要求各级领导立即上岗到位，切实负起防汛指挥的重任。

7 月 2 日，国家防总、水利部派出 5 个专家组赶赴长江，指导抗洪抢险。

7月2日，长江上游出现第一次洪峰。

7月4日至9日，朱镕基总理、温家宝副总理到长江流域的湖北、湖南、江西视察防汛工作，代表党中央、国务院和江泽民总书记慰问正在日夜奋战抗洪救灾的干部、群众和人民解放军、武警官兵，并对长江防汛抗洪工作作出了部署，要求确保长江大堤万无一失。

7月14日，国家防总发出《关于进一步做好防汛工作的通知》，要求全面落实各项度汛措施，干部、劳力、物资、技术人员要全部到位。

7月16日，黄河出现第一次洪峰，河南花园口洪峰流量4700

被洪水淹没的家园

图片来源：http：//photo. iyaxin. com/content/2010－06/23/content_ 1905235_ 4. htm。

立方米/秒。

7月17日，国家防总再次发出《关于做好当前长江抗洪工作的通知》，部署迎战长江第二次洪峰。

7月18日，长江上游出现第二次洪峰。

7月21日至22日，武汉市降特大暴雨，最大点雨量汉阳532毫米、汉口434毫米、武昌375毫米，创该市有雨量记录以来的最高记录。

7月22日，江泽民总书记打电话给国务院副总理、国家防汛抗旱总指挥部总指挥温家宝，要求沿长江各省市特别是武汉市作好迎战洪峰的准备，抓紧加固堤防，排除内涝，严防死守，做到三个确保：确保长江大堤安全，确保武汉等重要城市安全，确保人民生命财产安全。

7月23日，国家防总、水利部派出3个专家组赴湖北、湖南、江西、安徽四省，协助指导地方防汛抗洪工作。

7月23日，洞庭湖澧水发生历史最大洪水，石门水文站洪峰水位62.65米，相应流量19 000立方米/秒。

7月23日，国家防总、水利部增派3个专家组，赴湖北、湖南、江西三省防洪重点地区，为抗洪抢险提供技术指导。

7月24日零时，温家宝副总理连夜主持召开国家防总全体会议，分析长江防汛形势，对迎战即将到来的第三次洪峰作出紧急部署。

7月24日，长江上游出现第三次洪峰。

7月26日零时，长江石首至武汉河段实施封航。

7月26日，江西、湖南两省依据《防洪法》宣布进入紧急防汛期。

7月27日8时，长江武汉至小池口河段实施封航。

7月27日至30日，温家宝副总理第三次到长江流域湖北、湖南、江西、安徽、江苏五省检查长江防汛工作。

7月27日，国务院办公厅发出《关于进一步做好支持各地防汛抗洪工作的通知》。

7月28日，李鹏委员长打电话给国家防汛抗旱总指挥部办公室，询问长江汛情和长江干流、洞庭湖、鄱阳湖重点堤垸的防守情况。

7月28日，国家防总、水利部再次增派3个专家组到长江流域江西、安徽、江苏三省，增加技术力量。

7月下旬，嫩江出现第二次洪峰。

8月1日20时30分，湖北省嘉鱼县合镇垸溃决。该垸为长江大堤之间的洲滩民垸，溃决后省防汛指挥部紧急调动2000名解放军、武警官兵和公安干警，动用150多艘冲锋舟、橡皮船，全力抢救，并空投1万件救生衣。在抢险中有19名解放军官兵牺牲。

8月2日，国家防总发出《关于及时转移危险地带人员加强大堤防守的紧急通知》，要求必须把保证人民群众生命安全放在首位，及时转移危险地区群众，同时要突出重点，切实加强长江干堤、重点圩垸堤防和重要城区堤防的防守。

8月4日，温家宝副总理主持召开国家防总第三次全体会议，部署防汛抗洪工作。

8月6日，中共中央、国务院、中央军委致电慰问全国抗洪救灾军民。湖北省宣布进入紧急防汛期。

8月6日至14日，为迎战长江第四次洪峰，温家宝副总理第四次到湖北、江西指挥抗洪抢险。

8月7日，长江上游出现第四次洪峰，洞庭湖水位也持续上涨，造成长江中下游更为严峻的局面。8时，朱镕基总理打电话给国家防总副总指挥、水利部部长钮茂生，询问汛情，并要求召集各方面专家紧急会商，提出应对措施。

8月7日13时50分，长江九江大堤发生决口，决口位于九江市城区长江大堤上游段4号至5号闸口之间。中央军委紧急调动部队进行堵口，南京军区、北京军区某集团军和福建、江西武警等联合作战，于12日18时堵口成功。

8月7日16时，温家宝副总理赶赴九江，指挥九江堵口抢险。

8月7日夜，江泽民总书记主持召开中央政治局常委扩大会议，专门听取国家防总的工作汇报，并作出《关于长江防汛抗洪抢险工作的决定》。《决定》指出，要把长江抗洪抢险工作作为当前头等大事，全力以赴抓好。

8月8日，中央军委发出《关于进一步做好抗洪抢险救灾工作的紧急指示》，要求部队各级党委坚决贯彻落实中共中央决定，必须始终保持高度的警觉和昂扬的斗志，继续发扬不怕疲劳、连续作战的作风，确立持久作战、再抗大洪的思想，直至夺取抗洪斗争的全面胜利。

8月8日至9日，朱镕基总理第二次赴长江流域湖北、江西抗洪最危险堤段察看汛情，对抗洪抢险做重要指示。

8月11日，温家宝副总理在湖北省荆州市主持召开国家防总特别会议，根据长江洪水居高不下的情况，有针对性地提出了严防死守长江大堤的意见。国家防总同时发出《关于加强东北地区防汛抗洪工作的通知》，部署嫩江、松花江防汛工作。

8月12日，长江上游出现第五次洪峰。

8月12日，嫩江第三次洪峰到达齐齐哈尔。

8月13日至14日，江泽民总书记到长江荆江大堤、洪湖大堤、武汉龙王庙、月亮湾等险段指挥抢险，慰问军民，发出决战决胜的总动员令，给抗洪军民以极大的鼓舞。

8月13日，中共中央政治局常委、全国政协主席李瑞环要求政协机关和广大政协委员支持对抗洪抢险加以精心组织和提供各种方便。

8月14日，国家防总向东北三省区发出《关于抗御松花江大洪水的紧急通知》，要求防汛部门及时转移危险区域内的群众，确保人民群众的生命安全；采取有力措施加强重点工程的防守。

8月15日，李鹏委员长到嫩江齐齐哈尔和松花江哈尔滨抗洪前线察看汛情，慰问抗洪抢险军民，指导抗洪斗争。

8月16日，长江上游出现第六次洪峰。

8月16日至18日，为迎战长江第六次洪峰，温家宝副总理第五次到长江流域湖北抗洪前线指挥抗洪抢险。

8月16日下午，长江第六次洪峰进入荆江河段，江泽民总书记向参加抗洪抢险的一线解放军指战员发布命令，要求沿江部队全部上堤，死保死守，夺取抗洪抢险的最后胜利。

8月17日9时，湖北沙市出现洪峰水位45.22米，超过1954年的历史最高水位0.55米，超过荆江分洪上限水位0.22米。在迎战长江第六次洪峰过程中，葛洲坝枢纽以及隔河岩、漳河、丹江口等水库优化调度，拦蓄洪水，减轻了下游的防洪压力，为长江防汛抗洪作出了突出贡献。

8月18日，江泽民总书记打电话给温家宝副总理，询问嫩江、松花江的抗洪救灾情况，并要求沿江军民紧急动员起来，全力以赴确保哈尔滨、齐齐哈尔、佳木斯等重要城市的安全，确保大庆油田的安全，确保人民生命安全。

8月19日至20日，温家宝副总理到黑龙江、吉林、内蒙古指挥抗洪抢险。

8月20日，朱镕基总理打电话给湖南省委书记王茂林，要求湖南军民团结一致，万众一心，咬紧牙关，背水一战，夺取抗洪抢险的最后胜利。

8月21日至23日，全国政协主席李瑞环先后到湖南、湖北、江西长江险要堤段慰问受灾群众。

8月22日，松花江第三次洪峰到达哈尔滨。

8月22日，朱镕基总理就哈尔滨抗洪一线官兵急需防雨御寒衣物，就哈尔滨、大庆急需救生器材和内蒙古抗洪前线急需大量御寒物品，分别批示钮茂生同志，要求迅即解决并组织有计划生产，救生器材要保证供应，工厂要加紧生产。国家防总、国家经贸委和水利部迅速落实。

8月23日，国家防总、水利部向东北三省区派出3个专家组，指导松花江、嫩江抗洪抢险。

8月24日，全军和武警部队投入抗洪抢险兵力总计已达27.6万人，这是自渡江战役以来在长江集结兵力最多的一次。

8月24日，中纪委、监察部发出《严明纪律确保防汛抗洪斗争的最后胜利》的通知和《严肃查处防汛抗洪斗争中的违纪违法行为》的通报。

8月25日，江泽民主席打电话给中央军委副主席张万年，就迎战长江第七次洪峰向抗洪抢险部队发出指示，要求抗洪抢险部队高度警惕，充分准备，全力以赴，军民团结，以洪湖地区为重点，严防死守，坚决夺取长江抗洪决战的胜利。当晚，长江抗洪一线部队17.8万人全部上堤防守。

8月25日，长江上游出现第七次洪峰。

8月25日至26日，中央政治局常委胡锦涛到黑龙江、吉林慰问抗洪抢险军民和受灾群众。

8月26日，温家宝副总理向第九届全国人大常委会第四次会议汇报全国抗洪抢险情况。

8月26日，李岚清副总理召集国务院有关部门的负责同志，检查研究解决抗洪救灾中防疫和教育问题。

8月27日，全军部队和武警投入抗洪的兵力达到日最高峰，共27.85万人，其中长江中下游各省17.8万人，嫩江、松花江地区10.05万人。

8月28日至9月2日，朱镕基总理到东北地区视察抗洪救灾和灾后重建工作。

8月28日，国家防总、水利部派出5个专家组，赶赴长江中下游五省，指导长江退水期大堤防守。

8月31日，温家宝副总理主持召开国家防总第四次全体会议。会后，国家防总发出了《关于做好决战阶段抗洪抢险工作的通知》，对迎战长江第八次洪峰作出部署，同时要求做好救灾工作、修复水毁工程的准备工作。

8月31日，长江出现第八次洪峰。葛洲坝和隔河岩水库再次发挥重要作用，削减洪峰流量2000立方米/秒，拦蓄洪水1亿多立方米，减轻了这次洪峰对下游的影响。同日，嫩江、松花江干流水位开始全线回落。

8月31日至9月3日，中共中央政治局常委李岚清到江西、湖南、湖北检查卫生防疫和中小学秋季开学工作。

9月2日，长江中下游干流水位开始全线回落。长江干流鄂州至小池口河段恢复通航，累计断航时间37天。

9月3日至6日，江泽民总书记到湖南、江西、黑龙江察看灾情，慰问灾民，指导抗洪救灾。9月4日在江西视察时发表了《发扬抗洪精神重建家园发展经济》的重要讲话，宣布全国抗洪抢险斗争已取得了决定性的伟大胜利，并强调受灾地区各级党委和政府要一手抓抗洪救灾，一手抓经济发展，力争夺取抗洪和生产双胜利。

9月5日至6日，江泽民总书记在哈尔滨召集黑龙江、吉林、内蒙古等三省区负责人开会，强调在今年这场伟大的抗洪抢险斗争中，我们形成了万众一心、众志成城，不怕困难、顽强拼搏，坚韧不拔、敢于胜利的伟大抗洪精神，这是无比珍贵的精神财富。全党全军全国都要大力弘扬这种精神，全面推进改革开放和社会主义现代化事业。

9月6日，中共中央政治局常委、全国总工会主席尉健行在全国总工会十二届六次执委会上要求各级工会组织和工会干部加倍工作，增收节支，把洪涝灾害造成的损失夺回来。

9月7日至12日，朱镕基总理到湖北、江西、湖南、重庆、四川五省市考察，贯彻落实江泽民总书记关于做好抗洪救灾、重建家园、发展经济的重要讲话精神，具体安排灾后重建、治理江河工作。

9月7日，长江干流石首至武汉河段恢复通航，至此长江干流全线恢复通航，最长封航时间43天。

9月22日，参加抗洪抢险的解放军和武警部队官兵全部撤离抗洪第一线。

9月25日，长江中下游水位全线回落至警戒水位以下。

9月28日，全国抗洪抢险总结表彰大会在京隆重举行。江泽民总书记发表重要讲话，宣布抗洪抢险斗争已经取得全面胜利。

第三节　抗洪精神的内涵

在全国抗洪抢险总结表彰大会上，江泽民总书记指出："在同洪水的搏斗中，我们的民族和人民展示出了一种十分崇高的精神。这就是万众一心、众志成城，不怕困难、顽强拼搏，坚韧不拔、敢于胜利的伟大抗洪精神。"

"万众一心、众志成城"，是抗洪精神的精髓，它彰显了中国人民在遇到灾害时强大的民族凝聚力。为了战胜这场自然灾害，从千里长堤到首都北京，从大江南北到长城内外，举国上下同心协力，中华儿女的力量凝结成一条血肉长城。"一方有难、八方支援"。在党中央的坚强领导下，人民解放军战士、武警官兵、公安干警、灾区群众……军民团结一条心，又一次展现了中华民族在面临生死存亡之时，空前的团结凝聚力。正是这种无坚不摧的集体力量，使得洪灾损失减小到最低程度，同时也使得军民感情得到前所未有的升华，党和国家领导人亲赴前线，考察汛情，广大党员干部身体力行，赢得人民群众的爱戴，许多领导冒着风雨，冒着危险到灾区进行视察、慰问，使处于困难中的灾民感受到了党和国家的关心、爱护。而全国各地的人民更是雪中送炭，纷纷捐款捐物，让灾区的人民深深体会到了中国大家庭的温暖。

"不怕困难、顽强拼搏"，是抗洪精神的特征，它体现了抗洪军民面对自然灾害不畏艰险，英勇抗击的精神面貌。"沧海横流，方显英雄本色"。面对滚滚洪流，人民子弟兵以自己的实际行动证明了他们是党和人民完全可以信赖的革命队伍，是保卫国家安全和人民利益的钢铁长城，是保卫改革开放和现代化建设事业的坚强柱石。在这场斗争中，他们以异乎寻常的毅力展现了赴汤蹈火、万死不辞的英雄气概。"人在堤在，誓死与大堤共存亡"，事实证明，我们可爱的人民解放军战士经受住了这次危机考验，尤其是在九江堵口的战斗中，面对决口的不断扩大，全城42万群众和京九大动脉处在千钧一发的危亡关头，南京军区领导当即下达命令，要求参加抗洪抢险部队要不惜一切代价抢堵决口，确保当地人民的生命财产安全。随后，2000余名官兵、5000余名民兵预备役人员火速奔赴到现场，搬沙袋、抛沙石，甚至面对滚滚江水直接跳进江水中，以血肉之躯抢堵决口，最终驯服了滔滔洪水，创造了世界防洪史上的奇迹。

人民子弟兵在抗洪一线

图片来源：http：//www.chinamil.com.cn/jfjbmap/content/2009－08/05/content_ 4217.htm。

　　"坚韧不拔、敢于胜利"，是抗洪精神的品质，它显示了中国人民的坚强意志和必胜信念。特大洪灾危害范围之广，持续时间之长是前所未有的，洪水一次比一次升高，刚刚挡住的洪水，一会儿又被更高的洪水涨没，刚刚取得阶段性的成果，又要马上投入新的筑堤斗争中。面对一次又一次的洪峰，也是对人的体力和精力的极大挑战。如果没有坚韧不拔的毅力和胜利的信念，在滔滔洪水面前，是很难取得胜利的。另一方面，用唯物辩证法的观点来看，只有面对艰险阻碍，才能产生克服艰难的勇气和毅力，一个人如此，一个民族和一个国家更是如此。"多难兴邦"，我们相信，经历过困苦洗礼的中华民族一定会焕发出更灿烂的民族精神，在未来前进的道路上走向更辉煌的胜利。

第四节　抗洪精神的现实意义

抗洪精神，是爱国主义、集体主义和社会主义精神的大发扬，是社会主义精神文明的大发扬，是我们党和军队的光荣传统和优良作风的大发扬，是中华民族的民族精神在当代中国的集中体现和新的发展。抗洪精神，同我们党一贯倡导的革命精神和新时期的创业精神一样，都是我国人民的宝贵精神财富，给我们予深刻的启示。

一、要战胜前进道路上的各种困难和风险，实现国家富强、民族振兴和人民幸福，必须坚持中国共产党的领导

中国共产党是工人阶级的先锋队，它以马克思列宁主义、毛泽东思想和邓小平理论武装自己，坚持国家和人民的利益高于一切，忠诚地为民族为人民谋利益。来自于人民，扎根于人民，服务于人民，这是我们党能够制定正确的路线，最广泛地动员和组织人民去不断夺取胜利的根本原因。正因为这样，中国共产党得到了全国人民的衷心拥护，在全国人民中享有崇高的威望和强大的号召力。有了中国共产党这个领导核心，中国人民的组织程度前所未有地加强和提高起来，从而也大大加强和提高了改造社会、开发自然的创造伟力。改革开放几十年来，我们党团结和带领全国人民战胜一个又一个新的困难，取得了一个又一个新的成功。我们的发展前途是光明的，但前进的道路是不平坦的，今后还会遇到这样那样的风险。只要全国人民共同奋斗，坚持中国共产党的领导，就完全能够从容应对征途上的各种复杂局面，战胜各种可能出现的艰难险阻。

二、我国的社会主义制度具有巨大的优越性，能够集中力量办大事，动员和组织全国人民不断创造伟大的业绩

在我国的社会主义制度下，人民是国家的主人，具有强烈的主人翁责任感和奉献精神，他们之间没有根本的利害冲突。凡是符合国家和人民根本利益的事业，都必然会得到他们的衷心拥护和自觉支持。这是我国社会主义制度的显著政治优势。在这次抗洪斗争中，全国各地区各部门发扬"一方有难、八方支援"和"全国一盘棋"的大团结、大协作精神，做到了局部利益服从整体利益、眼前利益服从长远利益，凝聚了气势磅礴的力量。坚持发挥我国社会主义制度的优越性，就一定能够加快改革开放和现代化建设的步伐，胜利实现中华民族伟大复兴的中国梦。

抗洪大军整装待发

图片来源：http://www.jiujiang.gov.cn/tpjj/98kh/200810/t20081028_80008.htm。

三、人民，只有人民才是创造历史的真正动力，人民是我们事业发展取之不尽的力量源泉

正是因为紧紧依靠人民，我们的党和国家才能够不断书写革命、建设和改革的伟大史诗。同以往所有的历史性胜利一样，这次抗洪抢险的胜利，归根到底是人民力量的胜利。中国人民再一次显示出同甘共苦、同舟共济的宝贵精神，再一次展现出自力更生、自强不息的豪迈气概。每一个华夏子孙都为此感到无比骄傲、无上光荣。全中国人民坚持团结，把集体的智慧和力量最大限度地集中起来，最充分地发挥出来，就一定能够继续创造出无愧于历史和时代的伟业。胜利永远属于勤劳勇敢的中国人民。

四、要增强我国的综合国力，增强抵御各种风险的能力，必须坚定不移地贯彻执行党在社会主义初级阶段的基本路线

改革开放以来，我们始终不渝地以经济建设为中心，坚持四项基本原则，坚持改革开放，促进物质文明和社会主义精神文明协调发展，经济建设和社会进步全面跃上新的台阶，社会生产力、综合国力和人民生活水平显著提高。我们的国家已经拥有比较强大的物质技术力量，我们的人民焕发出更加意气风发、朝气蓬勃的精神力量。在这次抗洪抢险中，我们打了一场漂亮的硬仗。这样的硬仗，离开必胜的勇气和顽强的斗争，离开科学技术的进步，离开综合国力的提高，是打不了的。没有经过长期努力建设和发展起来的物质基础，没有水利、气象、水文等方面取得的技术进步，要夺取这样的胜利是难以想象的。这次抗洪斗争的胜利，是

我们坚持改革开放和现代化建设的伟大胜利。坚持改革开放，不断扩大对外交流与合作，认真学习和吸取人类文明的一切优秀成果，学习和吸取国外一切有利于我国经济发展和社会进步的有益经验，是我们加快实现社会主义现代化的必由之路。

五、自然灾害是件坏事，但通过同它斗争，可以加深对自然规律的认识和把握

100 多年前，恩格斯就指出，人类可以通过改变自然来使自然界为自己的目的服务，从而支配自然界，但我们每走一步都要记住，人类统治自然界绝不是站在自然界之外的，我们对自然界的全部统治力量就在于能够认识和正确地运用自然规律。恩格斯这番话讲清了人类应如何正确处理同自然界的关系。新中国成立以来，党和国家始终重视防范抵御自然灾害的工作，组织和领导人民兴修水利，对江河湖泊进行大规模的治理，大力开展植树造林和水土保持工作，坚持不懈地修建防洪防涝设施。在这次抗洪抢险中，我们在这些方面长期积累的工作成果就发挥了重要作用。但我们也要充分正视生态破坏严重、江湖淤积、水利设施薄弱等存在的问题，认真总结经验教训，切实加以改进，使我们的防范抗御能力得到新的提高，以利更有效地减轻自然灾害的危害。当前，党中央对加强生态文明建设高度重视，并作出了具体部署。各地各部门要结合自己的实际，加紧建设，确保落实。重点是要切实改善生态环境，治理江河湖泊，加强防洪设施和水利设施建设。只有这样，才能彻底根绝洪涝灾害这一中华民族的心腹之患。

相关链接

1. 抗洪英雄李向群

李向群在抗洪抢险

图片来源：http://epaper.guilinlife.com/glwb/html/2011-01/04/content_180377.htm。

李向群，男，1978年6月生，海南琼山人，1996年12月入伍，广州军区某集团军"塔山守备英雄团"九连一班战士。他家虽有百万家产，但为追求崇高的人生理想，李向群毅然选择参军之路，由一名普通青年成长为合格战士、优秀士兵和光荣的中国共产党党员。在1998年长江流域抗洪抢险战斗中，李向群主动报名参加部队的抢险突击队，他带病顽强拼搏，先后4次晕倒在大堤上，被送进医院抢救醒来后，又拔掉输液的针管上堤战斗，终因劳累过度壮烈牺牲。英雄战士李向群为了保护国家和人民利益，置生死于不顾，以其20岁的短暂生命和22个月的短暂军龄，谱写了壮丽的人生赞歌。为了表达对烈士的深切怀念，灾区3万群众自发地赶来参加烈士的追悼会，并在烈士生前抗洪的地方树碑立传。李向群牺牲后，中共中央总书记、国家主席、中央军委主席江泽民签署命令，授予李向群"新时期英雄战士"

光荣称号，并亲笔题词："努力培养和造就更多李向群式的英雄战士"，号召全军广大官兵向他学习。其画像与张思德、董存瑞、黄继光、邱少云、雷锋、苏宁、杨业功等7名英模画像并列悬挂在全军和武警部队各连级以上单位俱乐部。

2. 歌曲《为了谁》（作词：邹友开/作曲：孟庆云）

为了纪念和歌颂在1998年特大洪水中奋不顾身的英雄们，邹友开、孟庆云创作了歌曲《为了谁》，这是献给所有用自己的身躯阻挡洪水的抗洪勇士们的。它赞扬了军人不怕苦，不怕累，不怕牺牲的伟大精神。

《为了谁》歌词如下：

"泥巴裹满裤腿，汗水湿透衣背。我不知道你是谁，我却知道你为了谁。为了谁，为了秋的收获，为了春回大雁归。满腔热血唱出青春无悔，望穿天涯不知战友何时回？你是谁，为了谁，我的战友你何时回？你是谁，为了谁，我的兄弟姐妹不流泪！谁最美，谁最累，我的乡亲，我的战友，我的兄弟姐妹。"

参考资料

[1] 江泽民在全国抗洪抢险总结表彰大会上的讲话［EB/OL］.（1998－09－28）. http：//news. xinhuanet. com/misc/2000－12/31/content_479386. htm.

[2] 国务院新闻办公室.1998年中国大洪水［M］. 五洲传播出版社，1998.

第十六章 | 抗震救灾精神

　　2008 年 5 月 12 日 14 时 28 分，我国四川省汶川县发生新中国成立以来破坏性最强、波及范围最广、救灾难度最大的特大地震，震级达里氏 8 级，最大烈度达 11 度，余震 3 万多次，涉及四川、甘肃、陕西、重庆等 10 个省区市 417 个县（市、区）、4667 个乡（镇）、48 810 个村庄。灾区总面积约 50 万平方公里、受灾群众4625 万多人，其中极重灾区、重灾区面积 13 万平方公里，造成69 227 名同胞遇难、17 923 名同胞失踪，需要紧急转移安置受灾群众 1510 万人，房屋大量倒塌损坏，基础设施大面积损毁，工农业生产遭受重大损失，生态环境遭到严重破坏，直接经济损失8451 亿多元，引发的崩塌、滑坡、泥石流、堰塞湖等次生灾害举世罕见。在党中央、国务院和中央军委坚强领导下，全党全军全国各族人民众志成城、迎难而上，迅速展开气壮山河的抗震救灾工作，奋勇夺取抗震救灾斗争重大胜利，谱写了感天动地的英雄凯歌，铸就了伟大的抗震救灾精神。

第一节　抗震救灾精神的内涵

中华文明史可以说是一部与天灾人祸的抗争史。新中国成立以来，我们遭遇过多次大的自然灾害。从 1966 年的邢台抗震救灾到 1976 年唐山抗震救灾，从 1987 年大兴安岭扑救森林大火到 1998 年三江抗洪抢险，从 2003 年抗击"非典"到 2008 年年初迎战冰雪，一次次自然灾难的严峻考验，一场场人间真情的集中倾注，凝结了中国人民弥足珍贵的精神财富，奠定了我们战胜特大地震灾害的意志力基石。

解放军和人民群众在一起

图片来源：http：//jhwcw.zjol.com.cn/wcnews/system/2010/04/16/012030453.shtml。

2008 年 6 月 30 日，中共中央总书记、国家主席、中央军委主席胡锦涛在中共中央举行的抗震救灾先进基层党组织和优秀共产党员代表座谈会上，对抗震救灾精神进行了高度概括，指出："在同特大地震灾害的艰苦搏斗中，我们的民族和人民展示出了十分崇高的精神。这就是万众一心、众志成城，不畏艰险、百折不挠，以人为本、尊重科学的伟大抗震救灾精神。"

"万众一心、众志成城"是抗震救灾精神的精髓，体现了中国人民团结奋进的强大力量。在特大灾难面前，全党全国各族人民坚持一方有难、八方支援，举国上下患难与共，前方后方同心协力，海内海外和衷共济，各地区各部门各方面以灾情为最高命令、以救灾为神圣使命，紧急行动，守望相助，倾力支持，无私奉献，凝聚起抗震救灾的强大合力，显示了中国人民和中华民族的伟大力量。不畏艰险、百折不挠是抗震救灾精神的品质，体现了中国人民泰山压顶不弯腰的英勇气概。面对极其惨烈的灾难，面对极其严重的困难，广大军民临危不惧、奋不顾身、舍生忘死，哪里灾情危急就向哪里冲去，哪里有生死考验就向哪里挺进，哪里有受灾群众就向哪里集结，展现了中国人民压倒一切困难而不为任何困难所压倒的超人勇气，体现了中国人民战胜一切艰难险阻的大无畏精神。

"以人为本、尊重科学"是抗震救灾精神的核心，体现了对人民的高度关爱、对科学的高度尊重。广大军民把人的生命放在高于一切的位置，坚持只要有一点生还可能就要作出百倍努力，最大限度地抢救了人民生命；坚持依靠科学、运用科学，把科技的力量与顽强的斗争紧密结合起来，既充分发挥人的能动精神，又充分发挥科技的重要作用，攻克道道难题，化解种种风险，使科技成为战胜地震灾害的强有力支撑。

抗震救灾精神，是爱国主义、集体主义、社会主义精神的集中体现和新的发展，是我们党和军队光荣传统和优良作风的集中体现和新的发展，是中华民族民族精神在当代中国的集中体现和新的发展。

第二节　抗震救灾精神的特征

伟大的抗震救灾精神是全党全军全国各族人民在共同抗击"5·12"特大地震灾害中所锻造出的一笔宝贵精神财富，作为中华民族传统精神在新时期的凝结和升华，是中国人民的思想品格和精神风貌的最新写照，具有鲜明的时代特征。

一、集体性与人民性的统一

抗震救灾精神是在党中央的领导下，由国务院和地方各级政府组织实施，在广大人民群众的积极参与下，共同与地震灾害作斗争的过程所铸造出的伟大精神。在抗震救灾的过程中，党和国家的集中领导、统一指挥与统筹安排，快捷有序地调动人民军队救援灾区，大规模地下拨赈灾物资和及时地向灾区投放，以及尽快出台灾后恢复与重建的科学规划方案，为灾区所需的人力、物力和财力的大量及时补给提供了坚强的后盾。党中央和国务院在抗震救灾中发挥着强有力的组织领导作用，向灾区大批调拨赈灾物资和下拨重建资金，不仅见证的是改革开放30年来所取得的巨大成就，而且彰显的是社会主义集中力量办大事的优越性。抗震救灾精神还是以广大人民群众为主体的参与创造的一种精神。人民大众是历史的推动者，也是物质产品和精神文化的创造者。来自全国各地的民间支援队、医护人员、无数志愿者和灾区人民一道英勇顽强地奋战在抗震救灾第一线，全国各地的人民以不同的方式对灾区鼎立相助和对灾区同胞的友爱关怀，为赢得此次抗震救灾的胜利奠定了坚实的基础。国家主导作用的发挥是创造抗震救灾精神的前提和保障，人民群众的主体地位发挥是抗震救灾精神产生的动力和源泉，两者的紧密结合所锻造的伟大抗震救灾精神彰显的是国家制度的优越性和人民的历史主体性。抗震救灾精神实现了集体主义、社会主义、爱国主义的三位一体。

二、民族性与时代性的统一

抗震救灾精神是中华儿女共同铸造的拥有中华民族文化特质的并与时代精神相融合的一种伟大精神。此次地震虽然发生在我国西部少数民族聚居的汶川县，然而实施抗震救灾的却是来自大江南北、长城内外，以及港澳台，包括来自海外的广大救援人员和力量，他们以"我们都是汶川人！"这样发自肺腑的心声表达出中华儿女同根同源、同呼吸、共命运的血浓于水的手足之情，这是中华民族在经历数千年磨炼，在与各种自然灾害的长期斗争中，在以汉族为主的 56 个民族的不断交流与融合中，在近代百年的抵御外辱的曲折抗争中，所共同熔铸的并深深打上民族的心理、性格、习俗和文化传统印记的一种精神伟力。抗震救灾精神是与"开放、合作、科学、民主、发展、和谐"等时代精神相契合的。

抗震救灾恰是我国在经历了改革开放 30 年历程的历史背景下所进行的，它的胜利证明了改革开放伟大抉择的正确性。面对特大的地震灾害，国际救援队的参与、抗震救灾过程中信息公开透明的发布、应急管理体制的创新、科学法制赈灾与人道主义的救援并行等，这些都很好地体现了我们积极融入世界、紧跟时代步伐的一种与时俱进的精神风貌。

三、继承性与超越性的统一

抗震救灾精神作为中国人的精神面貌和品格的写照，既是对传统文化与精神的一种继承，又是对传统精神文化的一种超越。抗震救灾精神昭示出中华民族数千年的历史积淀而形成的思想品格、价值取向及道德规范的现代合理价值，中国传统文化中自强不息、厚德载物、忧国忧民、以德化人、和谐持中等思想在抗震救灾中得到很好的传承。救灾中强调把抢救人的生命放在首位，这种重视人的生命与维护人的尊严的以人为本的精神，不仅是对古代当政者"先天下之忧而忧，后天下之乐而乐"的忧国忧民情怀的传承，更是对古代"民本思想"的一种超越；在大灾大难面前，无数素不相识的人无私奉献、舍己为人，这种万众一心、大爱无垠的精神，既是对儒家"四海之内皆兄弟"的仁爱思想和墨家"兼相爱"的博爱思想的弘扬，更是对儒家"老吾老以及人之老，幼吾幼以及人之幼"的这种推己及人思想的超越。同时它是我们党和军队光荣传统和优良作风的集中体现和新的发展，是对我国在多次经历和抗击各种自然灾害中所凝练成的诸如唐山精神、抗洪精神、抗击雨雪冰冻精神的一种继承与超越。它作为一种新

地震后的汶川

图片来源：http：//t. sohu. com/preExpr/m/5021568812。

的时代精神，集中反映了我国人民的根本利益和体现的思想道德风貌，蕴含着一种道德新标杆和价值新取向，在社会中发挥着价值评判和行为导向作用。

四、科学性与人文性相统一

抗震救灾精神是在充分发挥科学理性的基础上取得的，并渗透着浓郁的人文关怀。抗震救灾中党中央和国务院的集中指挥、统一部署、合理调配、分工协作、落实责任，为抗震救灾的有序协调进行提供了组织保证。赈灾中，卫星遥感与卫星导航设备、遥感技术和航空遥感飞机、海事卫星电话、生命探测仪等这些先进的科技与设备的利用，为抗震救灾顺利有效的开展立下了汗马功劳；手术台上医治受难者的最新治疗方法的创新，灾后重建中新城的选址与建设的规划，这些无不充分地体现着科技在赈灾中的关键作用。科学技术作为人类认识自然和改造自然的手段，成为人类肢体和头脑的一种延伸，为抗震救灾所提供的强大支撑作用，见证的是我们实事求是、尊重规律、依靠科学来认识自然和把握世界的理性维度。抗震救灾的整个过程都贯穿着一种以人为本的伦理关怀和尊重生命的价值理性。从胡锦涛总书记"只要有一线希望，只要有一点生还可能，我们就要作出百倍努力"的指示，到尽管72小时的"黄金救援"时间已过去，温家宝总理"当前抢救人仍然是首要任务，只要有生还希望，就要抓紧时间救人"的强调，凸显的是中国共产党在灾难面前关爱生命、抢救生命这种执政为民的先进理念；赈灾过程中对被围困人员的实施、细致耐心的抢救，对遇难者遗体有尊严的处理，对灾区卫生防疫的及早预防与控制，对灾区同胞的心理救援，乃至灾民生活安置以及灾后恢复重建规划中的人性化设计，无不贯穿着一种人民至尊、生命至上的人本精神。以人为本作为抗震救灾精神的核心，彰显的是先进的执政理念，闪耀出的是人道主义光芒，生动地诠释了马克思关于人的最高价值观——"人的根本就是人本身"。

第三节　抗震救灾精神的启示

多难兴邦，多难砺党。总结各级党组织和广大党员、干部在抗震救灾斗争中的表现和作用，从中可以得到许多重要启示。

一、必须坚持正确的理想信念，始终把教育全党坚定不移地为发展中国特色社会主义而奋斗作为党的建设的根本任务

共产主义远大理想和中国特色社会主义共同理想是中国共产党人的崇高追求和强大精神支柱，对理想信念坚贞不渝是我们党的强大政治优势。有了正确而坚定的理想信念，广大共产党员就能够自觉地、满腔热情地为党和人民事业而奋斗。在革命战争年代，无数革命先烈抛头颅、洒热血，在生死考验面前威武不屈、英勇无畏，就是因为他们对崇高理想和坚定信念矢志不移。在和平建设时期，许多共产党员为党和人民事业鞠躬尽瘁、死而后已，也是因为有崇高理想和坚定信念的激励。在抗震救灾斗争中，广大共产党员大灾面前不低头、大难面前不弯腰，始终以高昂的斗志、饱满的热情奋战在最前线，充分显示了理想信念的强大力量。事实再一次说明，只要广大共产党员理想信念坚定，并把这种坚定性体现到为实现党的基本路线和基本纲领而奋斗的实践上，体现到努力做好本职工作上，体现到关键时刻、危难关头豁得出来、冲得上去的行动上，我们党就一定能够带领人民经受住各种风浪的考验，不断开创中国特色社会主义事业新局面。

二、必须坚持立党为公、执政为民，始终把实现好、维护好、发展好最广大人民的根本利益作为党的建设的核心价值

全心全意为人民服务是党的根本宗旨，是党的全部价值所在。我们党90多年的历史，就是一部全心全意为人民服务的奋斗史。浴血奋战推翻三座大山，开展大规模社会主义建设，进行改革开放和社会主义现代化建设，党始终坚持人民利益高于一切、重于一切、大于一切，始终把实现好、维护好、发展好最广大人民的根本利益作为党的庄严使命。在抗震救灾斗争中，各级党委和政府把以人为本作为最高准则，把挽救人的生命作为重中之重，再次生动诠释了立党为公、执政为民的执政理念。人民群众说，世间有真情，人间有大爱。中国共产党人最博大的爱就是爱人民，最深切的爱也是爱人民，最真挚的爱还是爱人民。事实再一次说明，只要始终做到心中装着人民、工作依靠人民、一切为了人民，我们就一定能够获得取之不尽、用之不竭的力量源泉，永远立于战无不胜、攻无不克的不败之地。

三、必须坚持在实践中培养造就干部，始终把提高各级领导班子和领导干部的领导水平和执政能力作为党的建设的关键环节

党的执政能力建设是党执政后的一项根本建设。加强党的执政能力建设，重点在各级领导班子和领导干部，关键是要通过加强教育培训和实践锻炼，推动各级领导班子和领导干部提高领导科学发展、服务人民群众、应对突发事件和驾驭复杂局面的能力。平常抓得紧，关键时刻才用得上。汶川特大地震灾害，成为对各级领导班子和领导干部领导水平和执政能力的一场特殊考试。各级领导班子和领导干部勇挑重担、敢于负责，表现了很强的领导和组织能力，为抗震救灾斗争提供了坚强组织保证。事实再一次说明，只要我们坚持不懈地加强党的执政能力建设，引导和推动领导干部增强忧患意识、做到居安思危，在丰富生动的实践中学习学习再学习、提高提高再提高，在攻坚克难、应对复杂局面的磨炼中成长，我们就一定能够战胜前进道路上的各种艰难险阻。

抗震救灾总结表彰大会

四、必须坚持抓基层、打基础，始终把增强基层党组织的凝聚力、战斗力作为党的建设的基础工程

党的基层组织是党的全部工作和战斗力的基础。抓好基层、打好基础，是我们党应对各种困难和风险的重要法宝。这些年来，我们党按照围绕中心、服务大局，拓宽领域、强化功能的基本思路，大力推进基层党组织建设，使基层党组织的凝聚力、战斗力不断增强。在这场抗震救灾斗争中，灾区以及参加抗震救灾的基层党组织充分发挥了战斗堡垒作用。群众发自肺腑地说："只要

党组织在，我们就感到有希望、有依靠、有信心。"这是人民对基层党组织的最高评价。事实再一次说明，只要我们一以贯之地坚持抓基层、打基础，形成分布广泛、完善严密、坚强有力的基层党组织体系，把广大党员紧紧团结在党的旗帜下，把人民群众紧紧凝聚到党组织周围，我们就一定能够不断提高全国各族人民的组织程度，形成开发自然、改造社会、战胜灾害、建设祖国的强大力量。

五、必须坚持共产党员的党员意识，始终把保持和发展党员的先进性作为党的建设的永恒主题

党员意识是共产党员的立身之本，是党保持和发展先进性的重要前提，必须把增强党员意识作为执政党建设带有根本性的问题来抓，坚持教育、管理、服务并重，教育引导党员坚定理想信念、遵守组织纪律、争当先锋模范，永葆先进性。在抗震救灾斗争中，哪里灾情最重，哪里群众最需要，哪里就有共产党员；广大党员踊跃缴纳"特殊党费"，支援抗震救灾；许多群众受党组织和党员先锋模范作用的感召，在抗震救灾一线宣誓入党。事实再一次说明，只要坚持不懈地推进党的先进性建设，只要全党同志自觉加强自我教育、自我提高，我们就一定能够把广大党员的先进性最大限度地激发出来、把广大党员的先锋模范作用最大限度地发挥出来，创造出无愧于历史和时代的伟业。

第四节 抗震救灾精神的现实意义

恩格斯曾说："没有哪一次巨大的历史灾难，不是以历史的

进步为补偿的。"在与地震作斗争过程中孕育产生的抗震救灾精神是中华民族新的宝贵财富,宛如一座不朽的丰碑,弥久愈坚,将永远载入中华民族的史册,成为我们民族生存与发展的精神支柱。在新的历史阶段,我们要夺取全面建成小康社会的新胜利,实现中华民族伟大复兴的中国梦,前进道路并不平坦,不仅会有急流险滩、风暴雷霆,还会有各种阻力、干扰,充满着曲折与艰辛、风险与挑战。因此,弘扬抗震救灾精神,对于促进经济社会又好又快发展、全面建成小康社会具有重大意义。

一、弘扬抗震救灾精神,就是要在建设中国特色社会主义的道路上高擎"迎难而上、百折不挠"的自强不息的旗帜

地震发生之后,党中央与地方上下齐动,相关省区市也在第一时间启动应急预案,地震涉及的各方面各部门如消防、公安、武警、军队、卫生、医疗、交通、供应等以及社会各阶层各团体,都在第一时间投入了这场抢险救灾活动中。在这场全民动员的"战斗"中,不仅涌现出许许多多可歌可泣、感人至深的英雄人物,也涌现出许多默默无闻的"小人物",他们没有什么豪言壮语,每一句平凡的话语一次次感动着全国人民,其中令人印象最深刻的是解放军在重灾区抢救重伤员时豪迈的那句:"不抛弃!不放弃!"灾区人民更是以坚韧顽强的生命意志,与灾难不屈抗争,不仅展现了中华民族不可战胜的精神品质,也续写了面临危难之时的生命壮歌。今天,我们建设中国特色社会主义,无论遇到什么样的艰难困苦,必须毫不退缩、毫不惧怕、坚毅无畏、顽强抗争,再铸民族之魂。

二、弘扬抗震救灾精神，就是要在建设中国特色社会主义的道路上高擎"万众一心、众志成城"的团结奋斗的旗帜

面对地震灾害，全国的力量在凝聚，民族的精神在升华。短短数十小时内，全社会就广泛动员起来，凝聚成上下一心、万众抗灾的洪流。10 多万解放军、武警、公安、消防官兵奋战在抗震救灾的第一线，各省区市医疗救护队伍全力救治伤员，中央各部门、各省市及社会各界组织大批救灾物资源源不断运往灾区，无数普通群众组成的志愿者大军活跃在抗震救灾的现场。从大江南北到长城内外，从白发苍苍的老人到黄发垂髫的孩子，大家守望相助，和衷共济，空前团结，用高度的热情、无边的爱心去温暖地震灾区。当整个社会和人民都动员起来之后，为了一个共同的目标，所产生的凝聚力远远超出了想象，所产生的无坚不摧、无往不胜的力量也远远超出了想象。今天，我们建设中国特色社会主义，无论遇到什么样的艰难困苦，必须举国上下一条心，东西南北一盘棋，团结一致，共同行动。

三、弘扬抗震救灾精神，就是要在建设中国特色社会主义的道路上高擎"一方有难、八方支援"的无私奉献的旗帜

一场地震牵动了全国人民的心。为了支援地震灾区，包括港澳台同胞、海外华人华侨在内的整个中华民族都心系灾区、支援灾区。友爱互助精神为灾区人民抗御灾难、重建家园提供了强大的人力物力财力支持，也让中华民族传统美德弘扬光大，使全中国人民更加紧密地团结在一起。大家有钱出钱、有力出力，爱心涌动，情撒地震灾区，涌现了许多可歌可泣的动人故事。南京拾荒老人把零钱换成百元钞票塞进募捐箱；许许多多城市，献血长龙将血站"挤爆"。灾难来临的瞬间，多少人将生的希望让给别人；生与死的边缘，多少人将死的选择留给自己。这种奉献的精神时时刻刻激励着人民，勇往直前，投入抗震救灾的战斗中。今天，我们建设中国特色社会主义，无论遇到什么样的艰难困苦，必须不分男女老幼，不分天南地北，心往一处想，劲往一处使，同心戮力，共克时艰。

四、弘扬抗震救灾精神，就是要在建设中国特色社会主义的道路上高擎"以人为本、生命至上"的人间大爱的旗帜

当地震灾难袭来，在第一时间党中央、国务院果断决策，紧急号令，把救人作为第一位的任务，社会各个阶层达到了空前的一致。在抗震救灾斗争中，以对人民高度负责的精神，举全国之力，不惜一切代价，展开了史无前例的生死大营救，最大限度地减少了人员伤亡。2008 年 5 月 19 日 14 时 28 分至 31 分全国默哀三分钟，汽车、火车、轮船等鸣笛致哀，为地震遇难同胞设立全国哀悼日，这是新中国成立以来第一次为平民办的国丧，体现了对生命的尊重，也是体现生命平等的价值观，同时呼吁整个社会关怀每个生者。当国旗缓缓垂下，人的尊严冉冉升起，一个国家的品格抬升到新的高度。生命权是最大的人权。抗震救灾的日日夜夜，阐释着中国共产党人以人为本、生命至上的政治伦理，彰显着一个执政党的成熟与坚定。今天，我们建设中国特色社会主义，无论遇到什么样的艰难困苦，必须坚持人民生命高于一切，不断强化生命至上的国家信念，创新完善以人为本的制度。

五、弘扬抗震救灾精神，就是要在建设中国特色社会主义的道路上高擎"吃苦在前、冲锋在先"的亲民为民的旗帜

面对突如其来的特大地震灾害，广大党组织和党员干部毫不畏惧和退缩，在危难关头勇当抗震救灾的先锋队和灾区群众的主心骨，努力把灾害带来的损失降到最低。胡锦涛总书记两次亲临灾区，特别是"六一"国际儿童节前夕来到陕西，冒着余震不断的危险给灾区儿童送去党和政府的关心和祝福；吴邦

10 月 8 日，全国抗震救灾总结表彰大会在北京人民大会堂举行

国委员长先后深入到汶川、北川等重灾区看望慰问灾区人民，并表示，灾区人民需要什么，我们就给什么；温家宝总理两次到四川重灾区，哪里危险哪里就有他的身影，哪里有生命的希望哪里就有他不惜一切代价都要抢救的嘱托。疾风知劲草，烈火炼真金。在这场抗灾救灾的伟大实践中，社会主义制度的优越性、中国共产党的先进性又一次得到了具体、充分而又生动的体现。今天，我们建设中国特色社会主义，无论遇到什么样的艰难困苦，广大党组织和党员干部必须敢于担当，把方便和安全让给群众，把困难和危险留给自己，用实际行动凝聚起强大力量。

六、弘扬抗震救灾精神，就是要在建设中国特色社会主义的道路上高擎"反应快捷、举措有力"的求真务实的旗帜

大地震发生当天，胡锦涛总书记立即作出重要指示："尽快抢救伤员，保证灾区人民生命安全。"地震发生后，2008 年 5 月 12 日 14 时 28 分左右，温总理抵达都江堰市，国务院抗震救灾指挥部开始运转，19 时 50 分许多国家地震灾害紧急救援队和国家地震灾害现场工作队从北京乘机飞往汶川灾区，22 时武警四川总队、武警水电三总队的 3000 余名官兵，携带救灾装备赶赴灾区，到 24 时已有近 2 万名解放军和武警官兵到达灾区开展救援，一场和时间赛跑的生死大营救就此展开。"灾情就是命令，时间就是生命"，国家领导、武警、消防官兵、各兵种部队、各救援队、各医疗队等，统统在第一时间到达地震灾区，争分夺秒快速行动，在黄金 72 小时里抢救了无数人的生命，这种快速的抗震精神不仅

拯救了灾民的生命，同时也赢得了全世界的高度关注、高度赞扬。今天，我们建设中国特色社会主义，无论遇到什么样的艰难困苦，各级党组织和政府必须充分发挥领导核心作用，快速反应、果断决策，采取有效管用的措施。

七、弘扬抗震救灾精神，就是要在建设中国特色社会主义的道路上高擎"自力更生、艰苦奋斗"的自立自励的旗帜

无论一个人，还是一个民族，没有自立自励的精神而仅靠外来援助，很难真正发展起来。地震把人们的家园夷为一片废墟。而今，废墟间传来了琅琅读书声，田野上是村民的忙碌身影。"灾难已经发生了，我们还要生活，不能什么都靠政府，睡着等饭吃。"这是灾区群众平静的回答。生逢大难，他们没有消沉。因为，他们坚信，党在，希望就在；人在，梦想就在。在汶川，一位老大爷对采访的记者说，遭了这么大的灾，是很不幸，但是，政府已经使了这么大的劲儿在救灾、在帮我们，我们也不能闲着，要抓紧抢收抢种，多为政府减轻点负担。灾区群众所展现的，既是战胜困难的巨大勇气，又是重建家园的坚定信心，更是自立自励的不屈精神。正是有了灾区群众朴素勇敢的自救行为，确保了抗震救灾工作有力、有序、有效的推进。自立者强，自励者胜。今天，我们建设中国特色社会主义，无论遇到什么样的艰难困苦，必须始终不渝地坚持走自力更生、艰苦奋斗的道路。这是我们永远的法宝。

相关链接

1. 抗震救灾英雄邱光华

邱光华

图片来源：http://www.gmw.cn/01gmrb/
2010-01/04/content_1031727.htm。

邱光华，四川茂县人，羌族。中国人民解放军陆军航空兵某部飞行员、机长。1974年4月入伍，1976年6月入党，大专文化，大校军衔。四种气象飞行指挥员、副师职特级飞行员。他是1974年周总理挑选的第一批少数民族飞行员之一。

2008年汶川地震抗震救灾中，邱光华一直随着成都军区抗震救灾部队在执行救援任务。2008年5月31日下午，邱光华机长驾驶92734号飞机，在两次往汶川草坡乡、耿达乡运送药品、食物之后，下午13时，第三次起飞，执行运送10名医务人员到理县的任务。这是邱光华在地震灾区的第63次飞行。在17天的救灾飞行中，他50多次飞翔在家乡的上空，旋翼下羌族聚居的茂县南兴镇，就是他出生长大的地方，家里的两间房子已经倒塌，年近80的父母正住在帐篷里。每一次临空而过，51岁的邱光华都会心潮起伏，更增强了完成任务的紧迫感。已飞行了33年的邱光华，是一位沉着冷静的人。他多次参加军事演习，安全飞行5800多小时，2次荣立二等功，4

次荣立三等功。虽然再过11个月就可以退休了，可他在地震发生后积极请战，最多时一天飞7个多小时。参加抗震救灾以来，他往灾区运送救灾物资90吨，抢运伤员200多人。2008年5月31日14时20分，邱光华驾机返航。当飞至汶川银杏乡狭窄山谷时，突遇低云大雾和强气流，直升飞机于14时56分失事。6月10日10时55分在执行任务航线附近深山峡谷密林中找到直升机残骸，机上人员全部遇难。机上有机组人员5人和因灾受伤转运群众10人及当地民警3人。机组人员5人是：邱光华、李月、王怀远、陈林和二级士官张鹏。

2008年6月14日，中央军事委员会主席胡锦涛签署通令，给邱光华同志追记一等功。2009年9月14日，邱光华被评为"100位新中国成立以来感动中国人物"之一。

成都军区给李月、王怀远、陈林、张鹏4名同志也追记了一等功。

2. 敬礼娃娃郎铮

2008年5月12日，中国四川省汶川县发生特大地震。5月13日早晨，3岁的小郎铮被解放军官兵从废墟里救出后，躺在一块小木板做的临时担架上，用他稚嫩的右手向8位抬着他的解放军叔叔敬了个少先队的礼，绵阳晚报记者杨卫华用相机记录下这一感人瞬间。这张照片公布后，小郎铮引起了社会各界的高度关注。由此，小郎铮被称为"敬礼娃娃"。温家宝总理两次到医院看望小郎铮，称赞他"坚强、勇敢"。5月20日，3岁的郎铮对照顾他的解放军某部的医护人员说："我也要当警察，和爸爸一起去救叔叔阿姨。"

刚从废墟中被救出的郎铮

图片来源：http：//blog. sina. cn/dpool/blog/s/blog_ a61943af0101jz7u. html？ vt＝4。

| 参考资料 |

[1] 胡锦涛在全国抗震救灾总结表彰大会上的讲话 [EB/OL]. （2008－10－28）. http：//news. xinhuanet. com/newscenter/2008－10/08/content_10166536. htm.

[2] 康厚德. 抗震救灾精神内涵特征解析 [EB/OL]. （2008－09－01）. http：//theory. people. com. cn/GB/40557/123400/123578/7754235. html.

[3] 陈霞. 论抗震救灾精神的思想内涵 [EB/OL]. （2009－12－04）. http：//www. shanxigov. cn/n16/n8319541/n8319612/n8321663/n8322644/n12041568/n12041656/12042764. html.

第十七章 载人航天精神

1992 年，我国政府正式批准了载人航天工程，并命名为"921 工程"。载人航天工程，是在改革开放伟大历史进程中决策实施和不断推进的。载人航天工程为我国航天事业发展开辟了广阔前景，不仅有力带动了基础科学和应用科学相关领域加速发展，促进了科技成果向现实生产力转化，为经济社会发展提供了重要推动力量，而且培养造就了一支能够站在世界科技前沿、勇于开拓创新的高素质人才队伍，探索出依托重大工程培养创新型人才和领军人物的有效途径和体制机制。广大航天工作者培育形成的载人航天精神，为全党全军全国各族人民沿着中国特色社会主义道路奋勇前进增添了精神力量。

第一节　载人航天发展战略

20 世纪 50 年代，以毛泽东同志为核心的第一代中央领导集

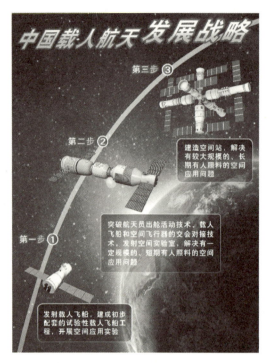

中国载人航天发展战略示意图

图片来源：http://news.163.com/12/0614/15/83VICM7800014JB5.html。

体从国内外大局的战略高度出发，以长远的眼光和非凡的胆略，"勒紧裤腰带"，毅然决定研制"两弹一星"；党的十一届三中全会后，以邓小平同志为核心的第二代中央领导集体明确把发展载人航天事业纳入发展高技术的"863"计划；20世纪90年代初，面对世界科技进步突飞猛进、综合国力竞争日趋激烈的新形势，以江泽民同志为核心的第三代中央领导集体审时度势，对我国尖端科技事业的发展进行了全面部署，作出了实施载人航天工程的重大战略决策。十余年的实践证明，这一重大战略决策是完全正确的。

1992年9月21日，中共中央政治局常委会讨论同意《中央专委关于开展我国载人飞船工程研制的请示》，认为从政治、经济、科技、军事等诸方面考虑，发展我国载人航天是必要的。我国的载人航天要从发展载人飞船起步。按照规划，我国的载人航天工程计划分三步来实施。

第一步是发射无人飞船和载人飞船，将航天员安全地送入近地轨道，进行对地观测和科学实验，并使航天员安全返回地面。"神舟五号"飞船首次载人太空飞行的成功，实现了第一步的发展战略。2003 年 10 月 16 日，我国第一名航天员杨利伟安全返回，标志着中国载人航天工程取得历史性突破，"第一步"任务已经完成。

第二步是继续突破载人航天的基本技术：多人多天飞行、航天员出舱在太空行走、完成飞船与空间舱的交会对接。在突破这些技术的基础上，发射短期有人照料的空间实验室，建成完整配套的空间工程系统。发射"神舟六号"，标志着中国开始实施载人航天工程的第二步计划。"神舟八号""神舟九号"飞船实现首次自动交会对接和首次手动交会对接，"神舟九号"航天员进入天宫一号并值守。中国载人航天工程在 2009 年至 2012 年完成发射目标飞行器，同时在空间轨道上实施飞行器的空间轨道交会对接技术。

第三步是建立永久性的空间试验室，建成中国的空间工程系统，航天员和科学家可以来往于地球与空间站，进行较大规模的空间科学实验和应用技术问题。

"三步骤"计划完成后，航天员和科学家在太空的实验活动将会实现经常化，为中国和平利用太空和开发太空资源打下坚实基础，为人类和平开发宇宙空间作出贡献。

第二节　载人航天工程的战略价值

一、促进了我国科技水平和国防工业的跨越式发展

载人航天工程是极为复杂的系统工程，其发展取决于一国的整体科技水平，如系统工程、自动控制技术、计算机系统、推进

能力、生命科学与生物技术、通信、遥感测试技术等诸多方面；也能体现一国基础科学的水平，如近代力学、天文学、地球科学和空间科学的发展水平等。例如，没有航天医学工程的研究与发展，要想把人送进太空并安全、健康而有效地生活和工作是不可能的。美国的"阿波罗"计划从 1961 年开始实施后的 11 年间，先后完成 6 次登月飞行，把 12 人送上月球并安全返回地面，带动了美国科学技术特别是推进、制导、结构材料、电子学和管理科学的发展。在中国综合国力不断增强的今天，载人航天工程的发展能在极大程度上实现中国科技力量的跨越式发展。

载人航天工程还极大地促进了我国的科技人才队伍建设。中国以前存在高科技人才断层的问题，通过载人航天工程培养了一大批年轻的科学家。据载人航天工程负责同志介绍，中国航天、电子领域的科技人员平均年龄只有 30 多岁，骨干专家平均年龄在 40 岁左右。这是我们最宝贵的财富，是推动中国科技进步和经济发展的"软实力"，是非常强大的力量。

二、提升和展现了我国的综合国力

发展载人航天是当今各国综合国力的直接体现。各发达国家都在发展战略上将增强综合国力作为首要目标，其核心就是高科技的发展，而载人航天技术就是其主要内容之一。载人航天工程耗资巨大，投入巨多，需要有很强的综合国力做后盾。"两弹一星"工程就是在新中国国力贫弱、百废待兴的情况下开展的，极为不易。据介绍，载人航天工程投入也超过了 200 亿元人民币。试想，如果没有强大的综合国力做后盾，如何能够长期坚持开展这样的研究和试验？

中国航天工程宣传画

图片来源：http：//zt. twwtn. com/Subject/list_ red_ 306_ 810. html。

三、极大地增强了民族自信心和凝聚力

一个国家如果能将自己的宇航员送入太空，不仅仅是国力的体现，而且也将在很大程度上增强民众的自豪感，提高民族精神，增强民族凝聚力。特别是现在的载人航天工程一旦获得成功，将如同 20 世纪 60 年代的"两弹一星"工程一样，引起全世界的注视，进一步提升我国的国际影响力。

载人航天工程对于提高民族自豪感、增强民族自信心具有重要作用。特别是在 2008 年前后，国内经济面临国际金融危机严重冲击的情况下，更需要增强全国人民的自信心和凝聚力。"信心比黄金更重要"。我国在探月工程上白手起家、自力更生，依靠社会主义制度的巨大优势和中华民族全体儿女的拼搏奋斗，终于取得了突破性进展，这对于我们团结凝聚全国各族人民，不断取得新的伟大成就具有重要意义。

四、扩大了国际影响，巩固了大国地位

邓小平曾说："如果六十年代以来中国没有原子弹、氢弹，

没有发射卫星，中国就不能叫有重要影响的大国，就没有现在这样的国际地位。"那么在 21 世纪，载人航天就是与之类似的实力代表。

纵观载人航天的历史，实际上就是一场大国博弈的历史。苏联发射了卫星、把人送上太空。在这种"压力"之下，美国集中了更多科学家，开发"曼哈顿计划"，发射更先进的卫星，把更多的人送入太空。20 世纪 70 年代，美苏两国在空间站、行星探测领域再次展开竞争，都力图证明自己的制度与技术优于对方，都担心在铁幕夹缝中摇摆不定的国家被大幕另一侧的太空成就所吸引。直至冷战结束，双方才发现合作比对抗更节省资源，交流比保密更能促进科技的发展。即便如此，两强在空间站合作的问题上也频频打出外交牌，太空政治仍在延续。

在这种局势下，中国于 1992 年启动载人航天工程，绝对不是寻求属于华人的所谓"世界第一"，而是有所为有所不为，以一种有限而克制的发展步伐保证中国在太空的力量存在。为了继续保持并发展中国的国际影响与地位，中国选择了发展载人航天。

第三节　载人航天精神的内涵

伟大的事业孕育伟大的精神。"特别能吃苦、特别能战斗、特别能攻关、特别能奉献"是对航天精神的高度概括。新一代航天人在攀登科技高峰的伟大征程中，以特优的崇高境界、顽强意志和杰出智慧，铸就了载人航天精神。2005 年 11 月 26 日，中共中央总书记、国家主席、中央军委主席胡锦涛在庆祝"神舟六号"载人航天飞行圆满成功大会上的讲话中，对载人航天精神作了进一步阐发，指出：广大航天工作者牢记使命、不负重托，培育和发扬了特别能吃苦、特别能战斗、特别能攻关、特别能奉献的载人航天精神。主要表现为：热爱祖国、为国争光的坚定信念；勇于登攀、敢于超越的进取意识；科学求实、严肃认真的工作作风；同舟共济、团结协作的大局观念和淡泊名利、默默奉献的崇高品质。

特别能吃苦是载人航天精神的特征。历尽千难成伟业，人间万事出艰辛。我国载人航天工程是在世界航天大国已经发展几十年后起步的。为了缩小差距，迎头赶上，载人航天工程开始实施就明确提出，要坚持做到起步晚、起点高，投入少、效益高，项目少、水平高，从总体上体现中国特色和技术进步，走跨越式发展的道路。中国航天人始终以人民利益为最高利益，以苦为荣、以苦为乐，常年超负荷工作，默默承受着常人难以承受的困难和压力。载人航天工程的成功实践告诉我们，无论过去、现在还是将来，艰苦奋斗永远是我们战胜一切困难、夺取事业胜利的重要法宝。只有以艰苦奋斗精神作支撑，我们的民族才能自立自强，我们的国家才能发展进步，我们的各项事业才能永葆生机活力。

特别能战斗是载人航天精神的本质。我国的载人航天工程，从飞船设计、火箭改进、轨道控制、空间应用到测控通信、航天员训练、发射场和着陆场等方案论证设计，都瞄准世界先进技术，确保工程一起步就有强劲的后发优势，关键技术就能与世界先进水平并驾齐驱，局部还有所超越。面对一系列全新领域和尖端课题，科技人员始终不懈探索、敢于超越，攻克了一项又一项关键

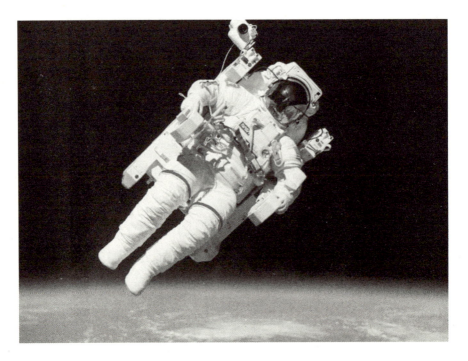

宇航员在外太空

图片来源：http://www.8825.com/bizhi/331532.htm。

技术难题，获得了一大批具有自主知识产权的核心技术和生产性关键技术，展示了新时期中国航天人的卓越创新能力。这些重大突破，使我国在一些重要技术领域达到了世界先进水平。中国航天人的成功实践告诉我们，一定要勇于站在世界科技发展的最前列，敢于在一些重要领域和科技前沿创造自主知识产权，大力提高核心竞争力，努力在世界高新技术领域占有一席之地。

特别能攻关是载人航天精神的精髓。载人航天工程是中国航天领域迄今规模最庞大、系统最复杂、技术难度大、质量可靠性安全性要求最高和极具风险性的一项重点工程。这项空前复杂的工程在比较短的时间里不断取得历史性突破，一个极其重要的原因在于，中国航天人敢于攻坚、勇于创新。从试验室到各生产企业，从大漠深处的航天发射场到浩瀚三大洋上的远望号测量船，到处留下了航天人攻坚的足迹，洒下了航天人登攀的汗水。他们知难而进，顽强拼搏，在重重困难面前百折不挠，在道道难关面前决不退缩，以惊人的毅力和勇气战胜了各种难以想象的困难，用满腔热血谱写了共和国载人航天事业的壮丽史诗。

特别能奉献是载人航天精神的灵魂。我国载人航天事业的建设者，是一支具有光荣传统、建立了卓越功勋的团队。中国航天人勇敢地肩负起攀登航天科技高峰的神圣使命，为了祖国的航天事业，淡泊名利，默默奉献。他们献出了青春年华，献出了聪明才智，献出了热血汗水，有的甚至献出了宝贵生命。他们用顽强的意志和杰出的智慧，将"一切为了祖国，一切为了成功"写在了浩瀚无垠的太空中。老一代航天人甘当人梯，新一代航天人茁壮成长。在载人航天工程的几大系统中，35岁以下的技术骨干已占80%，一批既懂专业、又善管理的人才成为各系统、各专业的带头人。一大批能够站在世界科技前沿、勇于创新的高素质人才，为我国航天事业实现新的突破积蓄了强大的发展后劲。

第四节　载人航天精神的现实意义

载人航天精神，是"两弹一星"精神在新时期的发扬光大，是以爱国主义为核心的民族精神和以改革创新为核心的时代精神的生动体现。在全面建设小康社会、加快推进社会主义现代化的征程上，我们一定要在全社会大力弘扬载人航天精神，增强全民族的自信心和自豪感，凝聚全民族的智慧和力量，紧紧抓住发展机遇，积极应对各种挑战，战胜前进道路上的艰难险阻，不断开创中国特色社会主义事业的新局面。

一、弘扬载人航天精神，就必须坚持自力更生、自主创新，走创新发展之路

坚持自主创新、提高自主创新能力，是我国应对未来挑战的重大选择，是统领我国科技发展的战略主线，是实现建设创新型国家目标的根本途径。我们要把提高自主创新能力作为科技发展的战略基点，着力提升原始创新能力，大力增强集成创新和引进消化吸收再创新能力，努力形成更多具有自主知识产权的创新技术，推动我国经济社会发展走上创新驱动的道路。要坚持尊重劳动、尊重知识、尊重人才、尊重创造的重大方针，深入实施人才强国战略，建立人才优先发展战略布局，努力培养造就规模宏大、结构优化、布局合理、素质优良的人才队伍。要发展创新文化，培育全社会创新精神，鼓励自主探索，保护知识产权，发扬学术民主，提倡学术争鸣，使一切创新想法得到尊重、一切创新举措得到支持、一切创新才能得到发挥、一切创新成果得到肯定。

二、弘扬载人航天精神，就必须坚持集中力量、重点突破，走跨越发展之路

坚持有所为、有所不为，实现重点领域跨越发展，是推动科技进步和创新的重要途径。我们要紧紧抓住对经济社会发展全局有重大牵引作用和重要影响的重大工程项目，选择具有一定基础

和优势、关系国计民生和国家安全的关键领域，集中力量，重点突破，带动经济实力、科技实力、国防实力整体跃升。要统筹科技发展和经济建设，统筹各类创新主体和创新要素，统筹基础研究、应用开发研究、高技术研究，充分发挥政府主导作用、市场在资源配置中的基础性作用、企业在技术创新中的主体作用、国家科研机构的骨干和引领作用、大学的基础和生力军作用，形成推动科技进步和创新的强大合力。

三、弘扬载人航天精神，就必须坚持服务经济、服务民生，走融合发展之路

坚持以人为本、改善民生，是我国科技事业发展的根本出发

中国航天运载火箭

图片来源：http：//photo. eastday. com/slideshow/20110921_ 3/index8. html。

点和落脚点。我们要把科技进步同国家发展战略、经济社会发展目标、人民日益增长的物质文化需要紧密结合起来，着力突破一批重大关键技术和共性技术，加快科技成果向现实生产力转化，为促进经济发展和社会和谐发挥重要作用。要把发展科技事业同提高人民生活水平和质量、提高人民科学文化素质和健康素质紧密结合起来，认真解决关系民生的重大科技问题，使科技创新成果惠及广大人民群众。

四、弘扬载人航天精神，必须坚持着眼长远、引领未来，走可持续发展之路

可持续发展是科学发展的必然要求，科学技术是实现可持续发展的重要支撑。我们要面向未来、放眼长远，超前谋划我国科技事业发展总体布局，准确把握科技事业发展的战略目标、战略方向、战略重点，积极抢占未来科技制高点。要深化科技体制改革，推进国家创新体系建设。要超前部署一批对国家长远发展具有带动作用的重大项目，有效组织力量开展科技攻关，力争在基础研究上取得原创性突破、在高科技领域实现跨越式突破。要加快培育和发展战略性新兴产业，努力在新一轮科技革命和产业革命中走在世界前列。

│ 相关链接 │ 我国载人航天史上的航天员

1. 杨利伟：中国第一位进入太空的人

杨利伟，男，汉族，1965 年 6 月生，辽宁绥中人，大学文化程度，特级航天员。2003 年 10 月 15 日 9 时整，我国自行研制的"神舟五号"载人飞船在中国酒泉卫星发射中心发射升空。这是中国首次进行载人航天飞行。38 岁的杨利伟乘坐"神舟五号"载人飞船执行任务的航天员。他是我国自己培养的第一代航天员。在太空中围绕地球飞行 14 圈，经过 21 小时 23 分、60 万公里的安全飞行后，他于 16 日 6 时 23 分在内蒙古主着陆场成功着陆返回。杨利伟现任中国载人航天工程办公室副主任，副军职，少将军衔。

2. 费俊龙、聂海胜：我国第一次将两名航天员同时送上太空

2005 年 10 月 12 至 17 日，我国成功进行了第二次载人航天飞行，也是第一次将我国两名航天员——费俊龙、聂海胜同时送上太空。

费俊龙，男，汉族，1965

杨利伟

图片来源：http：//finance. jrj. com. cn/tech/ 2014/03/13064816855756. shtml。

我国第一次将费俊龙、聂海胜两名航天员同时送上太空

图片来源：http：//news. sina. com. cn/o/ 2005 – 10 – 12/13397150336s. shtml。

329

年5月生，江苏昆山人，副军职，少将军衔，是我国第二批进入太空的航天员。

聂海胜，1964年9月生，湖北枣阳人，副军职，少将军衔。2013年6月11日17时38分，聂海胜跟随"神舟十号"第二次前往太空，飞行乘组由聂海胜、张晓光和王亚平（女）组成，聂海胜担任指令长。

3. 翟志刚：第一个进行出舱活动的宇航员

翟志刚

图片来源：http://news.cnnb.com.cn/system/2008/09/25/005799146.shtml。

2008年9月25日，我国第三艘载人飞船"神舟七号"成功发射，3名航天员翟志刚、刘伯明、景海鹏顺利升空。27日，翟志刚身着我国研制的"飞天"舱外航天服，在身着俄罗斯"海鹰"舱外航天服的刘伯明的辅助下，进行了19分35秒的出舱活动。中国随之成为世界上第三个掌握空间出舱活动技术的国家。2008年9月28日傍晚时分，"神舟七号"飞船在顺利完成空间出舱活动和一系列空间科学试验任务后，成功降落在内蒙古中部阿木古朗草原上。

4. 刘洋：我国第一位飞天女航天员

刘洋，女，汉族，1978年10月6日生，河南省郑州市人，

1997 年 8 月入伍，现为中国人民解放军航天员大队四级航天员，少校军衔。

2012 年 6 月 16 日，我国第四艘载人飞船神舟九号于 18 点 37 分 24 秒成功发射，3 名航天员景海鹏、刘洋、刘旺

刘　洋

图片来源：http：//domestic. kankanews. com/gedi/2012 –
06 – 29/1268937. shtml。

顺利升空，展开对接"天宫一号"的工作。刘洋，成为中国第一位飞天的女航天员，当年被评选为"2012 中华儿女年度人物"。

5. 王亚平：第一个在太空开展授课活动的中国航天员

王亚平，女，汉族，1980 年 1 月生，山东烟台人，中国人民解放军航天员大队四级航天员，少校军衔。2013 年 4 月，入选"天宫一号"与"神舟十号"载人飞行任务飞行乘组。王亚平也是中国首位 80 后女航天员。

王亚平 2013 年 6 月

王亚平

图片来源：http：//edu. nen. com. cn/system/2013/06/
27/010482255. shtml。

11 日 17 时 38 分，神舟十号飞船搭载 3 位航天员飞向太空，在轨飞行了 15 天，并首次开展了我国航天员太空授课活动。飞行乘组由男航天员聂海胜、张晓光和女航天员王亚平组成，聂海胜担任指令长。

参考资料

[1] 胡锦涛在庆祝神舟六号载人航天飞行圆满成功大会上的讲话 [EB/OL]．（2005 - 11 - 26）．http：//news. xinhuanet. com/politics/2005 - 11/26/ content_3838962. htm.

[2] 杨保华，李开民．弘扬载人航天精神，推动我国空间事业科学发展 [EB/OL]．（2009 - 11 - 13）．http：//www. qstheory. cn/kj/zzcx/200911/ t20091113_15258. htm.

后 记

无论个人还是群体，无论民族还是国家，如果没有了精神，就无异于失去灵魂的丧尸，没有回忆，没有未来，更没有存在的意义。

没有精神，则无信仰。古有士大夫"先天下之忧而忧，后天下之乐而乐"；今有革命者"我自横刀向天笑，去留肝胆两昆仑"。上下五千年，漫漫求索之路上，中华儿女正是凭着富贵不淫、贫贱不移、威武不屈的精神和意志，以最朴素的行动，昭示着追求自由、平等、民主、富强，实现中华民族伟大复兴中国梦的坚定信念。

没有精神，则无希望。曾几何时，中国人民被笑为"东亚病夫"，中华民族被视为"一盘散沙"。究其根源，精神垮了。五四运动以来，中国共产党团结和带领中国人民，以其坚韧的品质，在波澜壮阔的革命、建设和发展中，铸就了伟大的中国精神。同样，在今天实现中华民族伟大复兴的征程中，一刻也不能没有伟大的中国精神——13亿中华儿女的民族魂。

没有精神，则无未来。精神就是旗帜。旗帜引领方向，方向指引未来。传承精神，重在发扬光大，贵在开拓创新，难在躬身践行。弘扬中国精神，要大力宣传教育，让中国精神融入每个中华儿女的血脉之中，化为永恒的信念；要从自身做起，传播正能量，释放正能量，使中国精神化为具体的言行；要与时俱进，不断挖掘、总结、提炼新的时代精神，使中国精神不断发扬光大，成为中华儿女生生不息的强大动力。

当前，国际形势云谲波诡，各领域尤其是意识形态领域的斗争十分尖锐复杂。《伟大的中国精神》一书正是应时而动的产物，本书旨在激励中华儿女自觉集聚在中国精神这一光辉旗帜下，共同为实现中华民族伟大复兴的中国梦而不懈奋斗！

本书由国家知识产权局直属机关党委编著。在本书编著过程中，直属机关党委王冬峰、关宝兰、朱兴国、牟春华、胡兰等同志给予了悉心指导和大力支持。

本书编写组由张少波、王磊、林声烨、梁晓凯、奚卉、王皙倩、刘军7人组成。其中，张少波负责编写了第一章、第六章、第十章、第十三章、第十四章、第十六章，王磊负责编写了第十一章、第十二章、第十七章，林声烨负责编写了第二章、第四章、第九章，王皙倩负责编写了第五章、第七章、第十五章，刘军负责编写了第三章、第八章。梁晓凯设计了封面，奚卉搜集整理了内容插图。张少波对全书框架进行了设计，并对全书进行了统稿。

由于学识水平有限，编写组虽查阅了大量资料，并多次反复推敲、讨论、修改，但仍存在许多不足之处，难以满足读者需求，恳请批评指正，并提出宝贵的意见和建议，以便本书修订时加以完善和改进。

本书编写组
2014 年 7 月